Peter Simm
Silvia Sussmann

# MIT DEM WOHNMOBIL NACH KROATIEN

Die Anleitung für einen Erlebnisurlaub

---

Wir danken Frank B. Meichelböck für seinen unermüdlichen Einsatz am Computer, ohne den es auch dieses Buch nicht gäbe. Alter Freund, Du bist Klasse!

---

DER WOHNMOBIL-VERLAG
D-98634 Mittelsdorf/Rhön

**Bibliografische Information der Deutschen Bibliothek**

Die Deutsche Bibliothek verzeichnet diese Publikation in der Deutschen Nationalbibliografie.
Detaillierte bibliografische Daten sind im Internet über <http://dnb.ddb.de> abrufbar.

Titelbild: Blick auf Dubrovnik

5. Auflage 2011

Druck:
www.schreckhase.de

Vertrieb:
GeoCenter, 70565 Stuttgart

Herausgeber:
WOMO-Verlag, 98634 Mittelsdorf/Rhön
GPS: N 50° 36' 38.2" E 10° 07' 56.0"

Fon: 0049 (0) 36946-20691
Fax: 0049 (0) 36946-20692
eMail: verlag@womo.de
Internet: www.womo.de

Autoren-eMail: Simm@womo.de



ISBN 978-3-86903-485-0

# EINLADUNG

Die Urlaubszeit naht. Man ist schon voller Vorfreude und sehnt sich nach den „kostbarsten Wochen“ des Jahres. Natürlich wollen Sie die WOMO-Tür hinter sich und dem Alltag schließen und losbrausen. Allerdings bereitet Ihnen die Wahl des Urlaubszieles noch Kopfzerbrechen. Bei der großen Palette der Möglichkeiten erscheint das nicht verwunderlich! Jetzt ist guter Rat teuer, meinen Sie? Nun - vielleicht können wir Ihnen ja helfen! Lassen Sie sich von uns nach Kroatien entführen!

Dieses Land zeigt sich überraschend vielfältig. Entlang der Küste ziehen sich herrliche Strände. Das kristallklare Wasser lädt zum Schwimmen und Tauchen und vielen anderen sportlichen Betätigungen ein. Rund 1200 kleinere und größere Inseln sind dem Festland vorgelagert und warten nur darauf, von Ihnen erobert zu werden. Besuchen Sie mit uns die grandiosen Nationalparks und erleben Sie die faszinierenden Wasserwelten mit glitzernden Seen und gischtenden Kaskaden, aber auch gewaltige Canyons, die zum Wandern und Klettern wie geschaffen sind. Übrigens ritten hier seinerzeit schon Winnetou und Old Surehand und kämpften gegen üble Schurken, denn diese urigen Landschaften dienten in den 60er Jahren als Kulisse für die Karl-May-Filme.

Natürlich kommt auch die Kultur nicht zu kurz. Erliegen Sie dem Charme altehrwürdiger Städte und erfreuen Sie sich an den antiken Bauwerken und den wertvollen Kunstschätzen. So manches Schmuckkästchen sucht seinesgleichen in Europa und ist dem Weltkulturerbe zugeordnet.

Na, haben sie Appetit bekommen?

Dann reisen Sie mit uns in eine der schönsten Regionen des Mittelmeeres. Kroatien heißt Sie willkommen! Wir wünschen Ihnen einen erlebnisreichen Urlaub, viel Spaß und natürlich gute Erholung!

Ihr

Peter Simm

## Sehr geehrter Leser, lieber WOMO-Freund!

Reiseführer sind für einen gelungenen Urlaub unverzichtbar – das beweisen Sie mit dem Kauf dieses Buches. Aber aktuelle Informationen altern schnell, und ein veralteter Reiseführer macht wenig Freude.
Sie können helfen, Aktualität und Qualität dieses Buches zu verbessern, indem Sie uns nach Ihrer Reise mitteilen, welchen unserer Empfehlungen Sie gefolgt sind (freie Stellplätze, Campingplätze, Wanderungen, Gaststätten usw.) und uns darüber berichten (auch wenn sich gegenüber unseren Beschreibungen nichts geändert hat).
Bitte füllen Sie schon während Ihrer Reise das Info-Blatt am Buchende aus und schreiben Sie evtl. Korrekturen auch in unser Forum unter: www.forum.womoverlag.de
Dafür gewähren wir Ihnen bei Buchbestellungen direkt beim Verlag (mit beigefügtem, vollständig ausgefülltem Info-Blatt oder entsprechender eMail) ein Info-Honorar von 10%.
Aktuelle Korrekturen finden Sie unter: www.forum.womoverlag.de

Um die freien Übernachtungs- und Campingplätze auf einen Blick erfassen zu können, haben wir diese im Text in einem Kasten nochmals farbig hervorgehoben und, wie auf den Karten, fortlaufend durchnummeriert. Wir nennen dabei wichtige Ausstattungsmerkmale und geben Ihnen eine kurze Zufahrtsbeschreibung. "Max. WOMOs" soll dabei andeuten, wie viele WOMOs dieser Platz maximal verträgt und nicht, wie viele auf ihn passen würden (schließlich gibt es auch Einwohner und andere Urlauber)!
Übernachtungsplätze mit **B**ademöglichkeit sind mit hellblauer Farbe unterlegt. **W**anderparkplätze sind grün gekennzeichnet. **P**icknickplätze erkennen sie an der violetten Farbe. Auf Schlafplätzen, denen die gerade genannten Merkmale fehlen – also auf einfache **S**tellplätze – weist die Farbe Gelb hin.
Empfehlenswerte **C**ampingplätze haben olivgrüne Kästchen. Wanderungen, die wir Ihnen besonders ans Herz legen möchten, haben wir ebenfalls grün unterlegt.

**Und hier kommt das Kleingedruckte:**
Jede Tour und jeder Stellplatz sind von uns meist mehrfach überprüft worden, wir können jedoch inhaltliche Fehler nie ganz ausschließen. Bitte achten Sie selbst auf Hochwasser, Brandgefahr, Steinschlag und Erdrutsch!
Verlag und Autoren übernehmen keine Verantwortung für die Legalität der veröffentlichten Stellplätze und aller anderen Angaben. Unsere Haftung ist, soweit ein Schaden nicht an Leben, Körper oder Gesundheit eingetreten ist, ausgeschlossen, es sei denn, unsere Verantwortung beruht auf Vorsatz oder grober Fahrlässigkeit.

# INHALTSVERZEICHNIS



## 12 Touren durch Kroatien



### Zeichenerklärungen für die Tourenkarten

**Touren / abseits der Touren**

Autobahn
4-spurige Straße
Hauptstraße
Nebenstraße
Schotterstraße
Wanderweg
S 11 Stellplatz (freie Übernachtungen)
W P B Wander-, Picknick-, Badeplatz
12 13 14 geeignet für freie Übernachtungen

Alle übernachtungsgeeigneten Plätze sind im Text und auf den Tourenkarten fortlaufend durchnummeriert.

Kirche, Kloster
Burg, Schloss, Ruine
1493 m Berggipfel, Höhle
Thermalbad
Sehenswürdigkeit
Aussicht, Rundsicht
Trinkwasser/Dusche
E Ver-/Entsorgung
WC Toilette
24 C Campingplatz
N 50° 36' 38.2"; E 10° 07' 12.5" GPS-Daten

## Gebrauchsanleitung für einen Erlebnisurlaub

Den mitteleuropäischen Urlauber zieht es immer wieder südwärts ans Meer. Für viele bedeutet das warme Klima und natürlich das mediterrane Flair die Erfüllung. Aussteigen auf Zeit, die Seele baumeln lassen, sich faul in der Sonne räkeln und vielleicht auch ein bisschen wandern - wen würde das nicht verlocken?

Kroatien stellt ein Reiseziel dar, bei dem sich wohl die meisten Urlaubsträume realisieren lassen! Schon seit Jahrzehnten strömen die Menschen ins Land und genießen hier die „schönsten Wochen des Jahres". Über eine mangelnde touristische Infrastruktur kann man nicht klagen. Gerade in den letzten Jahren wurde viel renoviert, um auch gehobeneren Ansprüchen gerecht zu werden. Die Kriegsschäden, die auf die Wirren Anfang der 90er Jahre zurückgehen, sind weitgehend behoben.

Wir haben für Sie ein **Tourenpaket** geschnürt, in dem wir Ihnen die berühmten Sehenswürdigkeiten des Landes näher bringen wollen. Selbstverständlich waren wir auch bemüht, nicht so Bekanntes zu erkunden, und haben dabei so manches „Juwel" entdeckt. Die Zusammenstellung der Reiserouten erfolgte nach eigenem Gutdünken, die Höhepunkte haben wir nach unserem Ermessen beschrieben. Freilich sind die Vorgaben nur eine Empfehlung und unsere Eindrücke zwangsläufig subjektiv. Selbstverständlich kann nicht jeder Ort und jede Wanderung erwähnt sein. Bestimmt ist uns auch die eine oder andere Attraktion durch die Lappen gegangen. Es bleibt Ihnen also bestimmt noch genügend Raum für eigene Entdeckungen, und so manches werden Sie vielleicht anders empfinden als wir.

Um auf einen Blick das Wichtigste erfassen zu können, haben wir jeder unserer Touren eine Übersicht vorangestellt. Ebenso finden Sie am Anfang der Tourenbeschreibungen **Übersichtskarten** mit der Streckenführung und der Markierung der Wander-, Bade-, Picknick- und sonstigen **Stellplätze.** Eingezeichnet sind natürlich auch günstig gelegene **Campingplätze**, prägnante **Sehenswürdigkeiten** und **Wasserzapfstellen**. Obwohl wir uns bei den Skizzen um Genauigkeit bemüht haben, können diese keine detailgerechte Information bieten und somit keine Straßenkarte ersetzen. Bei längeren Touren haben wir regelmäßig **Entfernungsangaben** vermerkt. So wissen Sie auf Anhieb, wie weit zwei markante Punkte auseinanderliegen. Sehen Sie bitte diese Angaben nur als Anhaltspunkte und nicht als absolut korrekt an.

Die schnelle Auffindung des jeweiligen **Übernachtungsplatzes** ist von großer Bedeutung. Wir haben uns um eine akribisch genaue **Zufahrtsbeschreibung** bemüht. Exakte Angaben und kurz gehaltene Streckenabschnitte lotsen Sie zuverlässig zum Schlafplätzchen Ihrer Wahl. Haben Sie ein Navi an Bord, so erleichtern Ihnen die GPS-Daten zu den Stell- bzw. Campingplätzen das Leben. Ist eine Toilette vorhanden, setzen wir Sie davon in Kenntnis. Gibt es anderweitige sinnvolle Einrichtungen in der Nähe, erfahren Sie auch das von uns. Über evtl. anfallende Gebühren informieren wir Sie ebenfalls.
Eine Belastung des Urlaubsbudgets stellen die verschiedenen **Eintrittsgebühren** dar. Nach Möglichkeit haben wir Ihnen die Kosten für Museumsbesuche, Burgbesichtigungen und Ähnliches aufgeführt. Als recht kostenintensiv erweisen sich die Eintrittspreise in die verschiedenen Nationalparks.
Vermutlich werden Sie in unserem Büchlein manchmal genauere Angaben zu Bau- und Kunstdenkmälern vermissen, vielleicht auch zur Geschichte oder anderen Dingen, die Ihr Interesse erregen. Unser Hauptaugenmerk liegt auf dem wohnmobilen Bereich, und das hat diesen Führer geprägt. In diesem Zusammenhang weisen wir darauf hin, dass alle Angaben in diesem Reiseführer ohne Gewähr sind. Weder der Verlag noch wir als Autoren können dafür garantieren, dass das Übernachten auf den von uns besuchten Plätzen dauerhaft akzeptiert wird, zumal es nicht ausdrücklich erlaubt, sondern nur geduldet ist (beachten Sie bitte die Seiten 233/234)!
Unseren Touren haben wir einen **Informationsteil** angehängt. Lesen Sie diesen bitte vor Ihrer Reise möglichst vollständig durch, denn vieles in unseren Tourenbeschreibungen baut darauf auf. Örtliche Gegebenheiten können sich verändern. Teilen Sie uns deshalb Ihre eventuellen abweichenden Erfahrungen (besonders zu den einzelnen Übernachtungsplätzen) mit. Sie helfen uns damit, unseren Führer zu aktualisieren. Vielleicht kennen oder entdecken Sie weitere schöne Plätzchen. Schreiben Sie uns doch bitte!
Wir wünschen Ihnen bei all Ihren Unternehmungen viel Spaß!

Unsere Adresse:

Peter Simm / Silvia Sussmann
Gränzendorfer Str. 19
D-87600 Kaufbeuren
Tel. u. Fax: 08341 / 68609
E-Mail: Simm@womo.de

# Die Anreise

Während die einen am liebsten schnellstmöglich von A nach B gelangen wollen, nehmen andere Reisende gerne Umwege in Kauf, genießen die Sehenswürdigkeiten unterwegs und freuen sich vielleicht über ein paar gesparte Euro durch umschiffte, kostenpflichtige Streckenabschnitte. Wir haben versucht, durch unsere Routenvorschläge den verschiedenen Ansprüchen der WOMO-Piloten gerecht zu werden und hoffen, für jede „Species" das Richtige gefunden zu haben.
Die „klassische" Reiseroute nach Kroatien führt über die Autobahn MÜNCHEN, SALZBURG, VILLACH und danach über den **Karawanken-Tunnel** nach Slowenien. Anschließend gelangt man via LJUBLJANA und POSTOJNA zur kroatischen Grenze nahe dem Städtchen RUPA. Für die Benutzung der **österreichischen Autobahn** ist der Kauf einer **Vignette** nötig (ca. 8 Euro für das 10-Tage-Pickerl, WOMOs über 3,5 t zulässiges Gesamtgewicht siehe Seite 10 unten), zusätzlich werden Sie für die Durchfahrt des **Tauerntunnels** (6,4 km Länge) und des **Katschbergtunnels** (5,5 km Länge) mit 10 Euro zur Kasse gebeten. Die Passage der **Karawanken-Röhre** (8,9 km) schlägt mit 6,5 Euro zu Buche.
Will man in **Slowenien** die **Autobahn** (grüne Beschilderung) oder Fernstraßen (blaue Beschilderung) benutzen, ist der Kauf einer Vignette obligatorisch. Seit 01.07.09 kostet das 7-Tagespickerl 15 Euro, die Monatsvignette schlägt mit 35 Euro zu Buche (Fahrzeuge über 3,5 t zGG: Abrechnung nach gefahrenen Kilometern). Erhältlich sind die Aufkleber beim österreichischen ÖAMTC, dem slowenischen AMZS und bei allen Petrol- und OMV-Tankstellen im Grenzgebiet.
Der Straßenzustand ist fast ausnahmslos als gut zu bezeichnen. Allerdings nerven auf der letzten Etappe vom Autobahnende in POSTOJNA bis zur slowenisch/kroatischen Grenze und weiter bis nach RIJEKA die unzähligen Kurven dieses ca. 70 km langen Landstraßenstückes. Leider hat man es in den letzten Jahrzehnten immer noch nicht geschafft die Autobahn bis ans Mittelmeer weiterzuführen.
In der gesamten ca. 500 km langen Strecke zwischen MÜNCHEN und der kroatischen Grenze steckt reichlich Staupotential, insbesondere zur Ferienzeit. Stark betroffen sind häufig die langen Tunnel. Bei hohem Verkehrsaufkommen herrscht hier Blockabfertigung, was zu erheblichen Wartezeiten führen kann. Achten Sie bereits vorher auf die Meldungen des Verkehrsfunks. Sitzen Sie erst einmal fest, gibt es kaum ein Entrinnen.

Von RADSTADT führt parallel zur Autobahn eine landschaftlich sehr reizvolle Strecke über den **Tauernpass** und den **Katschberg** in Richtung Süden. Nutzt man diese Alternative zumindest bis zur Ortschaft RENNWEG, so kann man den **Tauerntunnel** und die **Katschbergröhre** umgehen. Die Straße ist gut ausgebaut, kaum länger als der Weg über die Autobahn und kostenfrei zu befahren. Etliche Kurven, Steigungen bzw. Gefällstrecken (bis 16 %) drücken auf den Reiseschnitt. Um den **Karawankentunnel** zu umschiffen, kann man die mautfreie **Loibl-Passstraße** (bis zu 17 % Steigung) in Angriff nehmen. Ähnlich wie zuvor bedeutet dies zwar nur einen kleinen Umweg, so bequem wie auf der Autobahn ist es allerdings natürlich nicht.
Nicht tunnelfrei, doch angenehm zu befahren und nicht ganz so stauanfällig wie die Tauernautobahn ist die **Pyrhnautobahn** in Österreich. Dazu folgt man am besten der Achse NÜRNBERG, REGENSBURG, PASSAU nach WELS, weiter durch den **Bosruck-Tunnel** (5,5 km) und den **Gleinalm-Tunnel** nach GRAZ. Hier ist der fast 10 km lange und kostenfreie **Plabutsch-Tunnel** zu passieren. Danach geht es bei SPIELFELD über die slowenische Grenze nach MARIBOR und schließlich via LJUBLJANA nach RIJEKA oder dem entsprechenden Wunschziel. Die Gebühren für diese Route schlagen mit ca. 26 Euro zu Buche (10-Tages-Pickerl, Bosruck- und Gleinalm-Tunnel), zuzüglich Kosten für Vignette in Slowenien.
Empfehlenswert ist auch die Anreise über Italien. Eine Möglichkeit stellt die Fahrt über die Autobahn MÜNCHEN, SALZBURG, VILLACH und anschließend weiter über UDINE nach TRIEST dar. Danach geht es nur noch durch einen schmalen slowenischen Korridor, und schon ist die kroatische Grenze erreicht. Diese Lösung erscheint uns recht komfortabel, da praktisch die gesamte Strecke über die Autobahn verläuft. Insgesamt belaufen sich die anfallenden Kosten (10-Tage-Pickerl für Österreich, Maut für Katschberg- und Tauerntunnel sowie die italienischen Straßengebühren) auf etwa 30 Euro.
Eine weitere Italien-Variante führt über den **Brenner** ins gelobte Land. Hierzu rollt man auf der **A7** bis an deren Ende, danach durch den Grenztunnel bei FÜSSEN, weiter über den **Fernpass** und schließlich auf der Autobahn via INNSBRUCK zum **Brenner**. In TRENTO angelangt, lässt sich die Querverbindung in Richtung VENEDIG nehmen. Diese verläuft zunächst vierspurig, anschließend geht es zweispurig über gute Landstraßen - allerdings mit einigen Ortsdurchfahrten - weiter. Nachdem BASSANO und CASTELFRANCO passiert sind, kann man letztendlich nahe TREVISO wieder die Spur der Autobahn aufnehmen und bis TRIEST düsen. Kroatien ist dann

nicht mehr weit! Vignette (10 Tage), Brennermaut und die Forderungen der italienischen Straßengesellschaft summieren sich auf insgesamt ca. 33 Euro.
Zum Schluss noch eine erlebnisreiche Alternative für Leute, die viel Zeit mitgebracht haben. Wie bei obiger Variante beschrieben fährt man über den **Fernpass**, INNSBRUCK und den **Brenner** Richtung Süden - doch nur bis BRESSANONE (BRIXEN). Hier verlässt man die „autostrada“ und orientiert sich nach DOBBIACO (TOBLACH). Weiter geht es durch die herrliche Südtiroler Bergwelt über MISURINA, CORTINA D`AMPEZZO und PIEVE DI CADORE nach TOLMEZZO. Nach weiteren 10 km ist die Autobahn, die via UDINE nach TRIEST und schließlich zu Ihrem Urlaubsziel führt, erreicht. Ihr Urlaubsbudget wird bei dieser Tour um ca. 25 Euro verringert. Meiden Sie in Österreich die (Brenner)autobahn, reduziert sich dieser Betrag um gut 16 Euro. Dazu fahren Sie die Landstraße über TELFS nach INNSBRUCK und anschließend die alte **Brennerpass-Strecke**. Kurven sind zwar reichlich vorhanden, doch mit 10 % ist die Steigung eher moderat.
Die Route über die Berge Südtirols weist Steigungen bis 15 % auf, ist die kürzeste in der Palette unserer Vorschläge, doch keinesfalls die schnellste! (Bis Mitte/Ende Mai sind Schneefälle keine Seltenheit, und auch mit Glatteis muss schon mal gerechnet werden.)
Reisende, die gezielt und schnell eine bestimmte Region anfahren wollen, sei die Nutzung der inzwischen bis südlich von SPLIT fertiggestellten **Autobahn** empfohlen. Die Qualität ist bestens, der Verkehr (noch?) mäßig. Für 100 km sind mit dem WOMO ca. 10 Euro zu veranschlagen. So können Sie jetzt z.B. auch auf der mit herrlichen Aussichten garnierten, kurvenreichen Küstenstraße Ihrem Wunschziel entgegen bummeln und danach auf der Autobahn die Heimreise antreten.
Wichtig: Beachten Sie bitte, dass in Italien die rot-weiße **Warntafel** bei überstehenden Lasten (Heckkoffer, Fahrrad- bzw. Motorradträger usw.) nicht fehlen darf.
In Italien, Slowenien und Kroatien herrscht **Lichtpflicht**. Denken Sie bitte daran, **Warnwesten** (pro Person eine) mitzuführen und diese im Innenraum (!) aufzubewahren.
Promillegrenze in Kroatien: 0,5 Promille - bis zum 24. Lebensjahr herrscht absolutes Alkoholverbot.
Österreichmaut: Für WOMOs über 3,5 t zulässiges Gesamtgewicht zahlt man 15,6 Cent/km (3-Achser 21,84 Cent/km). Die Abrechnung erfolgt über die sog. Go-Box, die nochmal 5 Euro extra kostet. Weitere Infos unter www.go-maut.at. Einen Streckenkalkulator gibt es unter Tel.: 0800 400 11 400.
**Zwischenübernachtungen** siehe unter Tipps und Tricks!

# Anreisewege

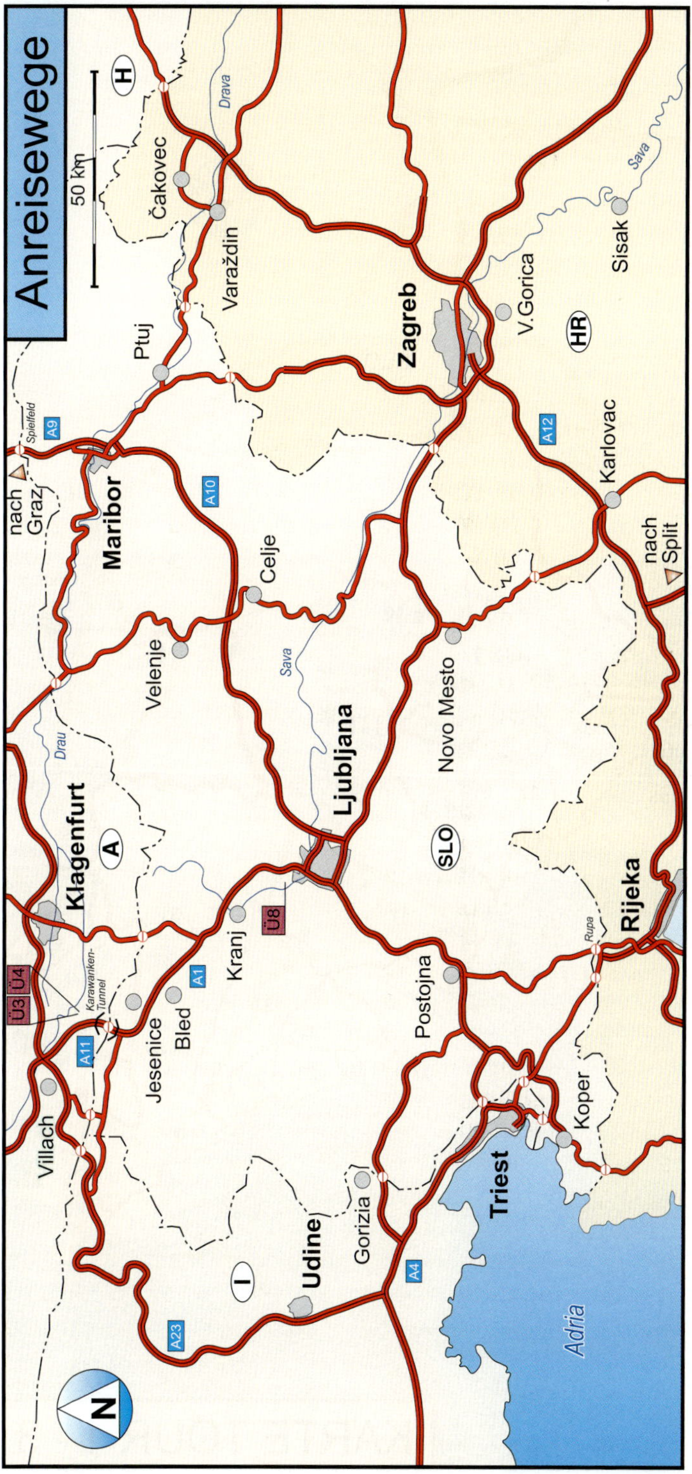

SLO
I
Triest
Rijeka
Opatija
Planik
1273 m
Učka-Paß
18%
Piran
Buzet
Istarske
Toplice
Oprtalj
Grožnjan
Motovun
Buje
Savudrija
Zambratjia
Umag
Brtonigla
Karojba
Pazin
Brestova
Novigrad
Nova Vas
Labin
Rabac
Poreč
Žminj
Barban
Trget
Skitača
Vrsar
Limski-Kanal
Rovinj
Bale
Krnica
Marčana
Vodnjan
Kavran
Babariga
Peroj
Fažana
Šišan
Pula
Medulin
Brijuni-Nationalpark
Arena
Premantura
10 km
WC
01 02 03 04 05 06 07 08 09 10 11 12 13 14 15 16 17 18 19 20 21 22 23 24 25 26 27 28 29 30 31 32 33 34 35 36
KARTE TOUR 1 - 3

# Tour 1 (65 bzw. 135 km / 3 - 6 Tage)

## Kroatische Grenze - Savudrija - Umag - Novigrad Poreč - bzw. Novigrad - Buje - Grožnijan - Istarske Toblice - Oprtalj - Motovun - Nova Vas - Poreč

| | |
|---|---|
| **Freies Übernachten:** | Savudrija, Zambratija, Umag, Brtonigla, Buje, Grožnijan, Istarske Toblice, Oprtalj, Nova Vas, Poreč. |
| **Campingplätze:** | „Pineta" in Savudrija, „Lanterna" zwischen Novigrad und Poreč. |
| **Besichtigen:** | Den Stadtkern der meisten Orte, die Tropfsteinhöhle bei Nova Vas, die Basilika in Poreč. |
| **Wandern:** | Von Grožnijan über Oprtalj nach Istarske Toblice. |
| **Baden:** | An vielen Stellen entlang der Küste und in Istarske Toblice. |

Unsere erste Kroatientour beginnen wir auf der **istrischen Halbinsel**. TRIEST ist passiert bzw. umfahren, und nur noch wenige Kilometer trennen uns von unserem Zielgebiet. Noch schnell ein paar Vorabinfos: Bewegt man sich vorrangig in den Gefilden der EU, so darf man sich bereits seit einigen Jahren über einen Länderwechsel ohne Zwangsstopp freuen. Die EU-Neuzugänge im Osten verzichten mittlerweile seit Dezember 2007 auf Grenzkontrollen. Denken Sie bitte an die Vignettenpflicht in Slowenien, wenn Sie die Autobahn oder Fernstraßen (blaue Hinweisschilder) benutzen. Das ist der komfortabelste Weg, aber auch ein teurer Spaß - vor allem, wenn man das Pickerl nur für diese relativ kurze Passage nutzt. Man kann auch an der italienisch/slowenischen Grenze, direkt bei der Tankstelle, auf die gebührenfreie Landstraße wechseln und sich dann nach den gelben Hinweisschildern orientieren. Man fährt zunächst Richtung ANKARAN, biegt aber noch vor dem Ort links nach BERTOKI ab, streift danach KOPER und quält sich dabei durch etliche Kreisverkehre mit reichlich Verkehr in Richtung PULA weiter. Die Strecke führt durch das Landesinnere zur kroatischen Grenze.

Bevor wir nach Kroatien einreisen, unternehmen wir noch einen kleinen Ausflug nach PIRAN. Obwohl dieses Städtchen nicht zu unserem erklärten Reisegebiet gehört, nehmen wir den kleinen Abstecher in Kauf. PIRAN gilt als der schönste Küstenort an der slowenischen Riviera und besticht durch einen prächtigen Hauptplatz mit **venezianischen Häusern**. Vom höchsten Punkt der Stadt wacht die **Georgskirche** mit ihrem schlanken Turm über das einstige Seeräubernest.

Nach einer kleinen Stärkung erreichen wir bald das Ende des

Abstecher nach Piran

slowenischen „Korridors“. An der kroatischen Grenze erfolgt dann eine „richtige“ Kontrolle, so wie man das früher gewohnt war. Die Beamten erweisen sich als freundlich, doch an deren Wichtigkeit lassen sie keinen Zweifel aufkommen (Kroatien ist noch kein EU-Staat).

Unser erster Anlaufpunkt ist SAVUDRIJA, das uns nach 18 km Fahrt in westlicher Richtung empfängt. Der kleine Badeort ist genau der richtige Punkt, um sich in gehobene Urlaubsstimmung versetzen zu lassen. Er liegt auf der **Halbinsel Punta**, ist meerseitig von nach Harz duftenden Pinien umgeben, und zum ersten Mal auf dieser Reise erschnuppern wir inten-

Die „fliegenden“ Boote von Savudrija

siv den so typischen Geruch des Meeres. Wir haben uns zwischen einigen netten Häusern und einladenden Restaurants hindurch gefädelt und halten jetzt am alten idyllischen Naturhafen, der mit seinen „fliegenden Booten" einen ganz besonderen Charme ausstrahlt. Der wenigen Boote wegen lohnte es sich nicht, der felsigen Bucht ein richtiges Becken abzutrotzen. Man bediente sich daher einer List. Entlang steinerner Mauern wurden Holzgestelle errichtet, an denen die Schiffchen kurzerhand aufgehängt und im Bedarfsfall mittels eines Flaschenzuges ins Wasser gelassen werden konnten.
Beidseits des Hafens erstrecken sich die großzügigen Wald- und Wiesenflächen des Camping „Pineta" mit seinem schönen Felsstrand und einigen vorgelagerten Klippen.

**(001) WOMO-Campingplatz-Tipp: „Camping Pineta" in Savudrija**
**GPS:** N 45° 29' 13.5" E 13° 29' 29.5", Starska **Öffnungszeit:** 01.05.-30.09.
**Ausstattung/Lage:** Restaurant, Geschäft, Meerlage, reichlich Schatten/Ortsrand.
**Zufahrt:** In Savudrija beschildert.

Gleich nach dem Campingplatz ragt das Wahrzeichen des Ortes - ein stattlicher **Leuchtturm** - in den blauen Himmel. Seefahrern ist dieser durch einen Superlativ wohlbekannt, mit 36 m Höhe rühmt er sich der höchste Kroatiens zu sein. Nautisch weniger Interessierte nervt der von einigen Touristen respektlos als „Langer Lulatsch" getaufte Turm bisweilen mit kräftigen Signaltönen, deren Intensität durchaus geeignet ist, das (Mittags)schläfchen zu beenden. Dieses Schicksal kann auch den Wohnmobilisten ereilen, der sich mit seinem Fahrzeug auf dem Wiesenfleckchen hinter dem Leuchtturm niedergelassen hat.

Savudrija, Kroatiens höchster Leuchtturm

Der hübsche, direkt am Meer gelegene Platz ist in der Zeit vom 01.06. bis 31.08. tagsüber gebührenpflichtig.

**(002)WOMO-Badeplatz: Savudrija**

**GPS:** N 45° 29' 26.7" E 13° 29' 30.9", Starska **max. WOMOs:** 3-4
**Ausstattung/Lage:** Restaurant, Geschäft in der Nähe, Stranddusche/Ortsrand.
**Zufahrt:** Am Camping Pineta vorbei bis zum Leuchtturm, danach gleich links.

Schräg gegenüber befindet sich der Parkplatz des Restaurants „Lanterna“. Nach Rücksprache mit dem Wirt bzw. der Wirtin darf man hier zumindest in der Nebensaison für eine Nacht bleiben. Nimmt man den Platz in Anspruch, wird natürlich auch erwartet, dass man im Lokal speist.

**(003) WOMO-Stellplatz: Restaurant Lanterna**

**GPS:** N 45° 29' 26.5" E 13° 29' 32.9", Starska **max. WOMOs:** 2
**Ausstattung/Lage:** Restaurant, Geschäft in der Nähe/Ortsrand.
**Zufahrt:** Am Camping Pineta vorbei bis zum Leuchtturm, danach gleich rechts.

Auf der etwas landeinwärts verlaufenden Straße steuern wir UMAG an. Der Landstrich ist schon seit vielen Jahren touristisch erschlossen. Gewisse Unzulänglichkeiten vergangener Zeiten sind mittlerweile passé. Dem Reisenden wird ein breites Spektrum an Freizeitaktivitäten geboten. Angefangen von allerlei Wassersportarten bis hin zu Tennis, Golf oder auch Reiten - alles wird offeriert! Doch auch die alten Traditionen werden gepflegt, gemeint ist damit die Freikörperkultur. Der erste **FKK-Strand** erwartet die Sonnenhungrigen nahe ZAMBRATIJA. Nicht vorgebräunten Mitteleuropäern sei aber eine sorgsame Dosierung der Sonneneinstrahlung empfohlen, denn gerötete edle Körperteile können einen nicht unerheblichen Stressfaktor verursachen. Am Ende des Ortes gibt es bei einem kleinen Hafen ein nettes Badeplätzchen mit einem zerklüfteten Strand.

**(004) WOMO-Badeplatz: Zambratija**

**GPS:** N 45° 28' 16.2" E 13° 30' 38.1" **max.WOMOs:** 2
**Ausstattung/Lage:** Restaurants in der Nähe/Ortsrand.
**Zufahrt:** Am Ortsende gleich nach dem Hafen rechts einbiegen.

UMAG liegt auf einer kleinen Halbinsel, zumindest der alte „gewachsene“ Ortskern. Seit Jahren aber expandiert das Städtchen und die neu erbauten Häuser und Hotelanlagen nehmen bereits einen weiten Teil des angrenzenden Festlandes in Beschlag. Wir rollen in Richtung Zentrum und folgen kurz davor dem blauen Bus/PKW-Parkplatzhinweis. Die ausgewiesenen Parkflächen (kostenpflichtig) sind erstaunlich groß und mit einem Halteverbot für Wohnmobile in der Zeit von 21.00-06.00 Uhr belegt. Wir sprechen mit einigen WOMO-Piloten, die sich hier häuslich niedergelassen haben. Von Problemen deswegen weiß niemand zu berichten. Möglicherweise erfolgt aber in der Hauptsaison, wenn sich die vielen Parkplätze füllen, eine strengere Handhabung. Wir fühlen uns jetzt jedenfalls gut aufgehoben, freuen uns über die unmittelbare Zentrumsnähe und genießen die schöne Aussicht über den Hafen.

Fleißige Fischer im Hafen von Umag

**(005) WOMO-Stellplatz: Umag**

**GPS:** N 45° 26' 06.0" E 13° 31' 24.4" **max. WOMOs:** > 5
**Ausstattung/Lage:** Beleuchtung, Geschäfte und Restaurants nahebei/im Ort.
**Zufahrt:** Richtung Zentrum fahren, dann rechts zum Bus/PKW Parkplatz abbiegen.

Eine Ausweichmöglichkeit besteht auf der anderen Seite der Bucht auf dem großen Hotelparkplatz. Bis dato gibt es da keine Verbotsschilder.
Noch eine Möglichkeit in relativer Zentrumsnähen kostenfrei

zu parken besteht beim Busbahnhof bzw. der OMV-Tankstelle. Hierzu orientiert man sich vom Zentrum in Richtung BUJE und biegt beim Busbahnhof links ein. Nach gut 100 m ist dann der relativ große Parkplatz erreicht.
Heute ist Sonntag und die Sommersaison steht vor der Türe. Dies hat man zum Anlass genommen, auf einem Teil des Parkareals einen Blumenmarkt abzuhalten. Angeboten werden bunte Balkonpflanzen aller Art sowie das entsprechende Zubehör, welches Blumen und deren Besitzer glücklich zu machen vermag. Begleitet wird das Spektakel von einer Folkloregruppe.

Das Hafenbecken UMAGS verfügt über vergleichsweise riesige Ausmaße und dient nicht nur touristischen Zwecken. Eine kleine Flotte von Fischkuttern liegt vor Anker. Fast täglich fahren die professionellen Fischer aufs Meer hinaus, um Nachschub für die hungrigen Mäuler zu besorgen. Das Wochenende wird jedoch genutzt, um in „Fieselarbeit" die beschädigten Netze zu flicken, nach den Maschinen zu sehen, aber auch nur um ein Pläuschchen zu halten. An das Hafenbecken schließt eine breite Promenade mit hübschem Blumenschmuck und zahlreichen Geschäften und Cafés an. Linker Hand erwarten die Altstadtgassen mit **barocken Häusern** ihre Besucher. Aus dem 14. Jahrhundert stammen die Reste der Stadtmauer, die da und dort verblieben sind. Am Rand eines großen Platzes erhebt sich ein **freistehender Glockenturm** aus dem 14. Jahrhundert, die **Kirche St. Maria** daneben datiert in ihrer jetzigen Form erst auf das 18. Jahrhundert zurück. An der Fassade prangt eine Reliefplatte des Schutzheiligen (Pelegrin) der Stadt.
Wir verlassen UMAG und peilen das 15 km entfernte NOVIGRAD an. Am südlichen Ortsrand von UMAG liegt links der Friedhof mit einem ruhigen und schattigen Parkplatz. Wer da keine Vorbehalte hegt, kann hier durchaus eine Übernachtung in Betracht ziehen. Frischwasser gibt es innerhalb des Gottesackers.
Die Küstenstraße nach NOVIGRAD verläuft etwas landeinwärts. Etliche **Campingplätze** reihen sich aneinander. Bald ist das malerische Städtchen nahe der Mirnamündung erreicht. Direkt am kleinen, schnuckeligen Hafen ergattern wir einen Parkplatz. Im Takt der Wellen schaukeln die Boote hin und

Im malerischen Hafen von Novigrad

her. Es herrscht drangvolle Enge, die Wasseroberfläche sieht man nur sporadisch zwischen den vielen Schiffchen herausblitzen. Wir beginnen mit unserem Rundgang, widerstehen tapfer den vielen Espresso-Versuchungen rund um den Hafen und bewundern die im venezianisch-gotischen Stil erbauten Häuser. Es scheint Waschtag zu sein, überall flattern bunte Klamotten lustig im Wind. Bisweilen tauchen Fragmente der alten, zinnenbewehrten **Stadtmauer** auf. Die **Pfarrkirche St. Pelagius**, in ihrer derweiligen Form aus dem 18. Jahrhundert stammend, überragt die Idylle. Unter dem Chor befindet sich eine **romanische Krypta**, sehenswert ist auch die „Muttergottes mit Kind" auf einem **hölzernen Altar**. Im barocken **Palast Digo** ist ein **Lapidarium** untergebracht, in dem Funde aus der Umgebung ausgestellt sind. NOVIGRAD erweist sich als sehr besucherfreundlich, alle wichtigen Sehenswürdigkeiten präsentieren sich im und um den Altstadtkern herum, unser Besichtigungsprogramm ist also bald beendet.

Um diese Tour fortzusetzen, bieten wir Ihnen zwei Möglichkeiten an. Sie können in direkter Linie auf der Küstenstraße ins 15 km entfernte POREČ fahren oder einen erlebnisreichen Umweg durch das Landesinnere nehmen. Zunächst beschreiben wir Ihnen die kurze Variante.

I. Fortsetzung der Tour in direkter Linie nach POREČ

Wir verlassen Città nova - so nannten die Römer NOVIGRAD - in südlicher Richtung. Nach einigen Kurven gelangen wir an eine tiefeingeschnittene Bucht, in die der **Fluss Mirna** mündet. Wir rollen über eine Zugbrücke und überqueren den Wasserarm auf einem langen Damm. Danach windet sich die Straße durch ein Waldstück, dessen Laubwerk uns nach dem kräftigen Frühjahrs-Austrieb schier undurchdringlich erscheint. Doch der „Busch“ gibt uns bald wieder frei, und die ersten Hinweistafeln zur Feriensiedlung Lanterna tauchen auf. Die Abzweigung lässt nicht lange auf sich warten. Kurz darauf zweigt eine 3,5 km lange Stichstraße meerwärts ab. Die weitläufige Anlage liegt auf einer Halbinsel und verfügt über eine Unmenge von Freizeiteinrichtungen, die von den Gästen des Camping „Lanterna“ mitbenutzt werden dürfen. Entlang dem Ufer gibt es ein weit verzweigtes Netz schöner Spazierwege.

**(006) WOMO-Campingplatz-Tipp: „Lanternacamp“**

**GPS:** N 45° 17' 48.6" E 13° 35' 39.7" **Öffnungszeit:** 15.04.-15.10.

**Ausstattung/Lage:** Restaurants, Geschäfte, zum Zentrum von Novigrad 6 km, teilweise Schatten/außerorts.

**Zufahrt:** Von der Küstenstraße rechts abbiegen, noch ca. 3,5 km, bestens beschildert!

Wir nähern uns POREČ, das uns erstmal mit wenig attraktiven Industrieanlagen, Firmen, Tankstellen und Ähnlichem empfängt. Doch auch das muss sein! Wir versprechen Ihnen aber, Sie werden vom Herzen der Stadt begeistert sein. Eine Beschreibung und einen zentrumsnahen Stellplatz liefern wir Ihnen im zweiten Teil dieser Tour nach unserem Ausflug ins Binnenland.

II. Fortsetzung der Tour durch das Landesinnere nach POREČ

Sollten Sie Lust haben, ein wenig das „Innenleben" der istrischen Halbinsel zu erkunden, dann begleiten Sie uns auf die nachfolgend beschriebene Rundfahrt. In NOVIGRAD orientieren wir uns in Richtung BUJE. Sanft und in einigen Kurven steigt die Straße an und führt durch ein dichtes Buschwerk, das sich jetzt im Frühjahr in hellem Giftgrün zeigt. Das dunkle Grün der Föhren steht in schönem Kontrast dazu. Bisweilen hat man der Macchia auch ein Feld für den Gemüsegarten abgetrotzt, oder ein kleiner Olivenhain sorgt für Abwechslung. Besonders interessant gestalten sich aber die ab und zu in Erscheinung tretenden Weingärten. Die frisch umgebrochene Erde zwischen den Rebstöcken leuchtet kräftig rot zwischen den maigrünen Ranken heraus und hebt sich ganz sonderbar davon ab. Die Ortschaften sind fast ausschließlich auf den Kuppen der einzelnen Hügel angesiedelt und locken schon von der Weite zu einer Stippvisite. Wir machen Station in BRTONIGLA, dessen trutziges Mauerwerk einen eigenartigen Charme ausstrahlt. Nahe am Zentrum des kleinen Nestes finden wir einen sonnigen, etwas schiefen Parkplatz, der als Ausgangspunkt für einen Bummel wie geschaffen ist. Er erscheint uns auch für eine Übernachtung geeignet.

**(007) WOMO-Stellplatz: Brtonigla**

**GPS:** N 45° 22' 43.5" E 13° 37' 36.7" **max. WOMOs:** 3-4
**Ausstattung/Lage:** Pizzeria, Beleuchtung, Geschäft in der Nähe/im Ort.
**Zufahrt:** Von der Hauptstraße rechts einbiegen, noch ca. 400 m (Brunnen nach 150 m) unterhalb der Kirche, in Brtonigla beschildert.

Einige Kurven später erwartet uns BUJE, das besonders majestätisch auf einem kegelförmigen Hügel liegt. Die veneziani-

Auf dem Weg nach Buje

schen Häuser der Altstadt scheinen hier außergewöhnlich nahe zusammengerückt zu sein, man kommt sich irgendwie behütet und beschützt vor. Vorbei an der **Kirche St. Servulus**, vor der sich blühende Kastanienbäume erheben, biegen wir ein in die schmalen Gässchen, die hinauf zur **Kirche Sveta Marija** (15. Jahrhundert) führen. Der mächtige **freistehende Glokkenturm** ist mit dem venezianischen Markuslöwen geschmückt.
Ca. 400 m vom Zentrum entfernt gibt es einen praktischen Parkplatz auf drei Ebenen, teilweise mit schöner Aussicht über die grünen Hügel des Umlandes.

**(008) WOMO-Stellplatz: Buje**
**GPS:** N 45° 24' 28.1" E 13° 39' 26.4" **max. WOMOs:** 2-3
**Ausstattung/Lage:** Beleuchtung, Gaststätte in der Nähe, Spielplatz/Ortsrand.
**Zufahrt:** Am Ortsanfang gleich rechts (blaues Parkplatzschild), noch ca. 100 m.

Wir tauchen wieder ein in das intensive istrische Grün und peilen das 7 km südöstlich von BUJE gelegene **Künstlerdörfchen** GROŽNIJAN an. Erstmals erwähnt wurde es im Jahre 1103, im 14. Jahrhundert zogen die Venezianer ein und ernannten es zum Regierungssitz. **Stadtmauern** und **Wehrtürme** wurden erneuert sowie ein zusätzliches Tor geschaffen. Bis heute hat sich der Ort den Charakter einer Fes-

tungsanlage bewahrt, die Nutzung allerdings hat sich geändert. Maler, Töpfer und Bildhauer haben sich niedergelassen und arbeiten hier. Deren Werke können in etlichen **Galerien** und Geschäften bestaunt und natürlich erworben werden. In der Ortsmitte gibt es einen lauschigen Picknickplatz, der zur Rast einlädt und einen herrlichen Blick auf das Umland bietet. Wir stärken uns ein wenig und lassen uns dabei von sphärischen Klängen, die aus einer Künstlerwerkstatt herüberwehen, verzaubern.

Geschäfte wie Frauen sie lieben

Für einen Rundgang durch die mittelalterlichen Gassen sei Ihnen unbedingt festes Schuhwerk angeraten. Die Steine sind fürchterlich buckelig verlegt und daher bestens geeignet, sich Knöchel zu verstauchen!

Vor den trutzigen Mauern des Künstlerdorfes gibt es einen großen sonnigen Parkplatz neben dem Friedhof.

**(009) WOMO-Wanderparkplatz: Grožnijan**

**GPS:** N 45° 22' 52.5" E 13° 43' 25.9" **max. WOMOs:** 4-5

**Ausstattung/Lage:** Wasser im Friedhof, Beleuchtung, Spielplatz nahebei/im Ort.

**Zufahrt:** Den blauen Parkplatzschildern mit dem Symbolen Bus/WOMO folgen, vor dem Friedhof links.

**WOMO-Wandertipp: Grožnijan, Oprtalj, Istarske Toplice**

**Gehzeit:** 5 Std. **Schwierigkeit:** leicht **Höhenunterschied:** 200 m

**Strecke:** Beim Parkplatz beginnend, zieht der Wanderweg durch schattige Wälder über die Hügelketten. Teilweise schöne Aussicht.

Wir wandern nur ein kurzes Stück auf der Strecke, und diese Etappe erscheint uns auch Mountainbike-tauglich. Ob das für den gesamten Weg zutrifft, wagen wir mangels Erfahrung nicht zu sagen.

Um die Rundfahrt von GROŽNIJAN aus mit dem Ziel nach MOTOVUN fortzusetzen, muss man wieder zur Hauptstraße zurückrollen. Die etwas kürzere Wegstrecke über PEROJ ist mittlerweile nur noch für PKWS freigegeben.

Unser nächstes Ziel ist das **Thermalbad** ISTARSKE TOBLICE. Dazu fahren wir zunächst ca. 15 km durch ein weites Tal in Großrichtung BUZET. Neben der Straße begleitet uns, friedlich plätschernd im begradigten Bett, das Flüsschen **Mirna**.

Schon von weitem sehen wir rechter Hand das Städtchen MOTOVUN auf einem Hügel thronen, aber erstmal begnügen wir uns mit einem Blick aus der Ferne. Eine Hinweistafel „**Istarske Toblice Therme**“ lässt uns links abbiegen. Die Stichstraße führt zu einer Hotelanlage, der die Therme angeschlossen ist. Das 33°C warme, schwefelhaltige und radioaktive Wasser kann man entweder im Hallenbad oder - in der wärmeren Jahreszeit - in einem Becken im Freien genießen. Es hilft gegen allerlei Zipperlein, doch es ist auch, wenn man zu den Begnadeten zählt, die vor Gesundheit strotzen, eine feine Sache. Freilich gibt es auch diverse Anwendungen wie Massagen, Fango, Gymnastik, Akupunktur und vieles mehr.

Der Eintritt beträgt für Erwachsene 5 Euro, die lieben Kleinen zahlen 3 Euro. Das Bad ist täglich von 10.00-20.00 Uhr geöffnet (Dienstagnachmittag nur bis 15.00 Uhr). Für Kurzweil sorgen auch Bocciabahnen und eine Minigolf-Anlage. Der schattige, ebene Parkplatz bietet sich zum Übernachten an.

**(010) WOMO-Badeplatz: Istarske Toblice**

**GPS:** N 45° 22' 41.9" E 13° 53' 06.4" **max. WOMOs:** > 5
**Ausstattung/Lage:** Thermalbad, Beleuchtung, Mülltonne, Gaststätte/außerorts.
**Zufahrt:** Von der Hauptstraße links nach Istarske Toblice abbiegen, noch 500 m.

Beim Thermalbad endet auch der Wanderweg, der in GROŽNIJAN beginnt.

Wir fahren 6 km zurück bis zu der Kreuzung, an der es links in Richtung MOTOVUN geht, jenes Bergstädtchen, das uns schon bei der Herfahrt so einladend vom Hügel herab angeschaut hat. Allerdings biegen wir erst einmal rechts nach OPRTALJ ab. Bereits 800 m später begrüßt uns LIVADE. Des kleinen Dorfes ganzer Stolz ist ein Fußballplatz am Ortsanfang rechts, dessen Parkplatz durchaus für eine schnelle Übernachtung dienen kann. Nach der Ortschaft schraubt sich das Sträßchen über etliche Kurven und Kehren hinauf in luftige Bergeshöh`. Dabei ist die Steigung moderat und die Fahrbahnbreite so bemessen, dass man nicht ins Schwitzen kommt. Ab und zu erhält man wunderbare Blicke über die weiten grünen Kuppen der istrischen Landschaft. Rund 7 km später laufen wir im mittelalterlichen OPRTALJ ein und freuen uns über den Parkplatz, den wir gleich am Ortsanfang entdecken.

**(011) WOMO-Wanderparkplatz: Oprtalj**

**GPS:** N 45° 22' 45.3" E 13° 49' 24.3" **max. WOMOs:** 2-3
**Ausstattung/Lage:** Beleuchtung, Gaststätte in der Nähe/Ortsrand.
**Zufahrt:** Am Ortanfang gleich links, 7,2 km nach der Abzweigung.

Die alte Stadtmauer zeigt sich gut erhalten. Nahe dem **Stadttor** befindet sich die **städtische Loggia**, die ein **Lapidarium**

beherbergt. Über die wenigen Häuser des Dorfes wacht der freistehende **Glockenturm** der **Georgskirche** (Sv. Juraj).
Jetzt wird es Zeit für MOTOVUN. Von zuvor genannter Kreuzung geht es in vielen Kehren und Kurven 2 km mit 10% Steigung bergauf, schließlich stehen wir vor den Toren der Stadt. Am Friedhof finden wir eines der wenigen Parkplätzchen und nutzen gleich den außenseitig an der Friedhofsmauer angebrachten Wasserhahn, um unsere Vorräte aufzufüllen. Das letzte Stück hinauf in die sog. weiße Stadt legen wir zu Fuss zurück. Durch ein **Renaissance-Tor**, an dem mehrere **Patriziérwappen** prangen, betreten wir die Altstadt. Die **Befestigungsmauern** aus dem 13. und 14. Jahrhundert sind erstaunlich gut erhalten. Vom äußeren Mauerring erhält man einen weiten Blick auf das **Mirnatal** und die angrenzenden Wälder, die durch ihren Trüffelreichtum bekannt sind. Auf dem Hauptplatz erhebt sich die **Stephanuskirche** (16. Jht.), daneben ragt ein wuchtiger **Glockenturm** (13. Jht.) auf. Die Eingangstüre ist geöffnet, einer Erklimmung steht nichts im Wege. Wer allerdings nicht demütig sein Haupt senkt, wird einen schmerzhaften Verweis in Form einer Beule beziehen. Der Aufgang des ehrwürdigen Bauwerks ist eben auf die Größe der Menschen früher ausgerichtet - und die waren bekanntlich kleiner! Kommt man schließlich schnaufend oben an, erfolgt die Belohnung. War die Aussicht von der Stadtmauer schon herrlich, so wird sie hier noch übertroffen, bei klarer Sicht ist sie wahrhaft grandios! Öffnungszeiten sind keine angeschlagen, eine Eintrittsgebühr wird ebenso wenig erhoben. Langsam schlendern wir zurück zum WOMO und starten wieder durch. Die Hänge rund um das Städtchen sind überzogen mit Rebstöcken. Hier gedeihen die Trauben, die die Grundlage für edle Tropfen wie etwa den Pirot oder den Malvazija bilden. Zwischen die Wein-

Motovun, Stephanuskirche mit Glockenturm

Erhaben im Grünen, Motovun

gärten sind bisweilen kleinere Obstplantagen eingestreut. Die Bäume stehen stramm und gesund, die sonnige Lage scheint ihnen sehr zu gefallen.
So begeistert wie wir von der wunderbaren Gegend sind, so wenig angetan sind wir vom Straßenzustand. Bisher konnte man prima damit leben, von einzelnen Wellen einmal abgesehen. Auf dem nächsten Streckenabschnitt fürchten wir allerdings unsere teuren Plomben und Kronen zu verlieren. Die Fahrbahn zeigt sich holprig, und über einen Mangel an Schlaglöchern kann man wahrlich nicht klagen. In KANOJBA biegen wir rechts in Richtung POREČ ab, an der Buckelpiste ändert sich dadurch aber nicht viel. Einige Kilometer weiter überrascht uns an einer Straßenkreuzung ein Kunstwerk. Mehrere Steinblöcke stehen in einer Wiese. Sie sind mit Symbolen versehen, doch einen rechten Reim darauf können wir uns nicht machen. Ein Stück des Weges weiter erwartet uns bei einem Wäldchen ein weiteres interessantes Steinmonument. Bald erreichen wir den Flecken NOVA VAS, der mit einer Grotte wirbt. Die Landschaft gestaltet sich hier relativ flach, ein Umstand, der uns etwas skeptisch stimmt. Unweigerlich verbinden wir eine solche Höhle mit felsigen Erhebungen, die aber gänzlich fehlen. Neugierig geworden, folgen wir den Hinweisen, fahren ein Stückchen hinaus in den Karst und werden schon bald fündig. Mitten in der „Prärie“ treffen wir auf eine Imbiss-Gaststätte, daneben steht ein Kassenhäuschen. Ein großes Schild verkündet uns, dass wir die **Jama Grotta Beredine** erreicht haben. Doch wo ist sie? Des Rätsels Lösung liegt in einer Bodensenke, die wir nur mit einem flüchtigen Blick bedacht und für einen kleinen Tümpel oder Ähnliches gehalten haben. Einige Stufen führen ganz unspektakulär in eine

Unterwelt, bestehend aus Stalagmiten und Stalaktiten, die durch die Kraft des Wassers über Jahrtausende gewachsen sind. Mit etwas Phantasie erkennt man Tropfsteingebilde wie etwa eine Muttergottesstatue, die Hirtin Milka (sie hat auch eine Schokoladenseite!), den schiefen Turm von Pisa und einen Schneemann, der eine Fackel trägt. Letzterer wurde zum Symbol der Höhle erkoren. In einer 40-minütigen Führung (auch in deutscher Sprache) kann man sich einen Eindruck von dieser unterirdischen Zauberwelt verschaffen. Hier leben eigenartige Grottenolme und kleine durchsichtige Krebse. Die Lufttemperatur beträgt 14°C. Erwachsene zahlen für das Vergnügen 7 Euro, Kinder 4 Euro. Die Führungen erfolgen tagsüber nach Bedarf. Neuerdings kann man auch auf einem Übungsgelände, das nur wenige Schritte vom Höhleneingang entfernt ist, das sogenannte Höhlenklettern erlernen. Nähere Informationen gibt es an der Kasse.
Der Wiesenparkplatz nahe dem Höhleneingang bietet sich für eine ruhige Übernachtung an. Er ist relativ eben und einige Bäume spenden etwas Schatten.

**(012) WOMO-Picknickplatz: Jama Grotta**

**GPS:** N 45° 16' 10.8" E 013° 39' 42.0" **max. WOMOs:** > 5
**Ausstattung/Lage:** Tische, Bänke, Imbiss-Gaststätte, Toilette (evtl. hier Wasser per Kanister)/außerorts.
**Zufahrt:** In Nova Vas rechts abbiegen, noch 1,3 km.

Als zusätzliches kleines Bonbon gibt es noch einige alte Landmaschinen und Holzkarren zu bewundern. Die Ausstellungs-

Museumsstücke bei der Jama Grotta Beredine

stücke stehen unter dem Schutz von Strohdächern frei zugänglich am Wiesenrand.
Ausgeschlafen und fit für neue Taten bringen wir am nächsten Tag die letzten 8 km hinter uns und trudeln schließlich in POREČ ein. Ein zentrumsnaher, gebührenpflichtiger Parkplatz (pro Stunde 5,5 Euro, pro Tag 17 Euro) ist schnell gefunden! Zumindest für eine Übernachtung lässt es sich hier aushalten, sonderlich idyllisch ist es aber auf dem ebenen und sonnigen Areal nicht.

**(013) WOMO-Stellplatz: Poreč**

**GPS:** N 45° 13' 17.2" E 13° 36' 24.3" **max. WOMOs:** > 5
**Ausstattung/Lage:** Geschäfte und Restaurant nahebei, Beleuchtung/im Ort.
**Zufahrt:** Dem Verlauf der Hauptstraße in südlicher Richtung folgen, den Abzweig Poreč centar ignorieren. Nach einem Sportplatz im Kreisverkehr links ausfahren, danach gleich rechts (Platz ist gut zu sehen).

Poreč, bunt und lebhaft

Die Altstadt von POREČ liegt auf einer langgestreckten Landzunge, durch deren Mitte die Fußgängerzone mit ihren vielen Geschäften und Cafés verläuft. In Urlauberkreisen verbucht die lebhafte Stadt einen hohen Bekanntheitsgrad, der für ständigen Zustrom sorgt. Heute drängen sich noch ein paar Besucher mehr durch die mittelalterlichen Gassen, denn Feiern ist angesagt! Auf dem Hauptplatz (Trg Slobode) ist eine große Bühne aufgebaut. Eine Musikgruppe begrüßt gerade eine Abordnung von Trachtlern und eine bunte Kinderstaffel. Die Musiker brillieren eher durch Lautstärke als durch Können, und wir sind in Sorge um die ehrwürdige Bausubstanz. Wir dringen tiefer in das Halbinselchen ein und besuchen die am Nordrand gelegene dreischiffige **Euphrasiusbasilika**. Das wahr-

Mosaiken an der Euphrasiusbasilika

haft prachtvolle Gotteshaus birgt reiche Kunstschätze. Außerordentlich glanzvoll präsentieren sich die Mosaiken in der halbrunden Apsis und am Triumphbogen, die aus Halbedelsteinen, Marmor und Perlmutt zusammengesetzt wurden. Vom stattlichen Glockenturm aus genießt man einen herrlichen Blick über Altstadt und Meer - sofern man zuvor einen Euro Eintritt gelöhnt hat! Wir spazieren weiter bis fast zur Spitze der Landzunge, zum **Marafor-Platz**. Hier finden wir die Reste eines ehemaligen **Neptun-Tempels** und die verbliebenen Säulen eines alten **Mars-Tempels**.

Südlich des Trg Marafor öffnet sich, nachdem wir ein kleines Gässchen durchschritten haben, der Hafen. Blickfang sind einige schöne hölzerne Schiffe, deren weiße Segel sich kontrastreich gegen das blaue Meer abheben. Alte Männer sitzen auf Bänken in der Sonne und halten ein Schwätzchen. Nahe der Kaimauer streiten drei Möwen um ein Stück Brot, und irgendwo draußen tuckert gemütlich der Motor eines Fischerbootes.

Neben all der Beschaulichkeit, die uns hier erwartet, „lauern" auch geschäftstüchtige Schiffskapitäne auf Kundschaft. Recht aufdringlich werben sie mit Ausflugsfahrten zu einsamen Inseln mit Seeräubergrotten oder zur kleinen Hafenrundfahrt. Weniger das Gebaren dieser Herren als das Sonntagswetter animiert uns, unter die Seefahrer zu gehen. Nach einem gründlichen Preis/Leistungsvergleich (lohnt sich!) schaukeln wir hinaus über die Wellen einer grünen Insel entgegen und freuen uns über den stilvollen Ausklang der ersten Tour.

# Tour 2 (150 km / 6 Tage)

## Poreč - Vrsar - Limski-Kanal - Bale - Rovinj - Kanfanar - Vodnjan - Barbariga - Fažana - Pula

| | |
|---|---|
| **Freies Übernachten:** | Vrsar, Limski-Kanal, Bale, eventuell Cisterna, Peroj, Barbariga, Fažana, Pula. |
| **Campingplätze:** | „Koversada“ bei Vrsar, „P. Biondi“ in Rovinj, „Stoja“ in Pula. |
| **Besichtigen:** | Die jeweilige Altstadt von Vrsar, Rovinj und Pula (Arena!), den Limski-Kanal, Burgruine von Dvigrad, die Kirche St. Blasius in Vodnjan, Nationalpark Brijuni-Inseln. |
| **Baden:** | An vielen Stellen der Küste. |

Die Sonne lacht von einem fast wolkenlosen Himmel, es ist nicht zu heiß, doch angenehm warm. Wenn das kein guter Anfang für unsere zweite Tour ist! Von POREČ geht es in gerader Linie südwärts. Das heißt aber nicht, wir müssten auf die fast obligatorische Kurverei verzichten. In FUNTANA empfängt ein **Dinosaurus-Park** direkt an der Hauptstraße seine Besucher. Kurz danach, vor den Toren des freundlichen Städtchens VRSAR, entdecken wir einen **Skulpturenpark**. Die Kunstwerke sind von lockerer Hand über das gepflegte Wiesengelände verstreut. Aus unerfindlichen Gründen sind aber heute (Mittwoch) die Pforten verschlossen. Ein Schild mit Infos über Öffnungszeiten und Eintrittspreise fehlt leider auch. Nachdem wir uns mit einem neugierigen Blick über den Zaun begnügt haben, steuern wir VRSAR an. Die Häuser stehen

Das schöne Städtchen Vrsar

eng beisammen und schmiegen sich dicht um einen Hügel herum. Zunächst biegen wir von der Hauptstraße in Richtung Zentrum ab nach 200 m erreichen wir einen kostenfreien und ganz ordentlichen Parkplatz nahe an der Altstadt.

**(014) WOMO-Stellplatz: Vrsar Altstadt**
**GPS:** N 45° 09' 08.7" E 13° 36' 34.5" **max. WOMOs:** 2-3
**Ausstattung/Lage:** Gaststätten und Geschäfte in der Nähe/im Ort.
**Zufahrt:** Im Text beschrieben.

Biegt man von der Hauptstraße nur ein kleines Stück weiter rechts in Richtung Hafen (porto) ab, landet man auf einem riesigen Parkplatz in ausgesprochen schöner Umgebung. Auf einem Schild erzählt man uns, dass dieser Platz gebührenpflichtig (3,5 Euro am Tag) ist, und damit keine Zweifel aufkommen, geschieht dies gleich in mehreren Sprachen. Das Kassenhäuschen ist jedoch verwaist. Ein Segen, der wahrscheinlich der Vorsaison zuzuschreiben ist. Zwei italienische WOMO-Fahrer berichten uns von einem mehrtägigen Aufenthalt, ohne zur Kasse gebeten worden zu sein. Das sonnige Plätzchen gestaltet sich in vieler Hinsicht angenehm. Mehrere Geschäfte und Restaurants sind in unmittelbarer Nähe, der hübsche Hafen ebenso, und für einen Rundgang hinauf zur Altstadt ist es ein prima Ausgangspunkt. Wer sich um das Hafenbecken herumbemüht, findet sogar im weiteren Verlauf der Küste verschiedene Möglichkeiten, sich in die kühlenden Fluten zu stürzen.

**(015) WOMO-Badeplatz: Vrsar**
**GPS:** N 45° 08' 49.5" E 13° 36' 16.7" **max. WOMOs:** > 5
**Ausstattung/Lage:** Geschäfte, Restaurants, Wasser, Beleuchtung/Ortsrand.
**Zufahrt:** Von der Hauptstraße rechts zum Hafen abbiegen, noch 1 km.

Natürlich gibt es auch mehrere Campingplätze am Ort und, etwas außerhalb gelegen, das FKK-Camp Koversada. Letzteres rühmt sich, das älteste des Landes zu sein, die Einrichtungen sind aber - der Tourist wird es danken - neueren Datums.

**(016) WOMO-Campingplatz-Tipp: „Koversada" in Vrsar**
**GPS:** N 45° 08' 30.5" E 13° 36' 19.0" **Öffnungszeit:** 15.04.-15.10.
**Ausstattung/Lage:** Geschäft, Restaurant, Zentrum 1 km, teils Schatten/außerorts.
**Zufahrt:** In Vrsar beschildert.

Die Straße führt nun etwas vom Meer weg. Laub- und Kiefernwälder wechseln sich ab, und bisweilen entdecken wir ein Getreidefeld oder einen Weingarten in der frischen grünen Hügellandschaft. An so mancher Parkbucht haben Einheimische mit sonnengegerbten Gesichtern kleine Marktstände aufge-

Da fällt die Entscheidung schwer...

baut, um ihre selbst produzierten Waren an den Mann zu bringen. Das Angebot reicht von Olivenöl, Honig, Käse bis hin zum hausgebrannten Schnaps. Probieren Sie mal den Zitronengeist - schmeckt lecker! Zur Zeit gibt es auch frischen Wildspargel, der, entsprechend zubereitet, eine Delikatesse sein soll. Auffällig sind auch die zahlreichen Wirtschaften entlang der Strecke. Häufig stecken ganze Schweine am Spieß und drehen sich über dem offenen Feuer. Die Grilleinrichtungen sind alle so platziert, dass man von seinem Fahrersitz keine Chance hat, sie zu übersehen - man wird sozusagen gezwungen, sich ein Stück vom knusprigen Braten einzuverleiben.

Der Limksi-Fjord, Kroatiens nordische Seite

Wir nähern uns dem **Limski-Kanal**. Dieses Naturphänomen zieht sich wie ein norwegischer Fjord weit ins Landesinnere hinein. Bevor sich die Straße zum tiefblauen Wasser hinunter absenkt, kann man von oben, an einem Parkplatz, einen herrlichen Weitblick über den Kanal erhaschen. Die beste Aussicht bekommt man aber von dem kleinen Holzturm serviert, den man für eine geringe Gebühr erklimmen darf. Gemütlich rollen wir den Berg hinunter. Da, wo der auch kurz nur „Lim“ genannte Fjord endet, zweigt rechts eine Stichstraße ab. An deren Ende finden wir zwei Gaststätten und natürlich die uns schon hinreichend bekannten Marktstände - hier in geballter Form. Es gibt auch einen Mini-Badestrand, der allerdings nur zum Sonnenbaden einlädt. Der so wunderbar ins Grüne eingebettete Kanal ist als **Naturschutzgebiet** ausgewiesen, Baden und Wassersport aus diesem Grund verboten. Berühmt-

Nachwuchs der Austernfischer?

heit erlangte der Lim durch seine **Austernzucht**, die besonders wohlschmeckende Exemplare hervorbringt. Wer sich für die Wabbeltierchen begeistern kann, sollte sich gleich in dem Restaurant eine Portion bestellen. Wir entscheiden uns für einen Teller Garnelen im „Viking“. Das kommt unserer Vorstellung von einem guten Essen deutlich näher als besagte Schalentiere.
Bei dieser Gelegenheit erkundigen wir uns beim Wirt, ob wir auf dem Parkplatz des Restaurants übernachten dürfen. Der gute Mann versichert uns sogleich, er habe nichts dagegen, und die „policija“ (die evtl. Einwände haben könnte) komme nur sehr selten.

**(017) WOMO-Stellplatz: Limski-Fjord/Viking**

**GPS:** N 45° 07' 54.2" E 13° 44' 07.9" **max. WOMOs:** 4-5
**Ausstattung/Lage:** Restaurants, Einkaufsstände, Mülltonnen/außerorts.
**Zufahrt:** Nach 700 m am Ende der Stichstraße.

Am kleinen Bootsanleger dümpeln einige Ausflugsschiffe, deren Kapitäne lautstark um die Gunst der Kunden buhlen. Eine **Fjord-Rundfahrt** bietet prächtige Ausblicke und natürlich eine andere Perspektive als vom Land aus. Wanderwege, um die Schönheiten des Fjordes kennenzulernen, fehlen praktisch ganz.
Wir tuckern weiter in Großrichtung PULA. Auf der recht anständigen Straße geht es zügig voran, und bald erreichen wir das Dörfchen BALE. Wer einen Übernachtungsplatz braucht, der findet einen recht brauchbaren in der Mitte des beschaulichen Ortes.

**(018) WOMO-Stellplatz: Bale**

**GPS:** N 45° 02' 24.8" E 13° 47' 05.5" **max. WOMOs:** 3-4
**Ausstattung/Lage:** Restaurants in der Nähe, Mülltonne/im Ort.
**Zufahrt:** Von der Hauptstraße in Richtung Zentrum abbiegen, noch 600 m, dann rechts abzweigen.

Wir peilen jetzt ROVINJ an. Bevor wir jedoch diese eindrucksvolle, mittelalterliche Stadt besuchen, nutzen wir noch einen „Geheimtipp" unseres Verlegers. Dieser führt uns zu einem abgelegenen, wenig frequentierten Strand, an dem Urlaubsträume wahr werden. Hier finden wir schöne Wiesenfleckchen, schattenspendende Bäume und einen langen Kiesstrand, der den Zugang ins kristallklare Wasser relativ einfach macht.

Ruhe, Erholung und Badefreuden in Cisterna

Dieser erstrebenswerte Ort hört auf den klangvollen Namen „Cisterna“ und ist mittlerweile auch angeschrieben - was nicht immer so war! Falls das Schild wieder einmal verschwinden sollte, hilft Ihnen folgende Wegbeschreibung: Vom Ortsschild am Ortsende von BALE fährt man 5,2 km in Richtung ROVINJ und biegt hier links in ein Schottersträßchen ein. Der Weg ist nicht immer in einem ordentlichen Zustand. Wir passieren einige Häuser und schließlich das Gehöft Mofardin (evtl. Übernachtungsmöglichkeit - bitte fragen Sie aber auf jeden Fall vorher nach). Nach insgesamt 3,1 km haben wir unser Ziel erreicht (Zelt- und Wohnwagenverbot). Das Areal ist inzwischen als Naturschutzgebiet ausgeschrieben. Zwei Leser berichteten uns, dass Sie am Abend des Platzes verwiesen wurden, andere wiederum blieben unbehelligt.

**(019) WOMO-Badeplatz: Cisterna**

**GPS:** N 45° 02' 17.7" E 13° 41' 29.9" **max. WOMOs:** > 5
**Ausstattung/Lage:** Einfache Gaststätte ca. 800 m, Mülltonne/außerorts.
**Zufahrt:** Im Text beschrieben.

Wir gönnen uns einen faulen Tag und genießen die Ruhe. Am Abend zünden wir ein Lagerfeuer an, die Feuerstelle dazu hat uns schon zuvor ein braver Mensch hergerichtet. Unsere Stühle haben wir am Strand platziert, ein kühles Bierchen lässt uns unser Glück noch leichter ertragen, und wir beobachten die blinkenden Sterne über uns. Zur Krönung beginnt plötzlich ein Feuerwerk. Es mag wohl ein gutes Stück entfernt sein, doch das Pfeifen der Raketen ist deutlich zu hören. Irgendwann zerplatzen sie, und es regnet bunte Sterne übers Meer. Andere Knallkörper zerbersten, und farbenfrohe Krakenarme breiten sich aus. Wir bewundern das Schauspiel und beschließen, dass es uns zu Ehren abgehalten wird. Das Leben kann so schön sein!
Weiter geht's! Wir rumpeln zurück zur Teerstraße, orientieren uns jetzt links, und schon nach 5,5 km begrüßt uns das Ortsschild von ROVINJ.
Leider stehen die Übernachtungsplätze am Hafen nicht mehr zur Verfügung, da man sie inzwischen mit Höhenbalken versehen hat. Ersatzweise gibt es einen offiziellen WOMO-Stellplatz mit Ver- und Entsorgungsstation, von dem man das Zentrum in wenigen Minuten erreicht. Der Platz selbst ist akzeptabel, die Konditionen eher nicht. Die Aufenthaltsdauer ist auf maximal 12 Stunden begrenzt, die Stunde kostet ca. 3,5 Euro. Die Zeit von 23.00 Uhr bis 06.00 Uhr ist kostenfrei. Unverschämterweise fallen für die Entsorgungsstation zusätzlich Gebühren an! Es bleibt nur zu hoffen, dass die Stadtväter hier noch einmal nachbessern.

### (020) WOMO-Stellplatz: Rovinj

**GPS:** N 45° 05' 19.4" E 13° 38' 43.7" **max. WOMOs:** > 5
**Ausstattung/Lage:** Ver- und Entsorgungsstation, Toilette, Beleuchtung, Mülltonne/ im Ort.
**Zufahrt:** In Richtung „Centar“ fahren, dann nach dem Kreisverkehr gleich rechts, beschildert.

Ansonsten bleibt nur der Campingplatz. Empfehlenswert ist der altstadtnahe „Porton Biondi“.

### (021) WOMO-Campingplatz-Tipp: „Porton Biondi“ in Rovinj

**GPS:** N 45° 05' 42.1" E 13° 38' 30.2", Aleja Porton Biondi **Öffnungszeit:** 15.3.-31.10.
**Ausstattung/Lage:** Geschäft, Restaurant, Zentrum 1 km, schattig/Ortsrand.
**Zufahrt:** Beschildert (von der Altstadt/Hafen Richtung VALALTA fahren).

Rovinj lädt zum Stadtbummel ein

Die gewachsene Altstadt ist in greifbarer Nähe und wirkt auf uns, als hätte man ein Bilderbuch aufgeschlagen. Wieder einmal liegt der alte Ortskern auf einer Halbinsel und die Häuser bauen sich um einen Hügel herum auf. Die pittoresken Gemäuer, die schon viele Jahrhunderte gesehen haben, zeigen reichlich Patina und strahlen einen eigenartigen Charme aus. Am höchsten Punkt der Stadt erhebt sich die mächtige **Kirche Santa Euphemia**, noch weit überragt von ihrem gertenschlanken Kampanile. Wir bummeln vom Hafen, vorbei an einem Obst- und Gemüsemarkt, zu einem roten **Uhrturm**, den das Symbol des Markuslöwen schmückt. In einem weiteren Hafenbecken schaukeln unzählige Schiffe im Wasser, die man am besten bei einem Gläschen Wein von einem der zahlreichen Cafés aus beobachtet. Durch das **venezianische Balbitor**, das die Pforte zur Altstadt bildet, tauchen wir ein in das

Gewirr sehr enger und malerischer Gassen. Mit etwas Phantasie kann man sich gut vorstellen, dass hier früher einäugige Seeräuber mit langen Säbeln über das Pflaster gestiefelt sind. Aus dem ehemaligen Piratennest ist aber schon seit langem ein Touristenmagnet geworden. Allenfalls lassen sich in Anlehnung an alte Traditionen noch ein paar geschmuggelte Zigaretten erwerben. Schwitzend haben wir die vielen Treppen bewältigt, stehen jetzt auf dem Hof der Euphemia-Kirche und genießen den Blick über das glatte, blaue Meer und einige vorgelagerte Inseln. Bevor wir durchstarten, kaufen wir am Markt noch etwas Gemüse ein - das Angebot ist zu verlockend. In Großrichtung PAZIN verlassen wir ROVINJ und passieren dabei ein **Franziskanerkloster**, das viele Kunstschätze beherbergt (Skulpturen, Gemälde, Ikonen usw.). Die Bebauung wird lockerer, und schon bald touren wir wieder durch die grüne Landschaft **Istriens**. So manches Macchia-Gewächs hat Blüten angesetzt, die roten und gelben Farbtöne sorgen für Abwechslung. Über BRAJKOVIĆI fahren wir in Richtung KANFANAR. Dieser Abschnitt gehört nicht gerade zu den Glanzleistungen der Straßenbaukunst, wir werden gehörig durchgeschüttelt. Kurz vor KANFANAR biegen wir links ab und folgen dem braunen Schild **Dvigrad**. Dieses lotst uns nach wenigen Kilometern zu einem sehenswerten **Ruinenkomplex**. Weite Teile des alten Burggemäuers sind gut erhalten. In den Ritzen hat sich der Efeu festgekrallt und mit langen Ranken die Steine überzogen. Das unterstreicht die wildromantische Note dieser ehrwürdigen Anlage. Ursprünglich befanden sich zwei Burgen in diesem idyllischen Tal, daher rührt der Name Dvigrad („Zweiburg"). Gegenüber der Ruine steht ein kleines **romanisches Kirchlein**, dessen Inneres Fresken eines heimischen Künstlers zieren. Die Burgruine ist frei zugänglich, Eintrittsgebühren werden keine erhoben.

Na sauber, Waschtag in Rovinj

Über KANFANAR laufen wir ŽMINJ an. Hier hat man uns eine weitere Befestigungsanlage versprochen. Wir finden eine massiv gebaute **Kirche** vor, einen **Rundturm**, zwei **alte Brunnen** und verschiedene **Mauersegmente**. Ohne sonderlich begeistert zu sein, besteigen wir wieder unser WOMO und düsen - jetzt wieder auf anständiger Straße - PULA entgegen. Unterwegs fallen uns etliche kleine **Steinhäuschen** (kažuni) auf, die an den Feldrainen stehen. Sie sind allesamt rund und ihr Durchmesser beträgt nur wenige Meter. Man erzählt zum einen, dies seien die Behausungen früherer Ureinwohner gewesen - zum anderen sagt man auch, Bauern haben hier Tiere eingestellt und Werkzeuge gelagert (was zum Teil heute noch geschieht).

Vodnjan, St. Blasiuskirche

Rund 24 km später laufen wir in VODNJAN ein und halten hier für eine Stippvisite. Schon von weitem ist der **Glockenturm** der kleinen 3000-Seelen-Stadt zu sehen. Er gehört zur mächtigen **Kirche Sveti Blaž** (St. Blasius) im Herzen des Ortes. Im Inneren des barocken Gotteshauses sind mehrere wertvolle Gemälde und eine „Mutter Gottes mit zwei Heiligen" zu bestaunen. Letztere gilt als ein Werk des venezianischen Künstlers Jacobello del Fiore. Die eigentliche Attraktion befindet sich aber in der **Schatzkammer** der Kirche. In einem vergoldeten Reliquienschrein aus dem 15. Jahrhundert ruhen mumifizierte Leichen. Es heißt, sie seien seinerzeit nicht einbalsamiert worden, und trotzdem konnten ihnen die langen Jahrhunderte nichts antun.

Weniger mysteriös und schön anzusehen sind die reich mit Blumen geschmückten Häuser mit ihren zierlichen Balkonen und den spitz zulaufenden Fenstern. Dicht gedrängt stehen sie um die St. Blasius Kirche und strahlen italienischen Flair aus. Noch heute leben viele italienische Bürger im Ort, und liebevoll haben sie einen Weg Cappuccino-Gässchen getauft. In westlicher Richtung streben wir wieder der blauen Adria zu.

Wir folgen den Hinweisen nach FAŽANA, laufen aber zunächst die winzige Gemeinde PEROJ an und nehmen hier Kurs auf BARBARIGA. Es folgt ein kurzer, enger, von Steinmauern gesäumter Straßenabschnitt, danach wird die Fahrbahn zusehends breiter. Nach ca. 800 m erreichen wir einen kleinen Hafen an einer Badebucht, den mittlerweile leider WOMO-Verbotsschilder „zieren". Doch noch vor diesem Hafen führt ein Feldweg hinein ins Grüne und letztendlich zu einem Haus. Entlang dem Weg gibt es immer wieder Buchten in der Macchia, in die ein WOMO passt. Halten Sie aber unbedingt die Zufahrt frei! Vielleicht möchte der Hausbesitzer (oder Andere) passieren.

**(022) WOMO-Badeplatz: Peroj**

**GPS:** N 44° 57' 18.9" E 13° 47' 08.5" **max. WOMOs:** 2-3

**Ausstattung/Lage:** Gaststätte in der Nähe/außerorts.

**Zufahrt:** Vor dem Hafen links in den Feldweg einbiegen.

Auf den folgenden 2-3 Kilometern stehen links und rechts der Straße etliche Wohnwagen und Zelte in dichtem Buschwerk. In diesem Bereich scheinen die Einheimischen ihren Freizeitvergnügungen nachzugehen. So manch einer hat sich auch fest „installiert". Das eine oder andere Fleckchen, das die Macchia freigibt, wird dennoch von Durchreisenden eingenommen. Vielfach gibt es einen direkten Zugang zum Meer. Bisweilen können die Zufahrtswege aber recht eng sein, man tut gut daran, vorher zu Fuß die Lage zu sondieren.
Bald erreichen wir BARBARIGA. Der Touristenort bietet zwar keine umwerfenden Sehenswürdigkeiten, wohl aber einen schönen und ausladenden Badestrand.

Der weite Strand von Barbariga

**(023) WOMO-Badeplatz: Barbariga**

**GPS:** N 44° 59' 19.3" E 13° 45' 20.7" **max. WOMOs:** 3-4
**Ausstattung/Lage:** Gaststätten, Geschäfte in der Nähe/im Ort.
**Zufahrt:** 400 m nach dem Ortsanfang links abbiegen, noch 100 m (bei P. Tropicana).

Über PEROJ fahren wir zurück, um uns dann FAŽANA zuzuwenden. Der lebhafte Ort bietet nichts Außergewöhnliches, wird aber dennoch stark von Besuchern frequentiert. Das hat natürlich seinen Grund. Der Küste vorgelagert liegen hier die **Brijuni-Inseln**, ein Archipel, der 14 Inseln umfasst und im Jahre 1983 zum **Nationalpark** erklärt wurde. Im Rahmen eines Ausflugsprogrammes kann das größte Eiland - **Veli Brijun** - besichtigt werden. Die Sehenswürdigkeiten sind gar mannigfaltig. Das bedeutendste Bauwerk ist ein **viereckiger Wehrturm** aus dem 12. Jahrhundert. Daneben steht ein **Kastell**, welches ein **Heimatmuseum** mit kulturgeschichtlichen Exponaten beherbergt. Auf freiem Gelände sind ca. **70 Skulpturen**, darunter auch ein **Gedenkbrunnen** für **Tito** aufgestellt. An der Ostküste in der **Verige-Bucht** wurden Reste eines großen **römischen Landsitzes** (Villa rustica) freigelegt. An der Westküste können die Ruinen eines **byzantinischen Castrums** besichtigt werden. Im nordöstlichen Teil der Insel erwartet den Besucher ein **Safaripark** mit exotischen Tieren wie etwa Zebras, Elefanten und Kamelen sowie heimischen Tieren (Pfauen, Mufflons, Hirsche usw.), die in freier Wildbahn leben.
Unsere kleine Aufzählung erhebt keinen Anspruch auf Vollständigkeit, sondern soll nur Appetit anregend sein. Übrigens befand sich **Titos Sommerresidenz** auf der **Insel Vanga**, ein kleines Eiland im westlichen Teil des Archipels. Vom Beginn der fünfziger Jahre bis hin zu seinem Tod im Jahre 1980 nutzte er diesen Ort für politische Gespräche und den Empfang illustrer Gäste, darunter beispielsweise Liz Taylor und Richard Burton.
Im Hafen von FAŽANA kann man die mehrstündige Schiffs-Exkursion nach **Brijuni** buchen. Die Überfahrt dauert ca. 15 Minuten, Fahrzeuge dürfen nicht mitgenommen werden, und die Anmeldung muss einen Tag zuvor erfolgen. Die Abfahrtszeiten erfragt man am besten vor Ort. Der Preis beträgt pro Person ca. 20 Euro und schließt eine Beförderung per Mini-Bahn auf der Insel ein. Auf dem großen (Bus)- Parkplatz, der an den Hafen von FAŽANA angrenzt, kann man sein WOMO für die Zeit des Ausflugs abstellen bzw. auch übernachten. Besonders der hintere, begrünte Teil eignet sich recht gut dafür und lädt zudem noch zu einem erfrischenden Bad ein.

**(024) WOMO-Badeplatz: Fažana**

**GPS:** N 44° 55' 46.0" E 13° 48' 07.7" **max. WOMOs:** > 5
**Ausstattung/Lage:** Zentrumsnähe, Dixi-Toilette, Mülltonnen/Ortsrand.
**Zufahrt:** Von der Hauptstraße rechts abbiegen, dem Hinweis Busparkplatz folgen, noch 100 m.

Bisher konnte der Platz kostenlos genutzt werden, doch jetzt werden Gebühren verlangt - und das heftig! Rund 28 Euro pro WOMO! Allerdings ist das offizielle Preisschild mit einem handgeschriebenen überklebt. Es wirkt nicht gerade professionell. Ob da wohl der Parkwächter...?!
Wir sind nicht gewillt für den Platz so viel zu bezahlen und fahren weiter bis ans Ortsende. Hier weist ein blaues Parkplatzschild (Zusatz: „free of charge") den Weg durch eine Allee hinein in ein lichtes weitläufiges Waldgelände. Es scheint sich hier um einen ehemaligen Campingplatz zu handeln. Man steht ruhig und kostenfrei, allerdings nicht so zentral, wie auf oben genannten Hafenplatz.

**(025) WOMO-Stellplatz: Fažana Wäldchen**

**GPS:** N 44° 55' 13.3" E 13° 48' 15.6" **max. WOMOs:** > 5
**Ausstattung/Lage:** Gaststätte in der Nähe/Ortsrand.
**Zufahrt:** Am Ortsende rechts abbiegen, noch 200 m.

Nur noch rund 10 km sind es jetzt bis PULA, der quirligen und verkehrsreichen „Metropole" der Region. Sie liegt tief im Süden der **istrischen Halbinsel** und ist deren bedeutendste Stadt. Einst wurde sie von den Römern gegründet und war die wichtigste römische Besitzung an der nördlichen Adria. Zur Blütezeit strömten die Patrizier und die Aristokratie in den Ort,

Über den Dächern von Pula

selbst die Kaiser und ihre Angehörigen gaben sich die Ehre. Wen wundert`s, dass PULA überreich an Sehenswürdigkeiten ist?
1-2 Tage sollte man sich schon Zeit nehmen, um das Gebotene gebührend zu bewundern. Wir nisten uns dazu auf dem Campingplatz Stoja ein, der sehr gefällig auf einer Halbinsel liegt. Direkt vor dem Eingang hält der Linienbus, der zum Zentrum und zurück verkehrt. Tickets gibt es an der Rezeption.

**(026) WOMO-Campingplatz-Tipp: „Stoja Camp" in Pula**
**GPS:** N 44° 51' 34.2" E 13° 48' 53.8" **Öffnungszeit:** 1 Woche vor Ostern-01.11.
**Ausstattung/Lage:** Geschäft, Restaurant, Zentrum 3 km, viel Schatten/Ortsrand.
**Zufahrt:** Schon vor Ortsbeginn gut beschildert.

Das berühmteste und verwegenste Bauwerk PULAS ist die römische Arena, das **Amphitheater**. Drei Kaiser ließen daran bauen: Augustus, Claudius und schließlich Vespasian, unter dem das Werk vollendet wurde, das schon bei seiner Entstehung Hunderten von Sklaven das Leben kostete - von den Gladiatoren, die dann auf Tod oder Leben kämpfen mussten, ganz zu schweigen. Die eindrucksvolle Arena beschreibt die Form einer Ellipse (132 m x 105 m) und trägt auf dem Unterbau zwei Stockwerke mit Arkaden, die bis zu 45 m Höhe aufragen. Besichtigen kann man die viertgrößte der insgesamt noch 24 existierenden Arenen täglich von 08.00-21.00 Uhr. Der Eintrittspreis von 2,5 Euro für Erwachsene (Kinder 1,5 Euro) schließt den Besuch eines kleinen Museums mit ein.

Pula, das Amphitheater

Spaziert man vom Amphitheater zum Altstadtkern, so gelangt man durch das **Doppeltor** (Porta Gemina) ins **Archäologische Museum Istriens**, das viele Steinfunde beherbergt (Montag bis Freitag 09.00-20.00 Uhr, Sonntag 10.00-15.00 Uhr - samstags geschlossen, der Eintrittspreis für Erwachsene beträgt 2 Euro, Kinder zahlen die Hälfte). Quasi nur um die Ecke befindet sich das **Kleine Römische Theater**, das zu Füßen eines **Kastells** liegt. Ist man erst einmal zu dieser Festung hinaufgestiegen, lässt sich zweierlei tun: Zum einen die schöne Aussicht genießen und - so man will - das **Historische Museum Istriens** besuchen, welches sich hinter den dicken Burgmauern verbirgt (geöffnet täglich von 09.00-19.00 Uhr, Eintritt 2 Euro, Kinder wiederum die Hälfte).

Pula, Kleines Römisches Theater

Wer dem äußeren Altstadtring entlang schlendert, wird auf weitere Sehenswürdigkeiten stoßen. Beginnt man seine Runde in der Straße rechts des Doppeltors, so trifft man in dieser verkehrsberuhigten Zone zunächst auf die **Kathedrale**, danach auf den **Stadtpalast** und den **Augustustempel**. Im weiteren Verlauf folgt die **Kapelle Maria Formosa** (in der Nähe ein Bodenmosaik) und ein mächtiger **Triumphbogen** - der Sergierbogen.

Wollen Sie in geschichtsträchtiger Umgebung nächtigen und Ihr Gläschen Wein abends im WOMO mit Blick auf das Amphitheater genießen? Der große Parkplatz (gebührenpflichtig) direkt unterhalb der Arena kann zu Ihrem Nachtquartier werden. Der nahe Hafen und die vorbeiführende Straße können evtl. für Lärmbelästigung sorgen.

**(027) WOMO-Stellplatz: Arena Pula**

**GPS:** N 44° 52' 24.4" E 13° 50' 55.4" **max. WOMOs:** > 5
**Ausstattung/Lage:** Kiosk, Geschäfte und Restaurants nahebei, Mülltonnen/im Ort.
**Zufahrt:** Den Schildern Amphitheater folgen, beim Hafen links einbiegen.

# Tour 3 (230 km / 5 Tage)

## Pula - Medulin - Šišan - Valtura - Marčana - Krnica - Labin - Pazin - Učka-Pass

| | |
|---|---|
| **Freies Übernachten:** | Šišan, Luca Krnica, Barban, Trget, Skitača, Labin, Učka-Pass. |
| **Campingplätze:** | „Medulin-Camp“ in Medulin, „Marina“ in Sveta Marina. |
| **Besichtigen:** | Die jeweilige Altstadt vieler Orte - insbesondere Labin, die Burg in Pazin. |
| **Wandern:** | Rundwanderung bei Pazin, rund um den Planik. |
| **Radfahren:** | Bei Pazin. |
| **Baden:** | An vielen Stellen der Küste - insbesondere in Medulin. |

Jetzt steht der südlichste Teil der istrischen Halbinsel auf dem Programm. Wir schwimmen mit im Verkehrsgewühl PULAS und entdecken bald die ersten Hinweise nach PREMANTURA. Langsam löst sich die Blechlawine in Wohlgefallen auf, und wir gleiten hinaus in die freie Natur. An einer idyllischen Meeresbucht, die durch einen Damm geteilt wird, gönnen wir uns eine Kaffeepause. Der schöne, durch hohe Pinien beschattete Parkplatz nahe besagtem Damm wäre ein angenehmes Fleckchen, um sein müdes Haupt aufs Kissen zu betten, gäbe es die unmittelbar vorbeiführende Straße nicht.

Einen weiteren vorwiegend schattigen Parkplatz gibt es kurz danach am Ortsanfang von PREMANTURA rechts. Am nahen Friedhof kann man eventuell (mit dem Kanister) Wasser bunkern. Die Ortschaft selbst zeigt sich nett und ist auf Tourismus eingestellt. Wir wollen an die Südspitze fahren, wo ein Leuchtturm Seefahrer auf den rechten Weg bringen soll, doch leider bleibt dieses Ansinnen erfolglos. Wegen Bauarbeiten ist die Straße gesperrt, die Umleitung über einen Feldweg erweist sich als WOMO-untauglich. Wir rollen zurück und umfahren dabei die gesamte große Bucht. Einige Surfer ziehen pfeilschnell über das Wasser und werden an Geschwindigkeit nur von den lustig über die Wellen hüpfenden Jet-Skis übertroffen. Wir sind rechts nach MEDULIN abgebogen - ebenfalls ein Ort, der den Touristen erlegen ist. Mehrere ausladende **Campingplätze** bieten auch größeren Heerscharen von Campern Raum für ihre Aktivitäten und allesamt werben sie zusätzlich mit Schildern „renoviert". Nicht weit vom Zentrum entfernt ist die Zufahrt zum „Medulin Camp". Der Platz liegt auf einer Halbinsel und durch einen kleinen Damm besteht eine Verbindung zu einem runden Eiland, das ebenfalls dazugehört. Familien mit jüngeren Kindern werden sich über einige flache Sandstrandabschnitte freuen.

**(028) WOMO-Campingplatz-Tipp: „Medulin Camp"**

**GPS:** N 44° 48' 51.5" E 13° 55' 57.8" **Öffnungszeit:** 01.04.-15.10.
**Ausstattung/Lage:** Geschäft, Restaurant, zum Zentrum 1,5 km, vorwiegend schattig/außerorts.
**Zufahrt:** Im Ort beschildert.

Von MEDULIN nach LIŽNJAN und weiter nach ŠIŠAN sind es nur 7 km. Doch zunächst kurven wir in MEDULIN um ein paar enge Häuserecken und schrecken einen Hund auf, der sich auf dem warmen Teer zu einem Nickerchen niedergelassen hat. Schließlich fahren wir an der imposanten **Kirche** mit ih-

Wildromantischer Badeplatz bei Šišan

ren zwei Türmen vorbei und hinaus in eine ländliche Gegend. In ŠIŠAN biegen wir die erstmögliche Straße rechts ab (100 m nach dem Ortsschild am Ortsanfang) und folgen dem Verlauf des Sträßchens bis zu einer Ferienkolonie. Jetzt stehen uns noch ca. 2 km Schotterstrecke bevor und nach insgesamt 3,5 km laufen wir in einer romantischen Bucht ein. Der Weg wird nur sporadisch gepflegt. Unter Umständen kann dessen Zustand daher sehr schlecht bzw. eingewachsen sein. Bitte sondieren Sie die Lage, bevor Sie hineinfahren. Eine Wendemöglichkeit gibt es erst am Ziel!
Die Wellen brechen sich an den Felsklippen und schäumen weiß auf. Der relativ ebene, von duftender Macchia umgebene Naturplatz lädt zum Verweilen ein. In der Umgebung verstreut liegen einige Kähne. Seefest erscheinen sie nicht mehr, als nette Dekoration taugen sie aber allemal.

**(029) WOMO-Badeplatz: Šišan**

**GPS:** N 44° 51' 05.7" E 13° 58' 51.4" **max. WOMOs:** > 5
**Ausstattung/Lage:** Bänke, tolle Gegend/außerorts.
**Zufahrt:** Im Text beschrieben.

Nach einer geruhsamen Nacht, der wir ein „feudales" Frühstück folgen lassen, brechen wir auf und rumpeln zurück nach ŠIŠAN. Das ländliche Landschaftsbild bleibt uns auch auf der weiteren Strecke erhalten. In den Vorgärten der Häuser gedeihen Salatköpfe, Tomaten, Zucchini - kurzum alles, was der Selbstversorger eben so braucht. Die Straße präsentiert sich in erstaunlich gutem Zustand, und nach einigen Kilometern darf man sich entscheiden, ob das so bleiben soll oder nicht. Wählt man die erste Möglichkeit, so düst man weiter nach VALTURA (**Ausgrabungsstätte**), danach ein Stück in westlicher Richtung und orientiert sich anschließend an einer Kreuzung rechts nach MARČANO. Hier biegt man nochmals rechts ab in Richtung KRNICA. Das stellt nicht unbedingt den kürzesten Weg dar, wohl aber einen bequemen.
Möchte man sich das Leben etwas schwerer machen, greift man auf die zweite Variante zurück und nimmt die rechts abzweigende Schotterstraße nach KAVRAN. Diese verläuft zunächst relativ breit bis zu einer tief eingeschnittenen Bucht, die zur Fischzucht genutzt wird. Der Blick von oben auf die in der Sonne glitzernden Fluten und die umliegenden begrünten Berge lohnt das Geholper. Der zweite Streckenabschnitt bis KAVRAN gestaltet sich etwas enger. Ausweichen sind vorhanden, aber wegen des kaum vorhandenen Verkehrs brauchen wir sie nicht. Nach insgesamt 7 km endet die Naturpiste, und entlang überwachsener Steinmauern und dichtem Buschwerk,

welches manchmal oben fast zusammenschlägt, geht es wieder auf solidem Teer KRNICA entgegen.
300 m nach dem Ortsanfang zweigt rechts eine Stichstraße nach LUCA KRNICA ab. Mit bis zu 15% Gefälle windet sie sich bis zu einem malerischen Fischereihafen hinab und endet hier nach 2,9 km auf einem Wiesenplatz, der zur Rast mit schönem Blick auf die kleine Kutterflotte und das Meer einlädt. Nebenan, im Restaurant „Al Pescatore", kann man den fangfrischen Fisch - köstlich zubereitet - auf den Teller bekommen. Im Garten seines Anwesens hat der geschäftstüchtige Wirt einen Stellplatz eingerichtet. Die Ausstattung kommt fast der eines Campingplatzes gleich - der Preis leider auch (satte 20 Euro, pauschal für ein WOMO). Seitlich des Hafens gibt es einen hübschen, allerdings nicht sehr großen Badestrand (Kies, Fels), der zu Fuß nach etwa 100 m erreicht ist.

Fischer im Hafen von Luca Krnica

**(030) WOMO-Badeplatz: Luca Krnica**
**GPS:** N 44° 57' 13.6" E 14° 02' 08.3" **max. WOMOs:** > 5
**Ausstattung/Lage:** Wasserstelle, WC, Dusche, Restaurant/im Ort.
**Zufahrt:** Vorbei am Friedhof, am Ende der Stichstraße (Hinweis Krnkici porat).

In nordöstlicher Richtung ziehen wir weiter. Der nächste größere Ort auf der Strecke ist BARBAN und gefällt mit einer mittelalterlichen Stadtanlage sowie einem schön gelegenen Stellplatz.

**(031) WOMO-Stellplatz: Barban**
**GPS:** N 45° 03' 53.1" E 14° 00' 56.2" **max. WOMOs:** 2-3
**Ausstattung/Lage:** Gaststätte in der Nähe, Mülltonne/Ortsrand.
**Zufahrt:** Von der Hauptstraße links abbiegen, noch 150 m (blaues Parkplatzschild).

Altes Gemäuer in Barban

Nach dieser Ortschaft senkt sich die Straße in etlichen Kurven und Serpentinen ab in ein weites Tal, dessen Grund eigenartig flach und eben ist. Es wird vom **Flüsschen Raša** durchquert, welches bald darauf in einen langgezogenen Fjord mündet. Die Gegend weist seltsame Charakterzüge auf. Überall begegnet man leerstehenden, halb verfallenen Fabrikgebäuden, die irgendwie bedrückend wirken. Wir unternehmen einen kleinen Abstecher auf der Stichstraße zum Fjord (Hinweis Stalije). Schon bald erspähen wir die wahrhaft riesigen verwaisten Hallen des „Freihafens von RIJEKA". Adrett, aber auch recht beengt (Durchfahrt auf maximal 6 t zulässiges Gesamtgewicht beschränkt), präsentiert sich schließlich TRGET am Ende der Straße.

**(032) WOMO-Badeplatz: Trget**

**GPS:** N 45° 01' 12.9" E 14° 03' 27.9" **max. WOMOs:** 1-2
**Ausstattung/Lage:** Gaststätte, Mülltonne/im Ort.
**Zufahrt:** Von der Hauptstraße den Hinweis Stalije folgen, noch 5,1 km.

Wir fahren zurück zur Hauptstraße und wenden uns dem Bergstädtchen LABIN zu. In sanften Schwüngen zieht die Straße das Bergland hinauf, und wir passieren die Ortschaft RAŠA - einmal mehr bewundern wir die gepflegten Gemüse-Vorgärten. Kurz vor LABIN entschließen wir uns zu einer Sightseeing-Tour rund um die große vorgelagerte Halbinsel und biegen rechts in Richtung KOROMACNO ab. Die Straße verdient gute Noten, doch bei den Ausblicken auf den **Raški Zaljev-Fjord** müssen wegen des hohen Macchia-Bewuchses Abstriche gemacht werden. Ab und zu gibt es aber Lücken in die-

sem Gestrüpp, und dann sind die Fernblicke ein wahrer Augenschmaus. Bei DIMINIĆI muss man bergseitig links nach SKITAČA abbiegen. Tut man das nicht - so wie wir - steht man kurz darauf vor einem Zementwerk in der Sackgasse.
Das Sträßlein ist jetzt deutlich schmaler und führt hinauf in luftige Höhen. Bald haben wir die Bergkuppe erklettert und laufen in SKITAČA ein. Wir wähnen uns eher in gälischen Gefilden denn in Kroatien. Steinmauern durchlaufen das ganze Gebiet. Zahlreiche Häuserruinen, teilweise mit bunten Fensterläden, empfangen uns und verstrahlen keltisches Flair. Nur noch wenige Menschen wohnen in den verbliebenen intakten Behausungen.

Im Bergdörfchen Skitača

Wir halten bei der Kirche und finden neben einem abgedeckten Brunnen einen antiquarischen Pumpenschwengel vor, der doch tatsächlich nach einigen kräftigen körperlichen Bemühungen frisches Wasser spendet. 200 m nach dem Ortsende von SKITAČA öffnet sich rechts der Straße eine kleine Parkbucht. Von hier aus lässt sich ein naher Gipfel erstürmen und ein Wanderweg, dessen Verlauf wir aber nicht erkunden, durchmisst die Macchia. Die Aussicht ist grandios. Einige Segelboote flitzen durch die Fluten und sorgen mit ihren weißen Segeln für kontrastreiche Tupfer in der blauen Adria.

**(033) WOMO-Wanderparkplatz: Skitača**

**GPS:** N 44° 59' 13.7" E 14° 08' 46.6" **max. WOMOs:** 1-2
**Ausstattung/Lage:** Wasser in der Nähe (bei der Kirche im Ort)/Ortsrand.
**Zufahrt:** Ca. 200 m nach der Ortschaft rechts.

Auf der nächsten Etappe bedarf es einiger Aufmerksamkeit. Die Straße wird schmal und zieht sich in vielen Kurven den

Berg hinunter. Das Gefälle ist auch nicht zu verachten und manchmal kratzen die langen jungen Triebe der Sträucher am Dach unseres WOMOs. Doch ohne Blessuren erreichen wir den Fuß des Berges bei der Ortschaft RAVNI, und hier weitet sich auch die Fahrbahn wieder und verläuft kurvig in nördlicher Richtung. Wir spähen nach einem verschwiegenen Badeplatz, doch Fehlanzeige! Kein vernünftiger Weg führt hinab zur felsigen Küste. Wer eine Bleibe sucht, kann aber den Campingplatz in SV. MARINA anfahren. Dieser liegt landschaftlich sehr schön, macht aber einen etwas gammeligen Eindruck

**(034) WOMO-Campingplatz-Tipp: „Sv. Marina"**

**GPS:** N 45° 02' 00.9" E 14° 09' 28.0" **Öffnungszeit:** 01.05.-30.09.
**Ausstattung/Lage:** Geschäft, Gaststätte, Zentrum 500 m, sonnig/außerorts.
**Zufahrt:** Vom Rundkurs um die Halbinsel rechts nach Sveti Marina abbiegen, dann noch 1,5 km.

Wir rauschen durch bis zum Bergstädtchen LABIN und beenden hier unsere gut 40 km lange Rundfahrt um die Halbinsel. Gleich am Ortsanfang links befindet sich ein Parkplatz, direkt darüber gibt es einen zweiten. Dieser Platz wirkt sehr gepflegt, weist eine dezente Schieflage auf und ist sonnig. Platziert man sein Fahrzeug entsprechend, so erhält man einen schönen Blick auf die Altstadt (u.U. Übernachtungsverbot in der Hauptsaison).

**(035) WOMO-Stellplatz: Labin**

**GPS:** N 45° 05' 04.4" E 14° 07' 17.7" **max. WOMOs:** > 5
**Ausstattung/Lage:** Beleuchtung, Mülltonnen, Zentrumsnähe/Ortsrand.
**Zufahrt:** Am Ortsanfang links.

Das farbenfrohe Städtchen Labin

Fünf Minuten benötigen wir per pedes bis zum Hauptplatz (Crć) des hübschen Städtchens. Hier erhebt sich der **Stadtpalast**, unweit davon steht die flache **Stadtloggia**, die ein kleines **Lapidarium** beherbergt. Zwischen diesen Gebäuden führt der Weg hinauf zur trutzigen **Bastion**. Von einem kleinen Podest

Kunstwerk in Labin

erhält man einen weiten Blick auf das Umland und den Ferienort RABAC. Übertroffen wird diese Aussicht bestimmt noch von einem 30 m hohen **venezianischen Turm**, der bei unserem Besuch leider geschlossen ist. Wir spazieren durch die mittelalterlichen Gassen, die sich durch eine ungewohnte Farbenfreude auszeichnen. An einer langgezogenen Treppe im Ortskern stoßen wir auf die **Kirche Mariä Geburt** aus dem 15. Jahrhundert mit einer kunstvollen Fensterrose. Einige Meter weiter treppauf steht ein leuchtend orangerotes **Barock-Palais** aus dem 18. Jahrhundert, das heute Sitz des **Volksmuseums** ist. Neben römischen Steinfundstücken, handwerklichen Gerätschaften, Trachten und vielem mehr gibt es auch Interessantes aus der Bergbaugeschichte der Stadt zu sehen. Ein kleiner Leckerbissen ist wohl der originalgetreue Nachbau eines Stol-

lens (täglich außer Sa. von 07.00-15.00 Uhr, Eintritt 2 Euro). Von künstlerischen Aktivitäten zeugen eine Bild-Galerie und zwei kleine Töpfer-Werkstätten. Einer gänzlich anderen Stilrichtung der Kunst bediente sich der Baumeister eines öffentlichen Pissoirs, das zwar denjenigen, der hier einem menschlichen Bedürfnis nachgibt, mit schmiedeeisernen Verzierungen beglückt, doch kaum vor den neugierigen Blicken Vorbeieilender schützt.
Ein kurzer Abstecher bringt uns jetzt ins ca. 6 km entfernte RABAC. Das ehemalige Fischerdorf, das tief unten in einer malerischen Bucht liegt, ist längst zu einem lebhaften Fremdenverkehrszentrum „avanciert". Neben etlichen Hotelburgen und Pensionen gibt es auch einen **Campingplatz**. Bei unserem Kurzbesuch begehen wir den Fehler, ins Zentrum zu fahren. Wir landen mit unserem Dickschiff in der quirligen Flaniermeile und teilweise wird es verdammt eng. Die Blicke etlicher Touristen signalisieren auch nicht gerade Wohlwollen. Irgendwie entkommen wir aber dem Gewühl, ohne ein Messer im Rücken zu haben und sind froh, wieder den Berg hinauf nach LABIN turnen zu können. In Großrichtung RIJEKA verlassen wir die Stadt und bekommen jetzt auch die weniger idyllische Seite des Bergbauzentrums zu sehen. Triste Industrieanlagen und schäbige Wohnblocks, von denen die Farbe abblättert, säumen die Straße. Bald haben wir die letzten Häuser hinter uns gebracht. Durch das Landesinnere fahren wir bis zu einer Kreuzung und stellen Sie hier - wiedermal - vor eine Entscheidung.
Unsere dritte Tour führt uns im weiteren Verlauf noch einmal hinein in das Herz der **istrischen Halbinsel** nach PAZIN und hinauf zum **Učka-Pass**. Über OPATIJA rollen wir danach in

Privater Autotransport zur Insel Cres

südlicher Richtung die Küstenstraße entlang bis zum Fährhafen BRESTOVA. Hier setzen wir über zur **Insel Cres**. Möchten Sie ohne Umweg nach **Cres** schippern, nehmen Sie jetzt die Straße nach RIJEKA und fahren in direkter Linie BRESTOVA an (schöner Aussichtspunkt mit einem großen Parkplatz ca. 3 km nach der Ortschaft PLOMIN).
Wir schwenken also nach links und rollen durch eine liebliche Landschaft mit weiten Feldern und Weingärten. Die Straße zeigt sich erfreulich breit, wenn auch bisweilen wellige Abschnitte die Euphorie dämpfen. Trotzdem geht es flott voran. Bald erspähen wir rechter Hand auf einer kleinen Hügelkuppe das Dörfchen PIĆAN mit einer hübschen **Kirche**, zu der ein 48 m hoher **freistehender Glockenturm** gehört. Wir passieren GRAČIŠĆE, ein sehr gefälliges, altes Städtchen mit einer **Befestigungsanlage**, einer **Bischofskapelle** sowie dem **Palais Salamun**. 27 km nach dem Abzweig irren wir bereits durch das Zentrum von PAZIN - eifrig mit der Parkplatzsuche beschäftigt. Heute (Dienstag) ist Markt. Das bunte Treiben blokkiert gleich mehrere Straßenzüge. Der verbleibende Parkraum erweist sich als nicht gerade üppig, doch direkt an der Fußgängerzone werden wir fündig. Wir mischen uns unter das pulsierende Leben.
Die vielen Cafés sind gut besetzt, das schöne Wetter ist auch zu einladend für einen kühlen Drink. Wir bummeln die Flaniermeile entlang, entdecken die Touristeninformation und erfahren, dass die Burg, nach der wir Ausschau halten, nur etwa 300 m entfernt ist. Trotzdem gehen wir erstmal falsch, da wir das **Kastell** oberhalb in der Altstadt vermuten. Es liegt aber auf dem Niveau der Fußgängerzone und präsentiert sich als

Kastell in Pazin, das Fenster zum Hof

wuchtiger Kasten, der uns zwar wehrhaft, doch eher geduckt als erhaben erscheint. Für rund 2,5 Euro pro Person gewährt man uns Einlass, und wir begutachten die Sammlungen des **Volkskundemuseums**. Neben dem **Franziskanerkloster** mit der **Pohodenja-Kirche** (15. Jahrhundert) ist auch die **Nikolaus-Kirche** (schöne Fresken) im südlichen Teil der Stadt sehenswert.

Die Hügel- und Bergketten der Umgebung, von deren höheren Erhebungen man einen weiten Blick über halb **Istrien** genießt, können mit dem Bike erforscht oder erwandert werden. Der folgende Tipp eignet sich für beides gleichermaßen.

**WOMO-Wandertipp: Rundweg von Pazin**

**Gehzeit:** 3 Std. **Schwierigkeit:** leicht **Höhenunterschied:** 350 m

**Strecke:** In der Nähe der Touristeninformation beginnt der markierte Weg, der zunächst nach BERAM (Pfarrkirche mit sehenswerten Fresken) führt, danach durch schattige Wälder. Eine „Kažun" (Steinhütte) steht am Weg, später taucht in GRDOSELO (das einen kleinen Umweg bedeutet) ein Turm aus dem 12. Jahrhundert auf. Über BANI und DUŠANI kehrt man schließlich nach PAZIN zurück. Unterwegs gibt es zwar Einkehrmöglichkeiten, doch es wird empfohlen Trinkbares mitzunehmen - die „Durststrecken" sind groß. Eine kleine Wanderkarte ist gratis in der Tour-Inform erhältlich. Natürlich sind auch Teilstrecken (z.B. BERAM und zurück) der ca. 12 km langen Route möglich.

Einfahrt in den Učka-Tunnel

Mit dem Ziel **Učka-Pass** verlassen wir PAZIN in Großrichtung RIJEKA. Eine ungewohnt gute und schnelle Straße (kostenpflichtig) durchläuft die unendlich erscheinenden grünen Berge und führt in sanfter Steigung hinauf zum **Učka-Tunnel**. Die gebührenpflichtige Röhre (ca. 6 Euro pro WOMO) stellt die bequemste Verbindung nach RIJEKA dar. Vor dem Tunnel biegen wir rechts ab auf die alte **Učka-Pass-Straße**. Auch diese präsentiert sich in einwandfreiem Zustand. Einzig die Steigung von 18% lässt unser WOMO ein bisschen schnaufen - aber wir kennen ja unsere 76 PS-Rakete! Je höher wir den Berg hinaufkrabbeln, um so herrlicher wird die Aussicht in die Weite der Landschaft.

Knapp vor der winzigen Ortschaft UČKA sprudelt links der Fahrbahn ein Brünnlein. Noch ein paar Kurven und die Passhöhe beim Lokal „Dopolavoro“ ist erreicht. Ausblick gibt es hier wider Erwarten keinen, dafür aber leckeres Essen und feinen Cappuccino. Ein kurzes Stück des Weges weiter gelangen wir zum Restaurant/ Pension Učka, von dessen Parkplatz man weit übers Meer bis hin nach RIJEKA blicken kann. Der Wirt spricht prima Deutsch. Bei Verzehr einer Mahlzeit (reichlich und wohlschmeckend) gestattet er auch die Übernachtung auf seinem Parkplatz. Seiner Bitte, nichts zu verschmutzen, tragen wir - selbstverständlich - Rechnung. An den Wochenenden (vor allem in der Saison) kann es passieren, dass man von Gästen und Ausflüglern gnadenlos zugeparkt wird. Wählen Sie Ihr Plätzchen also mit Bedacht!

Einsamer Bergvagabund...

Mittlerweile wurden auf einem Teil der Parkfläche Tisch/Bank-Kombinationen und eine (gebührenpflichtige) Toilette errichtet. In einem ebenfalls neu gebauten Infostand lassen sich auch Souvenirs erstehen.

Noch ein Tipp für Mountainbiker: Hier am Platz kann man die Spuren von drei ausgewiesenen Radwegen aufnehmen.

**(036) WOMO-Wanderparkplatz: Učka-Pass**

**GPS:** N 45° 18' 28.9" E 14° 12' 57.1" **max. WOMOs:** 3-4
**Ausstattung/Lage:** Gaststätte, WC, Bänke, Tische, Mülltonnen/außerorts.
**Zufahrt:** Unterhalb der Passhöhe rechts.

**WOMO-Wandertipp: Planik**

**Gehzeit:** 3 Std. **Schwierigkeit:** leicht **Höhenunterschied:** 300 m
**Strecke:** Nahe der Pension Učka beginnt der schöne Wanderweg durch schattige Wälder zum Gipfel des **Planik**. Er ist markiert mit roten Punkten. Herrliche Aussicht! Gleicher Weg zurück. Beachten Sie auch die Wandertafel am Parkplatz.

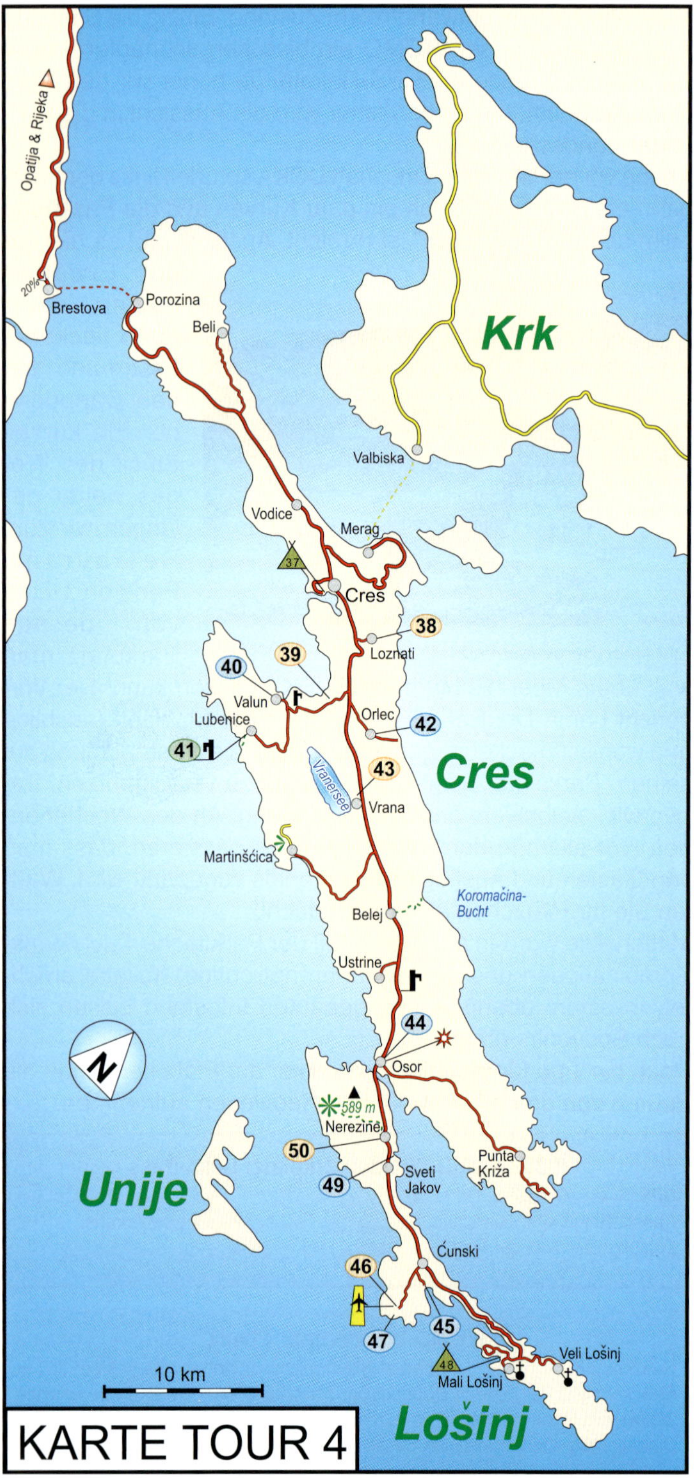
Opatija & Rijeka
20%
Brestova
Porozina
Beli
Krk
Valbiska
Vodice
Merag
37
Cres
38
Loznati
39
40
Valun
Lubenice
41
Orlec
42
Cres
Vranersee
43
Vrana
Martinšćica
Belej
Koromačina-Bucht
Ustrine
44
Osor
589 m
Nerezine
50
49
Sveti Jakov
Punta Križa
Unije
Ćunski
46
47
45
48
Mali Lošinj
Veli Lošinj
10 km
Lošinj

# KARTE TOUR 4

## Tour 4 (315 km / 6 - 7 Tage)

### Učka-Pass - Opatija - Rijeka - Brestova - Insel Cres - Insel Lošinj

| | |
|---|---|
| **Freies Übernachten:** | Loznati, Bellevue nahe Valun, in Valun, Lubenice, Orlec, bei Vrana, Osor, Čunski auf der Kurila-Halbinsel, Sv. Jakov. |
| **Campingplätze:** | „Kovačine“ in Cres, „Čikat-Kamp“ nahe Mali Lošinj. |
| **Besichtigen:** | Die jeweilige Altstadt vieler Orte - insbesondere Opatija, Valun, Lubenice, Osor, Mali Lošinj. |
| **Wandern:** | In Lubenice, zur Bucht von Koromačina, auf den Televrin bei Nerezine. |
| **Radfahren:** | Zur Bucht von Koromačina, von Osor nach Punta Krisža. |
| **Baden:** | In Cres, Valun, Orlec, Osor, Sv. Jakov, Kurila-Halbinsel. |

Der Abstieg vom **Učka-Pass** vollzieht sich angenehmer als die vorherige Bergfahrt. Mit 14% Gefälle senkt sich die Straße meerwärts ab, und entgegen unserer Informationen (enge Serpentinen u.U. mit Rangierarbeit) verläuft die Straße - problemlos befahrbar - den Hang hinunter. Ohne Kurbelarbeit am Steuer geht es natürlich nicht, doch nach rund 15 km laufen wir bereits in IČIĆI ein. Kurz bevor die Küstenstraße erreicht ist, biegt rechts ein Weg zum **Campingplatz Opatija** ab.
Obwohl unsere Zielrichtung, die **Insel Cres**, im Süden liegt, lockt uns erstmal OPATIJA - des Landes ältestes und wohl berühmtestes Seebad. Die Stadt wird gern als Nizza oder Monte Carlo Kroatiens bezeichnet, und soo übertrieben ist das auch gar nicht. An der Promenade reihen sich die Cafés und Restaurants aneinander, **Nobelhotels** verstecken sich in Park- und Gartenanlagen mit verschwenderischer exotischer Blütenpracht. Natürlich fehlt auch ein **Casino** nicht. Sie können Ihr Urlaubsdefizit also „spielend“ vervielfachen! Malerisch über den Berghang verteilt, stehen prächtige **Villen** zwischen hohen Palmen, die den Charme der K.u.K.-Zeit noch immer ausstrahlen.
Es ist ein hübscher Ort zum Flanieren und Spazieren. Sehr beliebt ist auch der kilometerlange Weg am Ufer entlang. Dabei hat man die Qual der Wahl, ob man nach RIJEKA schlendern oder lieber ins südlichere LOVRAN bummeln soll.
Die Zufahrt von der Küstenstraße ins Zentrum ist nur bis 5 t zulässiges Gesamtgewicht gestattet. Am Hafen gibt es einen (gebührenpflichtigen) Parkplatz, um eine Lücke zu finden, bedarf es allerdings der Hilfestellung Fortunas!

Obwohl OPATIJA und RIJEKA praktisch schon zusammengewachsen sind, verbleiben noch etwa 12 km, um zum Kern der Hafenmetropole zu gelangen. Mindestens die Hälfte davon genießen wir im Stau, der Verkehr scheint niemals zu versiegen. Die Krönung dieser Aktion ist anschließend die Parkplatzsuche. Nicht dass es keine gäbe - nur überall stehen Autos drauf! Es erscheint uns ein bisschen viel der Anstrengung, denn ein überaus prachtvolles Stadtbild darf man nicht gerade erwarten. Letztere Aussage wollen wir aber gleich korrigieren, denn unter Stress wird man schnell ungerecht. Die Fußgängerzone (Korzo) präsentiert sich stattlich mit ihren vielen Geschäften und Restaurants. An deren Ende erhebt sich der **Stadtturm** mit einem Relief des habsburgischen Doppeladlers und einer 300 Jahre alten Uhr. Nicht weit davon entdecken wir einen **Renaissancebau**, in dem das ehemalige Rathaus untergebracht war. Sehenswert sind auch das **Römische Tor** und etwas weiter westlich und erhöht gelegen der **schöne Park**, in dem man nach all dem Trubel seine „innere Mitte" wiederfinden kann.
Wir beenden unsere Sightseeing-Tour und düsen jetzt die Küstenstraße in südlicher Richtung hinunter, um schließlich auf die **Insel Cres** überzusetzen. Während der Fahrer das WOMO um die nicht wenigen Kurven der hoch oberhalb des Meeresspiegels verlaufenden Route dirigiert, verliest die Beifahrerin einige Eckdaten. **Cres** liegt im Nordwesten der **Kvarner Bucht**, ist rund 66 km lang und mit 407 $km^2$ die zweitgrößte Insel Kroatiens (KRK bietet 3 $km^2$ mehr und landet somit auf Platz 1). Nur etwa 3200 Menschen leben auf diesem Eiland.
Die Verkehrsführung zum Fährhafen BRESTOVA (Hinweis Trajekt Brestova) gestaltet sich gewöhnungsbedürftig. Von der Küstenstraße werden wir linksseitig an einen Steilabbruch mit 20% Gefälle herangeführt. Wir brummeln im zweiten Gang den Berg hinunter und mögen das starke Gefälle nicht recht glauben, es fühlt sich zumindest nicht so theatralisch an, wie uns das Schild vermitteln mag. Bald stehen wir am Kassenhäuschen, drücken rund 35 Euro ab und können sogleich die schon bereitstehende Fähre entern. Noch während wir auf dem Fahrzeugdeck einrangiert werden, legt sie auch schon ab. Glück muss man haben! Das Wetter hat sich verschlechtert, es regnet und windet. Bäckermützen erscheinen auf der Wasseroberfläche - kleine weiße Schaumkronen. Unser Jadrolinjia-Dampfer müht sich redlich und stampft, dezent schaukelnd, durch die Wellen. Zwanzig Minuten später legen wir im winzigen Hafen POROZINA an, und flugs geht es von Bord. Stetig steigt die Straße an, und wir rollen vorbei an einer nicht enden wollenden Autoschlange - arme Menschen, die deutlich län-

ger auf ihre Passage warten müssen, als ihnen lieb ist!
Das Landschaftsbild der Insel nimmt uns sofort gefangen. Die Hügelketten sind übersät mit grauen Steinen und Felsbrokken. Es erscheint verwunderlich, wie knorrige Bäume und grünes Macchia-Gestrüpp bei diesen Bedingungen überleben können. Die dürftigen Grasbüschel, die sich aus dem Gestein herauszwängen, werden begierig von Schafen gerupft. Unendliche Reihen von Steinmauern durchziehen das Gelände, einst von fleißigen Händen zum Schutz gegen die Erosion aufgeschichtet. Die **Insel Cres** wird regelmäßig von der Bora heimgesucht, jenem heftigen Wind, der auch das letzte Quäntchen Erde mit sich nehmen will.

Nach 12,7 km ist der Abzweig nach BELI erreicht. Eine schmale Straße mit Ausweichen führt zunächst einen Abhang entlang und bietet tolle Ausblicke. Danach verläuft sie durch lockeren Laubwald, vorwiegend mit Steineichenbewuchs und endet schließlich nach 7 km in BELI. Die Ortschaft zeigt sich urwüchsig mit engen Gassen und Treppen. Von einer kleinen Aussichtsterrasse hat man einen schönen Blick. Mit etwas Glück sieht man auch einen Gänsegeier in den Lüften kreisen, einige Vertreter dieser seltenen Vogelart leben hier.
Parken sollte man nur am Ortsanfang, danach wird es eng mit schlechter Wendemöglichkeit. Es ist ohnehin besser, diesen Abstecher mit einem „Beiboot“ (Roller, Moped o.a.) zu unternehmen. Kurz vor der Abzweigung nach BELI hat man der Straße einen Schutzwall gegen die heftigen Winde spendiert. Zur Rechten fällt der Geröllhang steil zum Meer hinunter ab und bietet dem Beifahrer eine gruselige Aussicht. Dichte Wolkenfetzen liegen auf dem Bergkamm auf und verbreiten eine unwirkliche Stimmung. Gleich nach dem Grat (14,4 km) öff-

nen sich links und rechts der Straße halbwegs ebene Parkflächen, die bei schönem Wetter zur Rast einladen und den Genuss eines herrlichen Fernblicks bieten. Bei der gerade herrschenden Wetterlage sucht man aber gern schnell das Weite. Bald gelangen wir nach VODICE, das nur aus ein paar Häusern besteht. Das Sträßchen ist mittlerweile etwas breiter geworden, und auch die ersten Sonnenstrahlen linsen wieder durch die Wolkendecke. Die Landschaft verändert sich, rötliche Felsen treten hervor, und ein Pinienwald sorgt für Abwechslung. Nach 25 km laufen wir in CRES, der „Hauptstadt" der **Insel Cres,** ein. 1900 der insgesamt 3200 Bewohner des Eilands leben hier. Rund um das Hafenbecken herrscht reges Treiben. Gleich nach dem Regen scheint es alle Leute aus

Die Inselhauptstadt Cres

ihren Behausungen zu treiben, entweder um einen Kaffee zu trinken oder einfach nur, um brandaktuelle Neuigkeiten auszutauschen.

Wir haben uns mit unserer Kamera bewaffnet und gehen auf Motivjagd. Sensationen gibt es allerdings keine. Von der venezianischen **Stadtmauer** sind nur Segmente erhalten sowie **zwei Tore** und ein **Wehrturm**. Sehenswert ist ebenso die **Kirche Sv.Marija** (aus dem 15. Jahrhundert) mit ihrem **freistehenden Glockenturm**. Im **Palais Arsan** befindet sich das **Stadtmuseum**, wo archäologische Funde und kulturhistorische Sammlungen bewundert werden können (täglich von 09.00-11.00 Uhr und von 19.00-22.00 Uhr, Eintritt 1,5 Euro).

Etwas außerhalb der Stadt gibt es auch einen schönen Campingplatz (kleine, aber gute Pizzeria an dessen Ende), von dem man in einem 15-minütigen Spaziergang entlang dem Ufer das Zentrum erreicht. Gäste, die mindestens sieben Tage bleiben, bekommen eine Fährüberfahrt spendiert.

**(037) WOMO-Campingplatz-Tipp: „Kovačine" in Cres**

**GPS:** N 44° 57' 47.2" E 14° 23' 49.9", Melin **Öffnungszeit:** 01.04.-31.10.
**Ausstattung/Lage:** Geschäft, Gaststätte, Zentrum 1,7 km, Schatten/außerorts.
**Zufahrt:** An der Hauptstraße beschildert.

Ein Stück des Weges nach CRES zweigt links eine schmale, gut befahrbare Teerstraße nach LOZNATI ab. Das Dörfchen liegt zwar weder am Meer noch hat es sonst großartige Sensationen zu bieten - empfehlenswert ist es dennoch! Nachdem man sich durch die wenigen Häuser durchmanövriert hat,

Idyllischer Stellplatz in Loznati

öffnet sich eine große, leicht geneigte Wiese mit einigen Bäumen. Seitlich grenzt ein kleiner Friedhof mit einer hübschen, alten Kapelle an. Gegenüber dem Gotteshaus erwartet ein schnuckliges Gasthaus seine Besucher. Alles in allem ein idealer Ort, um sich mal vom Urlaub auszuruhen...

**(038) WOMO-Stellplatz: Loznati**

**GPS:** N 44° 55' 22.2" E 14° 26' 18.0" **max. WOMOs:** 3-4
**Ausstattung/Lage:** Gaststätte, Mülltonne/Ortsrand.
**Zufahrt:** Von der Inselhauptstraße links nach Loznati abbiegen, dann noch 1,2 km bis ans Ende der Stichstraße.

7,7 km nach CRES biegt rechts eine Straße ab, die nach VALUN führt. Nach 500 m stößt man rechts auf ein sonniges Wiesenplätzchen mit herrlicher Aussicht. Manchmal ist dieses Areal durch Steinbrocken abgesperrt und in einem solchen Fall nur sehr eingeschränkt nutzbar. Bei unserem letzten Besuch im Sommer 2010 konnte der Platz befahren werden und war zudem absolut müllfrei. Letzteres sollte zwar selbstverständlich sein, aber leider haben wir diesbezüglich schon andere Erfahrungen gemacht.

**(039) WOMO-Stellplatz: Bellevue**

**GPS:** N44°54'03.9"E14°24'36.5" **max. WOMOs:** 1-2
**Ausstattung/Lage:** schöner Meeresblick/außerorts.
**Zufahrt:** 7,7 km nach Cres rechts in Richtung Valun abbiegen, noch 500 m.

Durch eine karstige Hügellandschaft geht es weiter, einmal mit 10% bergauf und gleich danach mit 11% bergab. Weite Flächen sind überzogen mit Wacholdern, zwischen denen gelbblühende Ginsterbüsche und niedrige rosablühende Bodendecker herausleuchten. 4,8 km nach der Abzweigung (nach VALUN) überrascht uns ein Wasserhahn direkt an der Straße. Bald darauf folgt ein etwas schiefer und wenig schattiger Parkplatz (Übernachtungsverbot in der Hauptsaison). Da die Kapazitäten des alten Platzes offenbar nicht ausreichten, wurde gegenüber ein zweiter Platz der Natur abgetrotzt. Bis dato ist die Fläche nur geschottert, bietet etwas Schatten und teils schöne Blicke übers Meer.

**(040) WOMO-Badeplatz: Valun**

**GPS:** N 44° 54' 16.7" E 14° 21' 31.9" **max. WOMOs:** > 5
**Ausstattung/Lage:** Geschäfte, Restaurants in der Nähe, Mülltonnen/Ortsrand.
**Zufahrt:** Am Ende der Stichstraße nach Valun.

Das letzte Stück zur Ortschaft und zu einem schönen Badestrand (ca. 250 m) muss zu Fuß bewältigt werden. Das kleine

Das Fischerdörfchen Valun

Fischerdorf ist autofrei und schmiegt sich mit seinen wenigen Häuschen an den Rand einer malerischen Bucht. Die Farbpalette des klaren Wassers reicht von dunkelblau bis hin zu faszinierenden Türkistönen. Den Mittelpunkt des Ortes bildet ein Kirchlein, von dem aus einige verwinkelte Gässchen abgehen. Seitlich des Gotteshauses sind oberhalb einer Terrasse Kopien von **altkirchenslawischen Inschriften** aus dem 11. Jahrhundert angebracht. Doch nicht nur wegen dieser sog. glagolitischen Schriften erlangte VALUN eine gewisse Berühmtheit, sondern auch als Filmkulisse für eine Fernsehserie (Der Sonne entgegen).

Valun, Nachbildung glagolitischer Schriften

6 km südlich von VALUN sitzt ein ehemaliges Piratennest namens LUBENICE hoch oben auf einem Felsplateau. Ein schmales Teersträßchen schlängelt sich zwischen grauen Steinmauern den Berg hinauf. Niedere und aufgeschossene Macchia wechselt sich ab mit Pinien und kleinen Feldern mit gelbblühenden Wolfsmilchgewächsen. Die Landschaft strahlt einen zauberhaften, herben Charme aus, dem man sich kaum zu entziehen vermag.

Nicht entziehen kann man sich auch dem zeitweiligen auftau-

Durch diese hohle Gasse muss er kommen...

chenden Gegenverkehr, doch es findet sich immer wieder eine Ausweichmöglichkeit. Menschen ängstlicherer Natur spenden wir vielleicht mit der Aussage Trost, dass sich auch Busse und der Müllwagen in diese Siedlung wagen, die auf 3500 Jahre Geschichte zurückblickt. Gleich zu Beginn des Ortes erstreckt sich unterhalb einer sehr **schlichten Kirche** ein etwas schiefer und sonniger Parkplatz, der (bisweilen) gebührenpflichtig ist. Die Aussicht auf eine tief unten liegende Bucht, von der das Wasser smaragdgrün heraufschimmert, ist traumhaft.

**(041) WOMO-Wanderparkplatz: Lubenice**

**GPS:** N 44° 53' 13.1" E 14° 19' 56.0" **max. WOMOs:** 4-5
**Ausstattung/Lage:** Wasserstelle (nach der Kirche), Imbiss-Restaurant/im Ort.
**Zufahrt:** Am Ortsanfang links.

Torbogen in Lubenice

In den eng aneinander gebauten Natursteinhäuschen wohnen nur noch wenige, meist ältere Leute. Wir spazieren über das glatte Pflaster, aus dem vereinzelt rosafarbene Blümchen sprießen und entdecken verschwiegene, heimelige Winkel. Am Dorfende durchschreiten wir ein **freistehendes steinernes Tor**, den Durchgang zur **Friedhofskapelle**. Etwas unterhalb breiten sich ein paar kleine Felder aus. Neben Getreide bauen die Einheimischen auch Wein an. Gekeltert wird selbst und die fertigen Produkte gern an Touristen verkauft.

**WOMO-Wandertipp: Strand von Lubenice**

**Gehzeit:** 2 Std. **Schwierigkeit:** leicht/mittel **Höhenunterschied:** 350 m
**Strecke:** Direkt am Parkplatz beginnt der Weg und führt in vielen Windungen hinab zum weißen Kiesstrand der Bucht. Herrliche Aussicht! Nach ca. einer dreiviertel Stunde darf man ein erfrischendes Bad nehmen, um dann nach reichlich einer Stunde wieder verschwitzt zum Parkplatz zurückzukehren.

Wir kehren zur Hauptstraße zurück und dringen weiter in den Süden vor. Die Insel ändert ihr Gesicht, das Land wird flacher und breiter. Zudem wurde in den vergangenen Jahren mit einigem Aufwand die Straße saniert, die vorangegangene Holperei hat nun ein Ende. Es geht etwas flotter voran, 60 bis 70 km/h sind drin, verwegene WOMO-Piloten werden selbst die 80 km/h Grenze nicht scheuen!
Schon bald zweigt links eine Straße nach ORLEC ab. Hält man sich in der kleinen Ortschaft abermals links (Hinweisschilder Mali bok), erreicht man nach 1,8 km über einen schmalen Teerweg einen etwas schiefen Parkplatz am Rande eines Vogelschutzgebietes. Das Meer glitzert verheißungsvoll. Bis man allerdings die kühlen Fluten genießen kann, muss man noch ein Stück den Hang hinab turnen.

**(042) WOMO-Badeplatz: Orlec**

**GPS:** N 44° 52' 33.2" E 14° 26' 35.9" **max. WOMOs:** 2-3
**Ausstattung/Lage:** Mülltonne/außerorts.
**Zufahrt:** Im Text beschrieben.

Wir kommen jetzt auf Höhe des **Vraner-Sees**, der tief in der Inselmitte in einem Kessel liegt. Der Zugang, aber vor allem Baden ist verwehrt, denn das milchigblaue, 5,5 km² große Gewässer stellt die **Trinkwasserversorgung** beider Inseln - also **Cres** und **Lošinj** - sicher. Die Wasseroberfläche befindet sich 13 m über dem Meeresspiegel, der Grund allerdings 75 m tiefer. Die harten Gesteinsschichten am Boden des Sees verhindern ein Vermischen von Meer- und Seewasser.
Am Ortsanfang von VRANA lässt es sich bei der **Kapelle Sv. Roki** gut parken und einen Blick auf den Trinkwasserspeicher werfen. Sonntags um 09.30 Uhr wird die Messe zelebriert, zu diesem Zeitpunkt sollte man nicht unbedingt stören.

**(043) WOMO-Stellplatz: Vrana**

**GPS:** N 44° 50' 25.5" E 14° 24' 43.6" **max. WOMOs:** 3-4
**Ausstattung/Lage:** Mülltonnen, ausgerechnet hier kein Wasser/Ortsrand.
**Zufahrt:** Von der Umfahrung zur Rokikapelle nach Vrana abbiegen (am Ortsbeginn).

Ein Stück nach VRANA zweigt rechts eine Straße ab, die über STIVAN und MIHOLAŠĆICA schließlich nach MARTINŠĆICA führt. Die gerade genannten Ortschaften bieten nichts Besonderes, doch am Ende dieses Seitenarms empfängt in einer schönen Bucht der **Campingplatz Slatina** seine Besucher. Das große Areal erstreckt sich über mehrere Etagen an einem Berghang. Falls Sie beabsichtigen, den 9-km-Abstecher (einfach) dahin zu unternehmen, probieren Sie nicht die Abkürzung über GRMOV aus, wenn Ihnen Ihr WOMO am Herzen liegt.
In BELEJ halten wir zu einem Zwischenstopp. „Gut essen kann man hier", so der Tenor eines Urlaubers. Wir probieren es aus und können das Urteil bestätigen. Mit Leckerbissen geht es weiter, aber landschaftlicher Art. Westlich des Ortes liegt die **Bucht von Koromačina** in einem **Naturschutzgebiet**. 3,5 km mögen es bis dahin sein, und es bietet sich an, mit dem Fahrrad dahin zu fahren. Der Weg ist in ganz passablem Zustand.

Wir gehen die Geschichte zu Fuß an, eine kleine Wanderung zur Verdauung tut gut. An der **Kirche** vorbei stiefeln wir zum „Zentrum" von BELEJ und erfrischen uns kurz an dem Trinkbrunnen, bevor wir in die schattenlose Weite des Umlandes hinausziehen. Zwischen Steinmauern verläuft das Weglein - in deren Ritzen wohnen viele Eidechsen, die einen regen Querverkehr von der einen Seite auf die andere pflegen.

Es ist heiß geworden, die trockenen Äste des Gesträuchs knacken in der Hitze der Sonne, und ein würziger herbsüßlicher Geruch steigt uns in die Nase. Je näher wir der Küste kommen, um so großartiger wird die Aussicht. Vor unseren Augen öffnet sich eine kleine Bucht, in der stahlblaues Wasser gegen die Felsen schlägt. Die aufgewirbelte Gischt bildet einen hübschen weißen Rahmen dazu. Im Hintergrund schiebt sich eine lange und karstige, fast vegetationslose Landzunge ins Meer hinaus, und in der Ferne heben sich die hellen Felsen der **Insel Krk** vom Blau des Himmels ab. Der Asphaltweg senkt sich jetzt hinab zur See. Am Strand angekommen, setzen wir uns auf einen Steinblock und genießen die Ruhe, die allenfalls durch ein paar tolpatschig herumschwirrende Brummer gestört wird.
Die Wanderung dauert - hin und zurück - ca. 1,5 Stunden.

Naturschutzgebiet in der Bucht von Koromačina

Auf der Hauptstraße der **Insel Cres** rollen wir ein Stückchen weiter. 2,2 km nach BELEJ zweigt rechts eine Straße nach USTRINE ab, das an der gleichnamigen Bucht liegt. Wir hoffen auf ein nettes Plätzchen am Meer, werden aber enttäuscht. Der Weg hinunter ans Wasser ist gesperrt. Ein weiterer Fußmarsch ist uns jetzt zuviel des Guten, und so begnügen wir uns mit einer Rast auf dem winzigen Kirchplatz und lassen es mit dem „Fernsehprogramm“ bewenden. Man kann die Strecke erheblich abkürzen, wenn man von USTRINE aus den Schotterweg in Richtung OSOR nimmt. Eine wirkliche

Plätzchen mit Aussicht in Ustrine

Freude ist das aber nicht. Die Entscheidung, den gleichen Weg zur Hauptstraße zurückzufahren, erweist sich als vernünftiger. In südlicher Richtung biegen wir ab und entdecken nach 2,8 km rechts an der Straße einen prima anzufahrenden Wasserhahn (an dieser Stelle mündet auch der Schotterweg von USTRINE ein).

Bronzeskulptur in Osor

OSOR empfängt uns. Hier ist der Punkt erreicht, an dem man über eine **Drehbrücke** auf die **Nachbarinsel Lošinj** wechseln kann. Doch zunächst wollen wir erstmal das alte Städtchen mit seinen nur noch rund 100 Seelen begutachten. Vorbei am mächtigen **freistehenden Glockenturm** betreten wir den gepflasterten Hauptplatz. Daneben erhebt sich die dazugehörende **Marien-Kathedrale**, die den Besuchern der Messe einen ungewohnten Luxus bietet. Für jeden Christenmenschen steht ein gepolsterter (!) Stuhl bereit. Schräg gegenüber lockt ein kleines **archäologisches Museum** Interessierte mit alten Münzen, römischem Glas und Ähnlichem (geöffnet täglich von 10.00-12.00 Uhr). Der Clou aber sind die im ganzen Ort verteilten **Bronzestatuen**. Sie stellen musizierende Frauen und Männer dar. Kunst und Kultur werden hier groß geschrieben - regelmäßig finden klassische Musikfestspiele statt.

Osor: Marien-Kathedrale

Ein Stellplätzchen gibt es auch. Wegen des nahen

**Campingplatzes** sollte man aber nicht zu lange verweilen, um Ärger zu vermeiden (teilweise Sperrungen, vermutlich wegen Veranstaltungen).

**(044) WOMO-Badeplatz: Osor**

**GPS:** N 44° 41' 35.1" E 14° 23' 30.6" **max. WOMOs:** 3-4
**Ausstattung/Lage:** Geschäft und Restaurant in der Nähe, Mülltonnen/im Ort.
**Zufahrt:** Direkt vor der Drehbrücke rechts.

Von OSOR zweigt eine Stichstraße (schmal mit Ausweichen) in den Süden der **Insel Cres** ab. Der Fahrbahnbelag ist nur am Anfang schlecht, danach wird er deutlich besser. Es ist ein Vergnügen, durch die frühsommerliche Macchialandschaft mit ihren bunten Farben und den betörenden Düften zu gleiten. Nach 11 km genussreicher Fahrt taucht die winzige Gemeinde PUNTA KRIŽA auf, und nach weiteren 3,5 km endet die Straße am Meer bei einem **Campingplatz.**
Dieser hübsche Streckenabschnitt eignet sich auch bestens für eine Fahrradtour.
Jetzt ist es soweit! Von der **Insel Cres** „hüpfen" wir zur **Insel Lošinj**. Die kleinere Schwester (75 km²) präsentiert sich vegetationsreicher und milder. Es gedeihen Palmen, Agaven, Oleander, Mandarinenbäumchen und vieles mehr. Ein Umstand, der auf die fehlenden bzw. schwächeren kalten Winde zurückzuführen ist. NEREZINE ist die erste Ortschaft, die dem Reisenden begegnet. 400 der insgesamt 8000 Insulaner leben hier. Es gibt nichts Weltbewegendes hier, aber alles was man braucht: einen Hafen, Geschäfte, Bank und einen Dorfplatz mit Restaurants - sogar ein zentrumsnaher **Campingplatz** wurde eingerichtet. Ebenso zentral liegt ein Parkplatz mit zwei Etagen (siehe auch Seite 73), an dem man sein Mobil abstellen kann, um vielleicht folgende Wanderung zu unternehmen.

**WOMO-Wandertipp: Televrin**

**Gehzeit:** 4,5 Std. **Schwierigkeit:** leicht/mittel **Höhenunterschied:** 550 m
**Strecke:** Der mit einem roten Kreis markierte Fußweg beginnt in NEREZINE. Nach ca. 2 Std. ist die **Sv. Nikola-Kapelle** erreicht, rund 30 Minuten später der Gipfel. Weite Rundumsicht auf **Lošinj** und kleinere vorgelagerte Inseln sowie bei klarem Wetter auf das **Velebit-Gebirge** am Festland. Gleicher Weg zurück.

Auf ordentlicher Straße rollen wir weiter über das alte Fischernest SV. JAKUV in Richtung MALI LOŠINJ. Die Insel beschreibt jetzt einen linksseitigen Bogen und offenbart dadurch ein herrliches Panorama. Die dunkle Macchia, belebt durch bunte Farbtupfer, und der kräftig gelbblühende Ginster verströmen einen schweren, süßen Duft. Das tiefblaue Meer umspült die Felsküste, grenzt sich mit weißen Schaumrändern ab. Kleinere Buchten zeigen bisweilen eine blaugrüne, manchmal auch

eine smaragdgrüne Färbung. Das Wasser ist von bestechender Klarheit.
ČUNSKI kündet sich an. Die Häuser drängen sich dicht an einen Berghang und werden vom Kirchturm weit überragt. Von der Hauptachse zweigt rechts eine Stichstraße zum **Flughafen** ab, der auf der **Halbinsel Kurila** liegt. Für Wohnmobilisten gibt es in diesem Bereich einige interessante Stellplätze. Nach 600 m geht linker Hand eine gute Schotterstraße zu einem Einstellhafen für Schiffe und Wohnwagen ab. Nach 1,1 km mündet diese in einen wenig schattigen Parkplatz beim Gasthaus „Oaza Artatore", das nur wenige Meter vom Strand liegt (Übernachtung nach Absprache mit dem Wirt, bei dem man sich natürlich auch ein Essen schmecken lassen sollte).

**(045) WOMO-Badeplatz: Čunski/Oaza Artatore**
**GPS:** N 44° 34' 31.1" E 14° 24' 18.9" **max. WOMOs:** 1-2
**Ausstattung/Lage:** Gasthaus, absolute Strandnähe/Ortsrand.
**Zufahrt:** Im Text beschrieben.

Hübscher Badestrand bei Čunski

Weitere Übernachtungsmöglichkeiten finden sich, wenn man die breite Teerstraße bis zum Ende, also **Flughafen,** fährt. Mehrere Naturwege (gut zugänglich) führen hier rechts in ein idyllisches Wiesengelände mit Macchia- und Pinienbewuchs. Die Gegend wird am Wochenende gern von Einheimischen zum Picknick benutzt.

**(046) WOMO-Stellplatz: Kurila-Halbinsel**
**GPS:** N 44° 34' 09.4" E 14° 23' 26.9" **max. WOMOs:** > 5
**Ausstattung/Lage:** Bar/Kiosk am Flughafen/außerorts.
**Zufahrt:** Am Ende der Straße zum Flughafen rechts.

Der Mini-Flughafen dürfte kaum ein Störfaktor sein, zur Zeit unseres Aufenthaltes war nicht eine einzige Flugbewegung zu verzeichnen. Dringt man auf einem der verschiedenen Wege tiefer in dieses Gebiet ein, so gelangt man nach ca. 1,5 km ans Meer und schöne Badestrände. Auch hier findet man schöne Stellplätze. Es empfiehlt sich, nicht blind mit dem WOMO in die Macchia hineinzuackern, sondern erst einmal zu Fuß oder mit dem Fahrrad die Lage zu sondieren. Manches Weglein, das anfangs recht passabel erscheint, wird bald zusehends enger und buckeliger. Zu unserem Erstaunen hat sich sogar ein dicker „Flair" bis an die brausende See durchgeschlagen.

**(047) WOMO-Badeplatz: Kurila-Halbinsel**

**GPS:** N 44° 34' 04.3" E 14° 23' 22.2" **max. WOMOs:** > 5

**Ausstattung/Lage:** Natur pur/außerorts.

**Zufahrt:** Im Text beschrieben.

Nahe des Flughafens gibt es auch ein etwas schäbig wirkendes Gestüt - das Johanje. Wer sein Glück auf dem Rücken der Pferde sucht, kann sich hier einen Gaul ausleihen und mit diesem die Halbinsel durchstreifen.

Mali Lošinj, gepflegt und einladend

Wir touren weiter zum Hauptort des Eilands, MALI LOŠINJ. Am Ende einer 5 km langen, tief eingeschnittenen Bucht überrascht uns ein lebhafter **Kurort** mit mondänen Zügen. Cafés und Restaurants reihen sich aneinander wie die Perlen am Rosenkranz. Mit ihren bunten Bänken und Sonnenschirmen, ausladenden Palmen und kitschigen Verkaufsständen versprüht die Ortschaft pure Lebensfreude - zu Saisonzeiten kann

Der Friedhof der Kapitäne

wohl der Rummel lästig werden. Die langgestreckte Promenade mündet in eine Piazza mit Blumenrabatten und ansprechenden Wasserspielen. Wohnmobilfreundlich zeigt sich das Städtchen, das auch als **Fährhafen** Bedeutung hat, aber nicht. Alle Parkplätze ziert ein Halteverbotschild für WOMOs von 00.00-24.00 Uhr.

Deutlich ruhiger geht es etwas außerhalb am Stadtrand auf dem örtlichen Friedhof zu. In prunkvollen Gruften ruhen hier die Gebeine von Schiffskapitänen und -offizieren. Die Stein-Denkmäler weisen gänzlich andere Wesenszüge als in unseren Breiten auf.

Der Nachbarort VELI LOŠINJ war einst größte Stadt der Insel, zählt jetzt aber nur mehr 900 Bewohner. Diese leben zwar nicht unbedingt abgeschieden, doch ein wenig ruhiger als im Hauptort MALI geht es schon zu.

Am kleinen Haupthafen - bei der Kirche - gibt es schöne Spazierwege.

<u>Noch ein Tipp:</u> Entlang der Küste, zwischen MALI LOŠINJ und VELI LOŠINJ, verläuft ein ca. 4 km langer, wunderschöner und schattiger Wanderpfad. Bummeln Sie zumindest ein Teilstück auf diesem herrlichen Weg!

Wenn Sie eine Bleibe suchen, sei Ihnen der Campingplatz Čikat auf der **Halbinsel Čikat** empfohlen. Für einen kurzen Stadtbummel kann man auch vor dem Campingplatz parken.

In Veli Lošinj

**(048) WOMO-Campingplatz-Tipp: „Čikat-Kamp" bei Mali Lošinj**

**GPS:** N 44° 32' 09.2" E 14° 27' 04.3", Drazica **Öffnungszeit:** Ostern bis 15.10.

**Ausstattung/Lage:** Restaurant, Geschäft, Zentrum Mali 1 km, schattig/außerorts.

**Zufahrt:** Auf der Čikat Halbinsel, in Mali beschildert.

Wir treten den Rückweg an und entdecken bei SV. JAKOV ein hübsches Wiesenplätzchen - eben und sonnig - das uns zuvor entgangen ist. Eine nette Badebucht ist ca. 250 m entfernt.

**(049) WOMO-Badeplatz: Sv. Jakov**

**GPS:** N 44° 38' 36.3" E 14° 23' 36.0" **max. WOMOs:** > 5
**Ausstattung/Lage:** Gaststätte in der Nähe (in Sv. Jakov)/außerorts.
**Zufahrt:** Von der Durchgangsstraße abbiegen und durch den Ort fahren, 150 m nach Sv. Jakov rechts ab, danach gleich wieder rechts.

Badebucht bei Sv. Jakov

Folgt man vom Badeplatz SV. JAKOV dem Verlauf der alten Straße, so gelangt man schnell nach NEREZINE (siehe auch Seite 69), das einen recht passablen, zentralen Übernachtungsplatz bietet. Der Ort ist auch von der Umgehungsstraße aus zu erreichen. Beachten Sie dazu die Hinweisschilder!

**(050) WOMO-Stellplatz: Nerezine**

**GPS:** N 44° 39' 35.7" E 14° 23' 49.2" **max. WOMOs:** 2-3
**Ausstattung/Lage:** Gaststätten und Geschäfte nahebei, Mülltonne/im Ort.
**Zufahrt:** Im Ort rechts abbiegen (Hinweise: blaues Parkplatzschild/Luka Hafen).

Auf der Hauptarterie geht es weiter, wir passieren jetzt die Schwenkbrücke nach **Cres** in umgekehrter Richtung und rollen gen Norden. Bald gelangen wir wieder in die Inselhauptstadt CRES. Die ersten Hinweise zur Fähre nach der **Insel Krk** tauchen auf (Car Ferry-Merag), und kurz darauf zweigt eine breite Stichstraße zum Hafen MERAG ab, der nach rund 10 km erreicht ist.
Unsere Erlebnisse auf der **Insel Krk** lesen Sie in Tour 5.

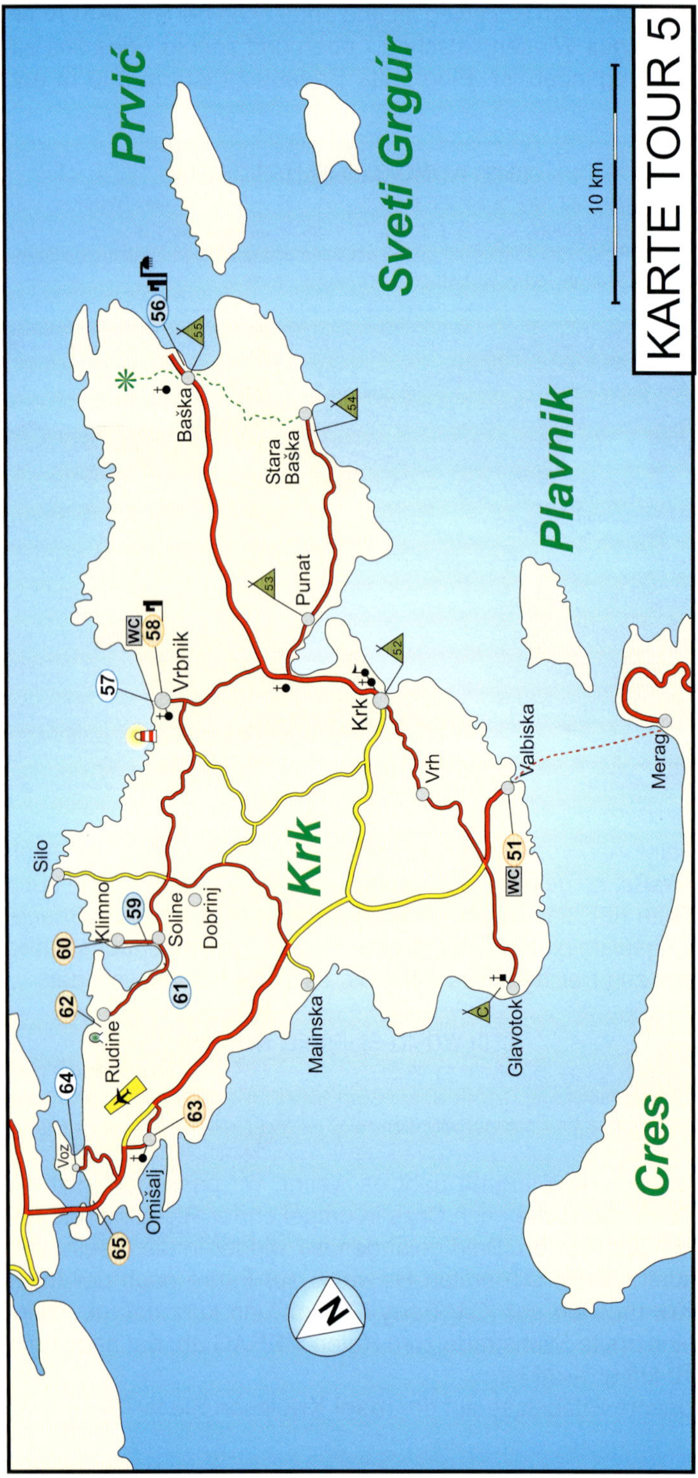
KARTE TOUR 5
10 km
Prvić
Sveti Grgúr
Plavnik
Krk
Cres
Baška
Stara Baška
Punat
Vrbnik
Krk
Vrh
Valbiska
Merag
Silo
Klimno
Soline
Dobrinj
Malinska
Glavotok
Rudine
Voz
Omišalj
WC
51
52
53
54
55
56
57
58
59
60
61
62
63
64
65
C
N

# Tour 5 (150 km / 5 - 6 Tage)

## Merag (Insel Cres) - Valbiska - Glavotok - Krk - Punat - Stara Baška - Baška - Vrbnik - Soline -Klimno - Rudine - Omišalj

| | |
|---|---|
| **Freies Übernachten:** | Valbiska, Baška, Vrbnik, Soline, Klimno, Rudine, Omišalj, Krker-Brücke. |
| **Campingplätze:** | „Autocamp Ježevac“ in der Stadt Krk, Kamp „Pila“ in Punat, „Škrila“ bei Stara Baška, „Zablaće“ in Baška. |
| **Besichtigungen:** | Franziskanerkloster in Glavotok, Stadtkern von Krk, die Landschaft auf dem Weg nach Stara Baška, den Ortskern von Baška, Vrbnik und Omišalj, die Höhle bei Rudine. |
| **Wandern:** | In der Umgebung von Baška. |
| **Baden:** | An vielen Stellen entlang der Küste. |

Wieder sind ca. 35 Euro zu berappen, und ein halbes Stündchen später sind wir auf „hoher See“ - doch ehe wir es uns versehen, klettern wir auch schon wieder in VALBISKA an Land. Der große sonnige Hafenplatz bietet sich für eine Übernachtung an. Dabei lassen sich schön die An- und Ablegemanöver der Fähren beobachten.

**(051) WOMO-Stellplatz: Valbiska**

**GPS:** N 45° 01' 41.9" E 14° 29' 52.0" **max. WOMOs:** > 5
**Ausstattung/Lage:** Gaststätten, WC, Beleuchtung, Tankstelle/außerorts.
**Zufahrt:** Direkt am Hafen.

Ankunft auf der Insel Krk

Zunächst bietet sich ein Abstecher in den Westen an. Nach gut 3 km biegen wir an einer Kreuzung links in Richtung GLAVOTOK ab. Das graue Asphaltband zieht sich durch dichtes Macchiagestrüpp. Wir passieren einige verschlafene hübsche Nester mit teilweise engen Ortsdurchfahrten. In den Gärten blühen rote Oleanderbüsche, und die Äste so manchen Kirschbaumes biegen sich unter der Last unzähliger glänzender Früchte. Ab und zu eröffnen sich schöne Blicke auf die **Insel Cres**. Bald windet sich das Sträßchen hinab zum Meer und nach weiteren 7 km ist GLAVOTOK erreicht. Mehr als ein paar Häuschen und ein Restaurant gibt es hier nicht. Unterhalb des kleinen Weilers erhebt sich nahe eines idyllischen Hafenbekkens ein **Franziskanerkloster**. Zwar steht das Tor einladend offen, doch ein „Privat-Schild" soll wohl neugierige Touristen von einem Besuch abhalten, damit sich die Ordensbrüder ungestört ihren Meditationen hingeben können.
Von GLAVOTOK führt eine 600 m lange Stichstraße zum **Camp Glavotok** (teuer!), das ruhig und abgeschieden am Meer liegt.

Beim Franziskanerkloster in Glavotok

Wir rollen wieder auf der gleichen Strecke zurück und peilen anschließend die Hauptstadt der Insel an. Nach rund 15 km empfängt uns die „Metropole". Sie trägt den gleichen Namen wie dieses Eiland, mit dessen korrekter Aussprache sich unsere Zungen etwas schwer tun - KRK. Die Lage ist bestechend schön. Im Schutze einer weiten Bucht gruppieren sich die hübschen Häuser um das Hafenrund, und die vielen, im Wasser schaukelnden Boote und Schiffe bilden dazu eine malerische Vordergrundkulisse. Natürlich lockt das Städtchen zahlreiche Touristen und freilich auch Campingfreunde an. Letztere haben die Wahl unter drei Campingplätzen. Wir pikken uns den „Ježevac“ heraus, der zwei Vorteile bietet. Zum einen gibt es eine erkleckliche Anzahl von Stellplätzen direkt am Meer und zum anderen erreicht man das Zentrum von KRK in nur wenigen Minuten zu Fuß.

Hafen der Inselhauptstadt Krk

**(052) WOMO-Campingplatz-Tipp: „Autocamp Ježevac“ in Krk**
**GPS:** N 45° 01' 08.2" E 14° 33' 58.1" **Öffnungszeit:** 01.05.-15.10.
**Ausstattung/Lage:** Geschäfte, Restaurant, diverse Sporteinrichtungen, zum Zentrum ca. 400 m, teilweise schattig/im Ort.
**Zufahrt:** Im Ort beschildert.

Wir genießen die nachmittägliche Sonne, nehmen ein Bad in den gar nicht so kühlen Fluten und bummeln danach erfrischt hinein in die verwinkelten engen Gässchen der Altstadt. Der Weg führt meist am Ufer entlang und bietet schöne Blicke über den Hafen und die Stadt. An der Promenade reihen sich endlos Verkaufsstände aneinander. Jeder Händler versucht seine Waren an den Mann bzw. an die Frau zu bringen. Das Angebot reicht von kunstvollen Handarbeiten über Weine und Spirituosen bis hin zu fürchterlichem Kitsch und Ramsch. Wir widerstehen allen „Versuchungen“ und schlen-

Das Städtchen Krk

dern schließlich vorbei am alten **Wachtturm** ins mittelalterliche Herz der Ortschaft. Die Pflastersteine sind glatt und blank, sie wirken wie frisch gewienert, und wir fragen uns, wie viele Füße wohl zu diesem Ergebnis beigetragen haben. Historisches Highlight des Ortes ist zweifelsohne die **Basilika**, deren Ursprünge auf das 5. Jahrhundert zurückgehen. Das heutige Aussehen erhielt das Gotteshaus im 17. Jahrhundert. Über den dreischiffigen Bau erhebt sich ein stolzer Kampanile, dessen Zwiebelturm ein goldener Engel ziert. Das Innere wirkt eher düster, doch die vielen brennenden Opferkerzen verleihen der Kathedrale eine feierliche Atmosphäre. Für weniger als einen Euro pro Person lassen sich nebenan im **Bischofspalast** Gemälde alter italienischer Meister sowie andere Exponate bewundern (geöffnet täglich von 09.30 - 13.00 Uhr).
Nur ein paar Schritte sind es bis zu einer großzügigen, mit edlen Marmorplatten ausgelegte Piazza, die zum Meer hin durch die alte **Stadtmauer** und einen **Rundturm** aus venezianischer Zeit abgegrenzt ist. Von diesem Platz gelangen wir kurz darauf wieder in den lebhaften Hafen und stürzen uns hier erneut ins quirlige Treiben.
Nachdem wir unseren Aufenthalt in KRK ausgiebig genossen haben, wenden wir uns dem ca. 7 km entfernten PUNAT zu. Mit 1700 Einwohnern trägt der Ort stolz den Status, die größte Stadt der Insel zu sein. Schon von weitem blinkt der silberne Mastenwald des **Jachthafens** und der Marina zu uns herüber. Wir möchten gerne ins Zentrum des Städtchens fahren, doch ein gestrenges Schild am Ortsanfang vereitelt dieses Unter-

Die WOMO-Wiese auf dem Campingplatz Pila

nehmen. Zufahrt für Wohnmobile verboten! Wer sich das Vergnügen eines Stadtbummels trotzdem gönnen will, der folge der Hauptstraße ein Stück des Weges in Richtung STARA BAŠKA und peile dann den Campingplatz „Pila“ an. Dieser liegt schön im Grünen, verfügt über einen eigenen Strand und in wenigen Minuten gelangt man zu Fuß ins Herz von PUNAT. Stehen kann man entweder auf einer Wiese, die (weitgehend) WOMOs vorbehalten ist, aber natürlich auch an anderen Stellen des Platzes.

**(053) WOMO-Campingplatz-Tipp: „Pila“ in Punat**

**GPS:** N 45° 00' 58.5" E 14° 37' 42.9" **Öffnungszeit:** 01.04.-15.10.

**Ausstattung/Lage:** Geschäft, Gaststätte, zum Zentrum ca. 400 m, teils Schatten/ im Ort.

**Zufahrt:** In Richtung Stara Baška fahren, beschildert.

PUNAT hat sich fein herausgeputzt und präsentiert sich den Touristen adrett und gepflegt. Die lange Promenade lädt zum Flanieren ein ebenso wie die kleinen, angrenzenden Parkanlagen. Es gibt einen mit Betonplatten ausgegossenen Badestrand, dessen Kapazität allerdings begrenzt ist. Natürlich fehlen auch die fast obligatorischen Verkaufsstände nicht, und wem der Sinn nach einer Partie Minigolf steht, der kann hier seinen Ambitionen freien Lauf lassen. In der Saison verkehrt ein Kurbähnchen und schippert die Leute zu den sehenswerten Punkten. Sucht man nach weiterer Abwechslung, so kann man einen Ausflug mit dem Boot zur recht interessanten **Klosterinsel** unternehmen und dort die **Marienkirche** und das **Klostermuseum** besichtigen. Die Fahrt zu der mitten in der Bucht gelegenen Insel dauert nur wenige Minuten und kostet pro Person ca. 2,5 Euro.

Die Innenstadt weist keine Sensationen auf. Das älteste Gebäude ist eine **Ölmühle** aus dem 18. Jahrhundert, auch die **Dreifaltigkeitskirche** gestaltet sich ansehnlich, aber ansonsten wirken die Gassen eher etwas langweilig.

Wir fahren zurück zur Hauptstraße und folgen den Hinweisen nach STARA BAŠKA. Die Straße windet sich zunächst bergauf, dann wieder bergab, hinaus in die begrünten Bergrücken. Dieses schon gewohnte Bild ändert sich bald und gründlich. Wir tauchen ein in eine kahle Welt, deren Kuppen und Höhenzüge übersät sind mit einem Meer unzähliger scharfkantiger Gesteinsbrocken. Nur vereinzelt schieben sich vom Wind zerzauste Wacholder durch das Geröll, doch aus allen Ritzen wuchert silberblättriger Lavendel und verzaubert die Landschaft mit ihren blauen Blüten. Gelbblühender Ginster und einzelne Horste goldfarbener Stauden setzen kontrastreiche Akzente. Die Luft ist erfüllt mit Düften und Gerüchen, die kaum zu be-

Auf dem Weg nach Stara Baška

schreiben sind - das ganze Spektrum von bittersüß bis würzigherb scheint abgedeckt. In weiten Schwüngen senkt sich die Straße zum Meer hinab und gibt den Blick frei auf eine malerische Bucht, in der das Wasser türkisblau leuchtet. Im Hintergrund ragen karstige Steinkuppen aus der dunkelblauen See, und einen Augenblick glauben wir, das verwunschene Atlantis entdeckt zu haben - wohlwissend allerdings, dass es „nur" die **Inseln Cres** und **Plavnik** sind.

Kurz vor STARA BAŠKA entdecken wir rechter Hand einen **Campingplatz**, der sich zwar in schöner Meereslage präsentiert, aber praktisch schattenlos ist und dadurch irgendwie nackt und bloß wirkt.

**(054) WOMO-Campingplatz-Tipp: „Škrila" bei Stara Baška**

**GPS:** N 44° 57' 59.8" E 14° 40' 26.8" **Öffnungszeit:** 1.5.-30.9.

**Ausstattung/Lage:** Geschäft, Restaurant, Zentrum 2 km, sonnig/außerorts.

**Zufahrt:** Von der Straße nach Stara Baška rechts abbiegen, der Campingplatz ist schon von weitem zu sehen.

Für WOMO-Piloten ist hier die Reise erst einmal zu Ende, denn das letzte enge Straßenstück hinein in das Herz der kleinen Ortschaft ist seit dem Jahr 2006 gesperrt. Die hübsche Gemeinde mit ihren über den Berghang verteilten Häusern, ihrem schnuckeligen Hafen und dem angrenzenden Kiesstrand, lässt sich aber vom Camp aus mit dem Fahrrad oder auf Schusters Rappen erobern. Sollte Sie dieser Ausflug hungrig gemacht haben, dann sei Ihnen das Restaurant Mariana (oberhalb des Hafens) empfohlen.

Der winzige Hafen von Stara Baška

Zurückgekehrt nach PUNAT düsen wir nochmal ein Stückchen (1,2 km) um die Bucht herum bis zur Einmündung an der von KRK nach BAŠKA führenden Verbindungsstraße. Fährt man an dieser Kreuzung ca. 100 m links in Richtung KRK, so entdeckt man hier die **Kapelle Sv. Dunat.**

Der große angrenzende Parkplatz, der auch über einen Badestrand, Restaurants, Imbissbuden, Kinderspielplatz und eine Dixi-Toilette verfügt, ist leider mittlerweile für Wohnmobile tabu. Schade! Bis vor nicht allzulanger Zeit war dieses Areal als Stellplatz verwendbar. Für einen Zwischenstopp lässt sich aber auch der mit einigen Bäumen garnierte gegenüberliegende Platz benutzen, übernachten ist eher nicht zu empfehlen.

Wir begutachten die interessante **Natursteinkapelle** und ziehen ein Bad am kleinen Kiesstrand in Erwägung, doch unser

Kapelle Sv.Dunat

Tatendrang überwiegt und wir ziehen weiter.
Wir nehmen die Strecke nach BAŠKA „unter die Räder" und klettern ein Steilstück durch die Macchia den Hang hinauf, um anschließend hinunter in ein weites Tal mit einzelnen Kieferwäldern und karstigen Bergrücken zu rollen. Nach ca. 14 km auf vorwiegend guter Straße (Brunnen auf halber Strecke) erreichen wir BAŠKA und folgen am Ortsanfang den Hinweisen zum Campingplatz Zablaće. Nach den offensichtlich abgeschlossenen Umbaumaßnahmen, die lange Zeit genervt hatten, wirkt der Platz jetzt (wieder) aufgeräumt und recht gepflegt. Leider haben auch die Preise schmerzlich angezogen. Der lange und relativ breite Kiesstrand mit seinen Bast-Sonnenschirmen verbreitet Tahiti-Flair und fällt nur flach ab. Wer nicht gerade döst, kann die wunderbare Aussicht auf die umliegenden Berge genießen.

Baška, Strand des Campingplatzes Zablaće

**(055) WOMO-Campingplatz-Tipp: „Zablaće" in Baška**
**GPS:** N 44°58'00.1"E14°44'42.9",Emila Geistlicha **Öffnungszeit:** 01.05.-30.09.
**Ausstattung/Lage:** Geschäft, Restaurant nahebei, Zentrum 400 m, sonnig/Ortsrand.
**Zufahrt:** Am Ortsanfang rechts, beschildert.

Einen netten Stellplatz bei einigen Häusern am Strand findet der Interessierte auch. Er ist nicht kostenfrei, doch mit 14 Euro deutlich günstiger als der Campingplatz.

**(056) WOMO-Badeplatz: Baška**
**GPS:** N 44° 57' 38.9" E 14° 44' 48.6" **max. WOMOs:** > 5
**Ausstattung/Lage:** Gaststätte, Toilette, Stranddusche, Mülltonne/im Ort.
**Zufahrt:** Vorbei am Camping Zablaće bis ans Ende der Stichstraße fahren.

Entweder dem Strand entlang oder auf der breiten Promenade gelangt man in kaum mehr als zehn Minuten ins Zentrum von BAŠKA. Es ist ein typischer Touristenort mit vielen Restaurants, Cafés und Geschäften. Es gibt aber auch stille Winkel und hübsche Häuschen, die sich mit prächtigen Blumen schmücken. Das **Heimatmuseum** vermittelt einen Eindruck über das ursprüngliche ländliche Leben. Auf relativ geringem Raum kann man alte Arbeitsgeräte, Geschirr, rustikale Möbel und vieles mehr bewundern (geöffnet täglich von 16.00-21.00 Uhr, am Montag von 10.00-15.00 Uhr). Oberhalb von BAŠKA wacht die **Kirche Sv. Ivan** mit ihrem ockerfarbenen **Glockenturm** über den Ort.

Stellplatz Baška: Rundum Nässe...

Adrettes Häuschen in Baška

Am Abend sitzen wir vor unserem Mobil und genießen die Aussicht auf die umliegenden Berge. Vom Städtchen schallt Live-Musik herüber. Die Künstler kompensieren mangelnde Qualität mit Lautstärke, und kurz vor Mitternacht haben wir bereits dreimal die Empfehlung gehört, dass man rote Lippen küssen soll. Immerhin zweimal erfahren wir, dass die „country roads“ nach Hause führen (leading home). An ihrem Repertoire müssen die aufstrebenden Musiker noch arbeiten...

**WOMO-Wandertipp: Baška - Stara Baška**

**Gehzeit:** 7 Std. **Schwierigkeit:** mittel **Höhenunterschied:** 350 m

**Strecke:** Beginnend hinter dem **Sportzentrum** beim **Campingplatz Zablaće** und weiter in nördlicher Richtung (Batomalj), dann hinauf zum Sattel Vratudih (tolle Aussicht auf die **Insel Rab** und **Cres**) und schließlich steiler Abstieg nach STARA BAŠKA (der Weg ist grün markiert).

**WOMO-Wandertipp: Weg zum Mond**

**Gehzeit:** 3 Std. **Schwierigkeit:** leicht **Höhenunterschied:** 380 m
**Strecke:** Von BAŠKA über das Teersträßchen zur **Kapelle Sv. Ivan** (schöner Blick auf BAŠKA), danach durch ein Kiefernwäldchen zu einer kahlen Hochebene mit herrlicher Aussicht. Gleicher Weg zurück. Diese Wanderung ist blau markiert.

Noch ein Tipp: An der Rezeption des Campingplatzes Zablaće (sowie in der Touristeninfo) erhalten Sie gratis eine Wanderkarte mit verschiedenen Tourenvorschlägen.
Wir wenden uns VRBNIK zu. Die altehrwürdige Stadt liegt an der Ostküste und erhebt den Anspruch, die schönste der Insel zu sein. Vor den Toren des Ortes wachsen die Reben, aus denen der süffige Žlathina-Wein gekeltert wird. Nach 19 km parken wir unser WOMO auf einem sonnigen und teils schiefen Parkplatz hoch über dem Meer mit herrlichem Ausblick (gebührenpflichtig, Campingverbot in der Hauptsaison). Dorthin gelangt man, wenn man zunächst das Zentrum des Ortes anpeilt und dann dem Parkplatzhinweis nach rechts mit der Aufschrift 800 m (Hinweis Kupalište) folgt. Fahren Sie dem 600-m-Schild nach, werden Sie in die Innenstadt geleitet. Die Durchfahrtsbreite beträgt nur 2 m! Unterhalb dieses Platzes liegt eine schöne Badebucht mit betoniertem Strand.

Vrbnik, das schönste Städtchen der Insel

**(057) WOMO-Badeplatz: Vrbnik**

**GPS:** N 45° 04' 33.1" E 14° 40' 48.1" **max. WOMOs:** > 5
**Ausstattung/Lage:** Restaurant in der Nähe, Mülltonnen/Ortsrand.
**Zufahrt:** Im Text beschrieben.

Zur Übernachtung empfiehlt sich ein privater Stellplatz, der zwar praktisch gelegen ist, aber leider nicht die herrliche Aussicht wie der zuvor genannte Platz bietet. Gegen eine Gebühr von ca. 7 Euro darf man hier nächtigen. Parken tagsüber schlägt mit etwa 3 Euro zu Buche. Der relativ große, naturbelassene Hofraum ist nicht nur Wohnmobilen vorbehalten, er wird auch von PKWs und Bussen benutzt.

**(058) WOMO-Stellplatz: Vrbnik privat**

**GPS:** N 45° 04' 31.9" E 14° 40' 22.2" **max. WOMOs:** > 5

**Ausstattung/Lage:** Gaststätten nahebei, Toilette, Wasser gegen Extragebühr, Mülltonne/im Ort.

**Zufahrt:** Den Hinweisen zum Busparkplatz folgen, daran vorbeifahren und nach ca. 100 m rechts einbiegen.

Von beiden Plätzen aus dauert der Spaziergang ins Zentrum des Städtchens nur wenige Minuten. Uns erwartet ein Labyrinth aus winkligen Gassen und Gässchen. Die Häuser haben bereits reichlich Patina angesetzt und wirken urig. Aus den Mauerritzen des Kirchturmes wuchern blaublühende Stauden. Sogar aus der Uhr sprießt das Grün und wird nicht durch einen emsig kreisenden Zeiger gestört. Wir sehen dies als Symbol - die Zeit scheint hier stehen geblieben zu sein. Einige gemütliche Weinkeller laden zur Verkostung der edlen Tropfen ein, und wo ein bisschen Raum vor den Eingängen verbleibt, gedeihen prächtige Hortensien, Oleander, bunte Sommerblumen oder auch einfach nur Salat und Gartenkräuter.
Wir orientieren uns jetzt in Richtung DOBRINJ, holpern das Sträßchen entlang und genießen die schönen Ausblicke auf das Festland. Unser nächstes Ziel ist SOLINE. Das kleine Nest wirkt recht verschlafen. Verlässt man den Ort in Richtung KLIMNO, so gelangt man zu einem idyllisch gelegenen Badeplatz mit einer gepflegten Liegewiese, und man staune - einem win-

Das Waldbad bei Soline

zigen Sandstrand. Einige Badegäste vergnügen sich im sauberen, klaren Wasser, andere wiederum rösten ihren nackten Popo in der Sonne (Campingverbot in der Hauptsaison).

**(059) WOMO-Badeplatz: Soline Waldbad**
**GPS:** N 45° 09' 00.9' E 14° 36' 24.5" **max. WOMOs:** 2-3
**Ausstattung/Lage:** Kiosk, Bänke, Dixi-Toilette, Mülltonne/Ortsrand.
**Zufahrt:** Gleich nach dem Ortsschild von Soline in Richtung Klimno.

Auf Grund der Baumaßnahmen in der Umgebung war es zuletzt oft unruhig. Inzwischen sind die Arbeiten praktisch abgeschlossen, was zu begrüßen ist. Allerdings sind dadurch auch ein paar Park- bzw. Stellplätze weggefallen. Eine Ausweichmöglichkeit gibt es im angrenzenden kleinen Hafen.
Fährt man noch das letzte Stück bis KLIMNO weiter, so gelangt man zu einem hübschen Hafen. Der Bereich davor wurde komplett neu gestaltet, mit Blumenbeeten versehen und mit netten Accessoires - wie z. B. ein buntes Schiffchen - aufgepeppt. Im nahen Umfeld findet man einige ansprechende Lokale. Isst man hier zu Abend, bietet sich auch eine Übernachtung auf dem sonnigen Hafenparkplatz an.

**(060) WOMO-Stellplatz: Klimno**
**GPS:** N 45° 09' 18.3" E 14° 37' 11.8" **max. WOMOs:** 2-3
**Ausstattung/Lage:** Gaststätten, Mülltonne/im Ort.
**Zufahrt:** Am Hafen in Klimno.

Wir rollen zurück nach SOLINE und biegen rechts ab in Richtung RUDINE/ Spilja-Höhle. Etwa 300 m nach dieser Kreuzung erreichen wir die **Solinebucht**. In früherer Zeit befanden sich hier die sog.

**Salzgärten**, die aber schon lange nicht mehr genutzt werden. Geblieben ist ein riesiges Areal, dessen Boden sandig und salzverkrustet ist. Durch einige Rinnsale, die diese Flächen durchziehen, lagert sich Schlamm ab, dem man Heilwirkung zuspricht. Doch auch die Glücklichen, die frei von Gebrechen aller Art sind, finden ihr Vergnügen. Man kann sich sonnen, relaxen und in der seichten Bucht herumplantschen.

**(061) WOMO-Badeplatz: Soline Salzgärten**

**GPS:** N 45° 08' 58.0" E 14° 36' 01.4" **max. WOMOs:** > 5
**Ausstattung/Lage:** zwei Kioske, Restaurant in der Nähe/außerorts.
**Zufahrt:** 200 m nach dem Ortsschild von Soline in Richtung Rudine.

Wir kurven weiter um die Bucht herum, durchfahren ein Wäldchen und bummeln anschließend mit unserem WOMO durch eine herbe Landschaft, die von Geröllbrocken durchsetzt und mit Wacholdern bewachsen ist. Die mit weißer Farbe aufgetragenen Kilometerangaben auf der Straße lassen uns wissen, welche Entfernung noch bis zum Erreichen der **Spilja-Höhle** zu bewältigen ist. Unterwegs bieten sich immer wieder Gelegenheiten für eine Rast im Grünen oder auch eine schnelle Abkühlung im Meer. Kurz nach RUDINE, das nur aus einigen grauen Steinhäuschen besteht, mündet die Stichstraße in einen geschotterten Parkplatz. Ca. 20 km stehen nun nach VRBNIK mehr auf dem Tacho.

In Rudine, nahe der Spilja-Höhle

**(062) WOMO-Stellplatz: Spilja-Höhle**

**GPS:** N 45° 11' 10.0" E 14° 36' 37.3" **max. WOMOs:** 2-3
**Ausstattung/Lage:** keine/außerorts.
**Zufahrt:** Am Ende der Stichstraße, nahe der Höhle.

Die letzten 100 m bis zum Eingang der Tropfsteinhöhle legen wir zu Fuß zurück. Die Pforte zur Unterwelt mit Stalagmiten und Stalaktiten befindet sich ganz unspektakulär in einem winzigen Kiosk. Der Abstieg in den „Hades“ ist nur im Rahmen einer Führung möglich, und diese kostet pro Person 3 Euro, Kinder zahlen 2 Euro (Öffnungszeiten: Nebensaison: 10.15-14.45 Uhr, Hauptsaison: 09.15-17.45 Uhr). In der nur 12 m unter der Erdoberfläche verlaufenden Grotte soll sich ein Pi-

ratenschatz verbergen. Trotz intensiver Suche können wir diesen leider nicht entdecken, aber vielleicht gelingt es Ihnen, das Urlaubsbudget etwas aufzubessern...
Über DOBRINJ und KRAS folgen wir den Hinweisen nach MALINSKA und stoßen nahe letztgenannter Ortschaft auf die Hauptachse der Insel. Besondere Sensationen hat dieser Streckenabschnitt nicht zu bieten. Zügig geht es nun Richtung Norden. Doch bevor wir über die **Krker-Brücke** auf das Festland übersetzen, statten wir dem Städtchen OMIŠALJ einen Besuch ab. Es liegt erhaben auf einem Hügel über dem Meer und hat sich viel an Ursprünglichkeit bewahrt. Zentraler Punkt des alten Ortskerns ist die dreischiffige romanische **Basilika**, um die sich die Wohnhäuser gruppieren. Vom Rand der Altstadt erhält man einen schönen Blick auf die **Insel Cres** und hinüber nach RIJEKA. Leider trüben die Industrieanlagen der Umgebung etwas das stimmungsvolle Bild. Parkplätze gibt es reichlich in diesem Städtchen, so lässt sich durchaus eine Übernachtung in Betracht ziehen.

**(063) WOMO-Stellplatz: Omišalj**

**GPS:** N 45° 12' 44.9" E 14° 33' 22.0" **max. WOMOs:** 3-4
**Ausstattung/Lage:** Geschäfte und Gaststätten nahebei/im Ort.
**Zufahrt:** In der Ortsmitte links abbiegen (blaue Parkplatzschilder), noch 200 m, der letzte von drei Parkplätzen.

Zurückgekehrt auf die Hauptstraße, lassen wir uns noch zu einem letzten Abstecher hinreißen. Wir turnen hinunter nach VOZ. Die Stichstraße endet nach 3,5 km an einer Bucht. Gammelten früher hier noch einige Schiffswracks vor sich hin, so wirkt der Platz jetzt sauber und aufgeräumt. Dennoch ist der etwas morbide Charme dieses Ortes geblieben.

**(064) WOMO-Badeplatz: Voz**

**GPS:** N 45° 14' 05.7" E 14° 34' 44.2" **max. WOMOs:** > 5
**Ausstattung/Lage:** Mülltonnen/außerorts.
**Zufahrt:** Von der Hauptstraße rechts nach Voz abbiegen, noch 3,5 km.

Bezüglich dieses Platzes haben wir Rückmeldungen von etlichen zufriedenen Wohnmobilisten bekommen, allerdings berichteten auch zwei WOMO-Fahrer, dass das Campingverbot bei ihnen umgesetzt wurde. Man belegte sie mit Strafe und verwies sie des Ortes.
Der riesige Steinbruch im Hintergrund stellt keine Lärmbelästigung dar - zumindest war das nicht während unseres Aufenthaltes der Fall.
Von hier aus präsentiert sich die **Krker-Brücke** (Krički most) in ihrer ganzen Schönheit. In zwei Bögen mit insgesamt weit

über 1300 m Länge überspannt sie einen Meeresarm und verbindet die nackten Karstfelsen von **Krk** mit den begrünten Bergen des Festlandes.
Schließlich legen wir die letzten Inselkilometer zurück. Die Macchia weicht zurück, und wir sind überrascht über die plötz-

Die imposante Krker-Brücke

lich so kahlen Felsrücken, von denen wir bereits unterhalb der Brücke einen ersten Eindruck gewannen. Für einen kleinen Moment denkt man wirklich, man bewegt sich auf einem anderen Stern.
Kurz vor der **Krker-Brücke** ist rechts die Einfahrt zu einem Parkplatz (ein Lesertipp!), der relativ geschützt liegt. Wer sich noch ein letztes Mal vor Verlassen der Insel aufs Ohr legen möchte, der kann das hier tun. Mit etwas Verkehrslärm ist aber zu rechnen.

**(065) WOMO-Stellplatz: Krker-Brücke**

**GPS:** N 45° 14' 20.1" E 14° 33' 38.6" **max. WOMOs:** 3-4
**Ausstattung/Lage:** Mülltonne/außerorts.
**Zufahrt:** Vor der Brücke rechts (eigene Abbiegespur).

Wir haben uns bis zu den Kassenhäuschen vorgearbeitet, die aber nicht besetzt sind. „Ungeschoren“ können wir passieren. Allerdings läuft das nicht immer so. Doch welches System hier zum Tragen kommt, bleibt uns verschlossen.
Noch ein Tipp: Am Wochenende, besonders am Sonntagnachmittag und vor allem in der Saison, kann es zu Staus kommen. Vielleicht können Sie Ihre Passage auf einen anderen Termin legen, schließlich sollte man als Urlauber ein wenig flexibel sein!

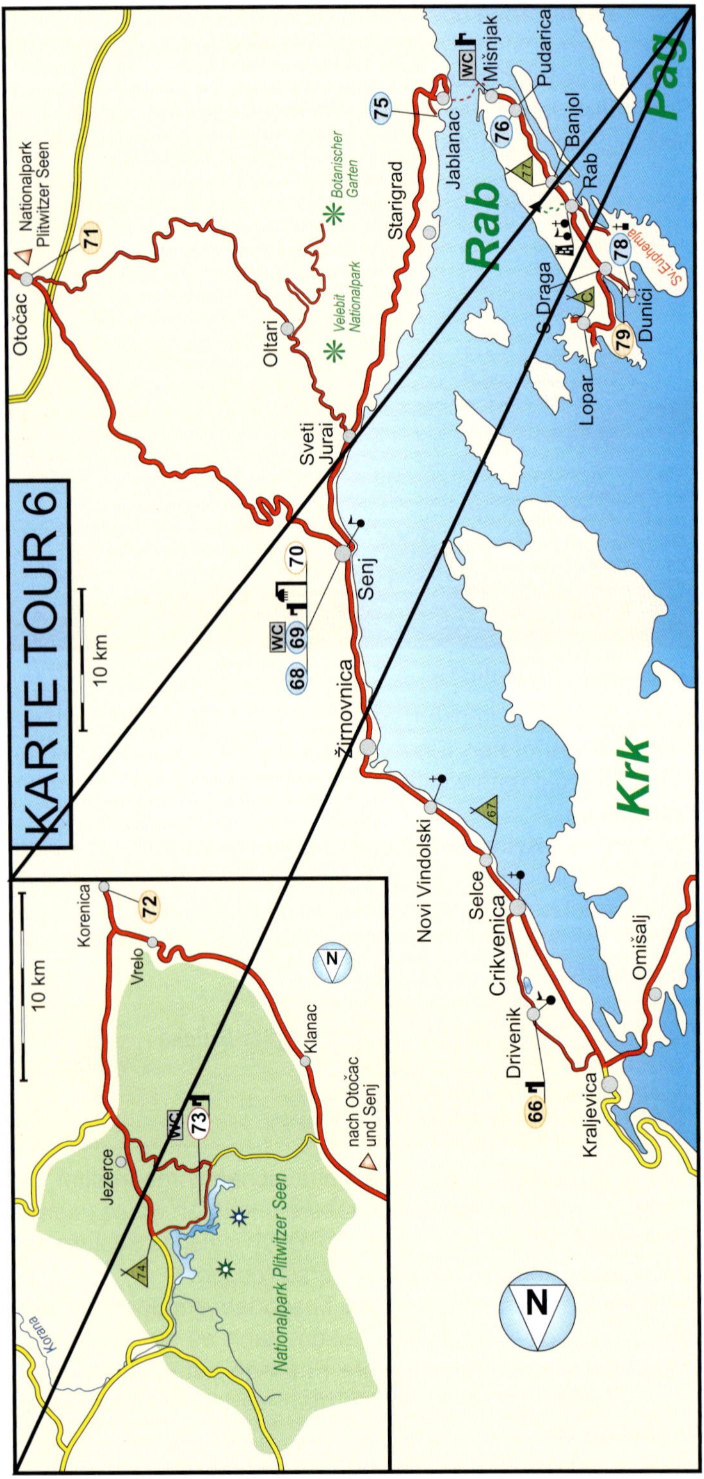
KARTE TOUR 6
10 km
Otočac
Nationalpark Plitwitzer Seen
71
Oltari
Velebit Nationalpark
Botanischer Garten
Starigrad
75
Jablanac
WC
Mišnjak
Pudarica
76
Banjol
77
Rab
Rab
Pag
78
Sv. Euphemija
S. Draga
C
Dunići
79
Lopar
Sveti Juraj
Senj
68
69
WC
70
Žirnovnica
Novi Vindolski
67
Selce
Crikvenica
Krk
Omišalj
Drivenik
66
Kraljevica
N
Korenica
72
Vrelo
Klanac
nach Otočac und Senj
WC
73
Jezerce
74
Nationalpark Plitwitzer Seen
Korana

# Tour 6 (390 km / 7 - 8 Tage)

## Omišalj (Insel Krk) - Crikvenica - Selce - Novi Vindolski - Senj - Otočac - Plitwitzer Seen - Otočac - Oltari - Sv. Juraj - Jablanac - Mišnjak (Insel Rab) - Rab - Lopar - Mišnjak

| | |
|---|---|
| **Freies Übernachten:** | Drivenik, Senj, Otočac, Korenica nahe der Plitwitzer Seen, nahe Stinica,Pudarica, Dunići. |
| **Campingplätze:** | „Autocamp Selce“ in Selce, „Autocamp Korana“ nahe der Plitwitzer Seen, „Autocamp Padova“ in Rab. |
| **Besichtigen:** | Burg in Drivenik,Burg mit Museum in Senj, die Plitwitzer Seen, Velebit Nationalpark, den Stadtkern von Rab und das Franziskanerkloster Sv. Eufemija nahe Rab. |
| **Wandern:** | Im Gebiet um die Plitwitzer Seen, zum Berg Kamenjak auf der Insel Rab. |
| **Radfahren:** | Auf der Insel Rab. |
| **Baden:** | In Selce, Novi Vindolski, Senj und auf der Insel Rab. |

Nach ein paar Kurven und einer moderaten Steigung haben wir uns hinaufgearbeitet zur **Adria magistrale**, jener berühmten Nord-Südverbindung, die sich der gesamten Küste entlangzieht. Die Straße verläuft meist etwas landeinwärts und erhöht, das ermöglicht oft grandiose Ausblicke auf das Meer und die vorgelagerten Inseln. Der Fahrbahnzustand ist gut, so geht es flott in Richtung Süden voran. Bald ist der bekannte Ferienort CRIKVENICA erreicht.

Der lebendige Ort Crikvenica

Wer Zeit und Lust hat, kann die kurze Fahrt dorthin noch etwas erlebnisreicher gestalten, in dem er einen kleinen Umweg über die Berge wählt. Hierzu fährt man auf der Magistrale bis DVORI und biegt links in Richtung DRIVENIK ab. Im Dörfchen KRIŽIPIŽI, das bald auf einer guten Bergstraße erreicht ist, zweigt man dann scharf rechts ab (aufpassen - schlecht beschildert). Die Fahrt beläuft beschaulich durch kleine Dörfer. Die Ortschaft DRIVENIK präsentiert sich etwas größer und liegt im Schutze einer **Burg**. Der Burgparkplatz beziehungsweise der eines angrenzenden Friedhofes ist für eine ruhige Übernachtung geeignet.

**(066) WOMO-Stellplatz: Drivenik**

**GPS:** N 45° 14' 12.3" E 14° 38' 49.9" **max. WOMOs:** 1-2
**Ausstattung/Lage:** Wasser, Mülltonne/Ortsrand.
**Zufahrt:** Im Ort den Hinweisen zur Burg (Grad) folgen, noch 700 m.

Nach dem Ort folgt bald rechter Hand ein **Stausee**, der aber kaum zugänglich ist. Danach begleitet uns für eine Weile das Flüsschen Dubračina und schließlich senkt sich die Straße hinab durchs Grüne an die Küste nach CRKVENICA.
Das ehemalige Fischerdorf avancierte durch die Habsburger zu einem mondänen **Kurort** mit prunkvollen Hotels und prächtigen Villen. Es gibt einen schönen Sandstrand, und auf der Promenade flanieren heute nicht nur die „Schönen und Reichen". Die nächste Ortschaft an (oder besser neben) der Küstenstraße ist SELCE. Auch hier gibt es eine hübsche Promenade mit einigen Palmen und rotblühenden Oleanderbüschen sowie unzähligen Eisdielen, Restaurants und Souvenirbuden. Auf zahlreichen Bänken lässt es sich gut sitzen und das bunte Treiben des Hafens beobachten. Für einen Aufenthalt empfiehlt sich der größtenteils schiefe Campingplatz Selce (mittlerweile auch endlich Ver- und Entsorgung für WOMOs).

**(067) WOMO-Campingplatz-Tipp: „Autocamp Selce" in Selce**

**GPS:** N 45° 09' 14.2" E 14° 43' 30.5", Jesenova **Öffnungszeit:** 01.04.-15.10.
**Ausstattung/Lage:** Geschäft, Restaurants, Zentrum 400 m, viel Schatten/Ortsrand.
**Zufahrt:** An der Adria magistrale, gut beschildert.

Ein paar Kilometer weiter erwartet uns das gefällige Städtchen NOVI VINDOLSKI. Bisher diente der Hafenparkplatz prima als Übernachtungsplatz oder als Parkmöglichkeit für einen Bummel durchs Städtchen. Jetzt ist die Einfahrt für Wohnmobile verboten. Bei der Suche nach einer Alternative stoßen wir auf ähnliche Verbote. Wir scheinen unerwünscht zu sein, also kehren wir NOVI VINDOLSKI den Rücken. Rund 45 km (Route über DRIVENIK ca. 55 km) mehr zeigt der Tacho seit der Überfahrt der Krker-Brücke an, als wir SENJ erreichen. Wiederum am Ende des Hafens, nahe der Kaimauer, finden wir ein sonniges Plätzchen (gebührenpflichtig, ca. 1,2 Euro/Stunde, von 22.00-06.00 Uhr frei). Ein winziger Kiesstrand schließt an.

Im Hafen von Senj

**(068) WOMO-Badeplatz: Senj Hafen**

**GPS:** N 44° 59' 22.7" E 14° 54' 00.0" **max. WOMOs:** > 5
**Ausstattung/Lage:** Geschäfte und Restaurants in der Nähe, Mülltonnen/im Ort.
**Zufahrt:** Am Hafenende von der Adria magistrale rechts abbiegen, noch 200 m.

Senj: Essen und Schlafen in Kamp Škver

Möchte man es gern etwas luxuriöser, greift man am besten auf den direkt am Meer gelegenen, offiziellen Stellplatz „Kamp Škver“ zurück. Die Hälfte der WOMOs kann, nur von einem Gehweg getrennt, in erster Reihe am Wasser stehen. Beim Speisen im dazugehörigen guten Lokal lassen sich schön die vorbeituckernden Schiffe beobachten, während im Hintergrund die Sonne langsam zum roten Ball mutiert und sich bis zum nächsten Tag verabschiedet.

**(069) WOMO-Badeplatz: Senj Kamp Škver**

**GPS:** N 44° 59' 39.0" E 14° 53' 59.2" **max. WOMOs:** > 5
**Ausstattung/Lage:** Wasser, Dusche, WC, Strom, Gaststätte, Geschäfte in der Nähe/im Ort.
**Zufahrt:** Noch vor dem Hafen von der Hauptstraße rechts abbiegen, beschildert.

Der gepflegte und vergleichsweise günstige Platz ist vom 01.04. - 31.10. geöffnet.
Das Zentrum selbst bietet nicht viel. Einige Lokale, ein **Kriegerdenkmal**, ein **Brunnen** und ein paar Gassen, deren Häuser schon bessere Zeiten gesehen haben. Das Schmuckkästchen und Wahrzeichen des Ortes thront auf einem Bergrükken, es ist die trutzige **Uskokenburg Nehaj**! Wenn man im **Burgmuseum** der Kultur gehuldigt hat und vielleicht dabei Hunger bekommen hat, so lässt sich im Burgrestaurant etwas dagegen unternehmen. Das Museum kostet gut 2 Euro Eintritt, Kinder zahlen nur knapp die Hälfte. Geöffnet ist es täglich von 10.00-18.00 Uhr, im Juli und August von 10.00-21.00 Uhr. Das schmucke Kastell ist entweder zu Fuß in einer viertel Stunde zu erreichen oder auch mit dem WOMO anzufahren.

Burg Nehaj in Senj

Direkt bei der Burg gibt es einige etwas schiefe und vorwiegend sonnige Plätzchen mit schöner Aussicht.

**(070) WOMO-Stellplatz: Senj Burg Nehaj**

**GPS:** N 44° 59' 10.7" E 14° 54' 11.5" **max. WOMOs:** 3-4
**Ausstattung/Lage:** Restaurant, Mülltonne/außerorts.
**Zufahrt:** Am Ortsende links die Abfahrt nach Zagreb nehmen, gleich wieder links abbiegen - nur noch wenige hundert Meter.

Der nächste Ausflug führt uns in den **Nationalpark Plitwitzer Seen**. Wir folgen den Hinweisen **Plitvička Jezera/Otočac** und schwingen uns zunächst in Kurven und bald auch in Kehren auf guter Straße hinauf ins **Velebit-Gebirge**. Laub- und Kiefernwälder begleiten uns. Später öffnet sich ein weites Tal, und der Juni verwöhnt uns mit blühenden Wiesen, einzelne Flächen gehören allein dem rotleuchtenden Mohn. OTOČAC ist der einzige größere Ort auf der Strecke. Heute (Mittwoch) herrscht hier lebhaftes Markttreiben. Sucht man ein Plätzchen für eine Zwischenübernachtung, so wird man hier fündig. Man folgt dem Verlauf der Durchgangsstraße und biegt nach der Ampel rechts ab. Nach ca. 150 m gelangt man zu einer kleinen Parkanlage, in deren Umfeld es einige Stellplätze gibt. In der Nähe befindet sich ein relativ großer Konsum.

**(071) WOMO-Stellplatz: Otočac**

**GPS:** N 44° 52' 06.4" E 15° 14' 06.3" **max. WOMOs:** 2-3
**Ausstattung/Lage:** Geschäfte und Gaststätten nahebei/im Ort.
**Zufahrt:** Im Text beschrieben.

Nach OTOČAC wird es wieder einsamer, und erstmals stoßen wir vereinzelt auf zerbombte Häuser - Zeugen des vergangenen Krieges! Die meisten dieser beschädigten Gebäude wurden mittlerweile aber abgerissen bzw. restauriert. Der Straßenzustand gab lange Zeit Anlass zur Klage. Auch hier ist inzwischen viel passiert, jetzt ist fast die ganze Strecke in Ordnung und problemlos zu befahren. Rosablühende Wildrosen und die weißen Dolden des Holunders setzen erfrischende Akzente in der Landschaft.
Bei manchen Häusern locken Verkaufsstände, an denen selbstgemachter Honig und Käse angeboten werden. Der Erlös stellt ein wichtiges Zubrot für die nicht eben begüterten Menschen der Region dar.
Schließlich erreichen wir die **Hauptverbindungsstraße 1**. Biegt man hier rechts ab, so gelangt man zwar nicht zu den Plitwitzer Seen, doch schnell in die Ortschaft KORENICA. Nach nur 2,4 km ist die Gaststätte „Bistro Marina" erreicht. Wer hier speist, darf auf dem hauseigenen Parkplatz kostenlos übernachten. Dieses Plätzchen stellt eine praktische Alternative

zu den Besucherparkplätzen bei den Plitwitzer Seen dar, denn dort ist das Übernachten mittlerweile untersagt.

**(072) WOMO-Stellplatz: Korenica „Bistro Marina“**
**GPS:** N 44° 44' 49.9" E 15° 42' 15.6" **max. WOMOs:** > 5
**Ausstattung/Lage:** Gaststättte, Geschäfte nahebei/im Ort.
**Zufahrt:** In Korenica gut beschildert (den WOMO-Symbolen folgen).

Wir rollen das kurze Wegstück bis zuvor genannter Kreuzung zurück und halten uns jetzt geradeaus. Nach einigen Kilometern flotter Fahrt weisen uns große Hinweistafeln den Weg zum **Eingang 2**. Jetzt haben wir die **Plitwitzer Seen** vor unserer WOMO-Tür! Der dazugehörige (gebührenpflichtige) Parkplatz ist schön gelegen und praktisch, doch leider von 21.00-07.00 Uhr mit einem absoluten Halteverbot belegt.

**(073) WOMO-Picknickplatz: Plitwitzer Seen/Eingang 2**
**GPS:** N 44° 52' 59.8" E 15° 37' 28.9" **max. WOMOs:** > 5
**Ausstattung/Lage:** Geschäft, Imbiss, WC, Wasser, Tische, Bänke/außerorts.
**Zufahrt:** Von der Straße 1 den Hinweisen „Eingang 2“ folgen.

Plitwitzer Seen: Mit dem Boot hinein in die Wasserwelt!

Rund 3 km weiter befindet sich die Einfahrt zum **Eingang 1**. Das ebenfalls vorwiegend schattige Areal verfügt über ähnliche Einrichtungen wie der zuvor beschriebene Platz. Zudem wartet ein uriges Lokal mit offener Feuerstelle auf seine Besucher. Das „Lićka Rućka“ bietet als Spezialitäten Lamm, Schaf und Schwein vom Spieß an. Leider ist auch hier der gesamte Parkplatz mit einem nächtlichen Halteverbot belegt. Als Ausgangspunkt für eine Exkursion in die Wasserwelt halten wir ihn aber für sehr günstig. Ganz gleich durch welche Pforte man schreiten möchte, 16 Euro pro Erwachsener und 8 Euro pro Kind (unter 7 Jahren frei!) sind zu berappen. Es gibt jetzt wieder (wie bereits vor einigen Jahren) ermäßigte Zweitagestickets. Erwachsene zahlen dafür ca. 25 Euro, Kinder ca. 12,5 Euro. Weggefallen ist bedauerlicherweise die Ermäßigung für die Gäste des Campingplatzes Korana. Der Eingang 1 ist täglich von 08.00-18.00 Uhr geöffnet, Eingang Nr. 2 sogar noch eine Stunde länger.

Nationalpark „Plitwitzer Seen“

Bevor Sie nun aber eintauchen in diese faszinierende Wasserwelt, wollen wir Ihnen noch schnell ein paar grundsätzliche Infos zukommen lassen!

Im Jahre 1949 wurde das Gebiet um die **Plitwitzer Seen** zum **Nationalpark** erklärt, 1979 erfolgte die Aufnahme in das „Welt-naturerbe“- Register durch die Unesco. Viel Ehre für einen im Hinterland liegenden Karst - das mag wohl so manch einer denken - doch was Mutter Natur hier komponiert hat, sucht in Europa seinesgleichen! Rund 300 km² umfasst der Park, ein Großteil davon ist überzogen mit dichtem Urwald, der auch heute noch scheuen Bären, Wölfen und verschiedenen Wildkatzen einen weitgehend ungestörten Lebensraum bietet. Deutlich geringer fällt der Anteil der Wiesen und Weiden aus.

Knapp 2,2 km² entfallen schließlich auf 16 Seen und etliche Wasserläufe. Die gesamte Höhendifferenz der Katarakte beträgt 156 m, die einzelnen Wasserfälle stürzen mit mäßigen 2 m bis hin zu äußerst eindrucksvollen 76 m in die Tiefe. Die Aufzählung dieser Eckdaten spiegelt aber nicht im mindesten die Faszination dieses Naturwunders wider. Man muss das Territorium, das schon Winnetou, seinem Blutsbruder und den vielen bösen Buben aus den Karl-May-Filmen als Traumkulisse diente, mit all seinen Sinnen erleben.

Beim Eingang Nr. 1 verlassen wir unseren Planeten und finden uns scheinbar in einer anderen Welt wieder. Wir tauchen ein in ein zauberhaftes Wasserparadies, das uns den Atem raubt. Zunächst stapfen wir durch einen Buchenwald, dessen maigrünes Blätterdach von der Sonne durchflutet wird, bis hin zu einer tiefen Schlucht. Jetzt fällt der Blick auf in Laubwald eingebettete, blaugrüne Seen. Durch weißgischtende Wasserfälle sind sie miteinander verbunden. Mal rauschen die Wassermassen kraftvoll aus großer Höhe über helle Felsen und versprühen feine Nebelschleier - mal rinnen sie eher gemächlich über den Stein und ziehen lange Silberfäden, ehe sie sich in einem tiefer liegenden See vereinen. Das Spiel beginnt von neuem. Wieder sucht sich das Wasser seinen Weg durch das Kalkgestein, durchtränkt Moose, hüpft über kleine Stufen, um sich schließlich in das nächste geheimnisvoll leuchtende Auge zu ergießen. Die Krönung bildet der vom Fluss **Plitvica** gespeiste Wasserfall, majestätisch stürzt er sich über einen scharfen Felsabbruch in die Tiefe, und erst nach 76 m erfolgt die tosende Landung. Entlang der unteren Seen schlängelt sich - stets nahe am Ufer - ein herrlicher Pfad talauf zu den oberen Seen. Schließlich gelangen wir zum großen **Kozjak jezero** (Kozjak-See). Umweltfreundliche **Elektroboote** queren geräuschlos das kristallklare Gewässer. Wir genießen die angenehme Überfahrt und staunen über die Unterwasserwelt. Das kühle Nass zeigt sich so blank und rein, dass uns kaum eine Einzelheit am tiefen Grunde entgeht. Die Wassergeister offenbaren uns ihr Wohnzimmer en detail!

Beim Bootsanleger beginnt ein weit verzweigtes Wegenetz. Pfade, hölzerne Stege und solide Bohlenwege führen hinein in ein einzigartiges Reich aus anmutigen Seen, glucksenden Bächen, schäumenden Kaskaden und urwüchsigen Wäldern, in deren schattigem Unterholz üppige Farne gedeihen. Aus breiten Schilfgürteln und sumpfigen Grasflächen erschallt ein vielkehliges Froschkonzert, bisweilen suchen aufgeschreckte, dünne Wassernattern (harmlos!) Schutz im Röhricht und verschwinden wieselflink darin. In wenig bewegten Weihern und Tümpeln hat sich teilweise weißer Kalkschlamm abgesetzt und abgestorbene Pflanzen- und Baumteile ummantelt. Mit etwas Phantasie kann man darin Gebilde wie etwa Krokodile, Schildkröten oder bizarre, gruselige Wassergespenster erkennen.
Das Gebiet lädt zu herrlichen, erholsamen Spaziergängen ein. Sollte man in der Euphorie seine Kräfte überschätzt haben, so kann man sich mit der sog. **Panoramabahn** zurück in die Nähe des Einganges bringen lassen.
Baden ist mittlerweile nicht mehr gestattet, und auch die Petrijünger dürfen nicht mehr ihrem Hobby frönen.

**WOMO-Wandertipp: Plitwitzer Seen**

Für längere Wanderungen, die auch in die urwaldähnlichen Wälder des Hinterlandes führen, wurden neue Wege erschlossen. Bei den Eingängen 1 und 2 erhalten Sie diesbezüglich Informationen sowie eine Wanderkarte. Von der Parkverwaltung werden auch geführte Wanderungen unter sachkundiger Leitung angeboten.

Die Entfernung von SENJ bis zum **Eingang 1** der **Plitwitzer Seen** beträgt 107 km. Fährt man noch 6,5 km weiter, so gelangt man zu einem sehr gepflegten Campingplatz mit einem guten Restaurant inmitten einer lieblichen Hügellandschaft. Die in die Jahre gekommenen Sanitäranlagen sind jetzt überholt. Ein Wermutstropfen: Die Preise liegen etwas über dem üblichen Niveau.

**(074) WOMO-Campingplatz-Tipp: „Autokamp Korana"**

**GPS:** N 44° 57' 03.4" E 15° 38' 25.6", Catrnja **Öffnungszeit:** 01.04.-31.10.
**Ausstattung/Lage:** Geschäft, Restaurant, Café, teils Schatten/außerorts.
**Zufahrt:** 6,5 km nach dem Eingang 1 (Plitwitzer Seen) rechts abbiegen, dann noch 200 m, gut ausgeschildert.

Noch ein Tipp: Vom Campingplatz aus verkehrt ein Shuttlebus zu den Eingängen 1 und 2 bei den Plitwitzerseen. Der Fahrpreis beträgt ca. 3 Euro.
Auf der gleichen Route treten wir die Rückfahrt an, doch am Ortsrand von OTOČAC biegen wir links in Richtung ŠVICA ab. Die Gegend ist ländlich. In blitzsauberen Gemüsegärten gedeihen all die Dinge, die man in der Küche zu schätzen weiß. Einige Schafe weiden friedlich auf der Wiese, und eine Kuh mustert uns mit wenig intelligentem Gesichtsausdruck. Wir passieren einen sumpfigen Weiler, und allmählich schwingt sich das vorwiegend recht ordentliche Sträßchen in höhere Regionen empor - hinauf ins **Velebit-Gebirge**. Auf herrlich blühende Bergwiesen folgen Laub- und Nadelwälder, deren frische Austriebe hellgrün leuchten. Hier in diesen recht einsamen Regionen sollen noch Bären, Wölfe und Raubkatzen hausen. Mittlerweile ist der Sonnenschein einem kräftigen „Schnürlregen" gewichen. Die Wolken liegen wie große Kissen auf den Bergrücken auf, und damit ist uns leider auch die schöne Aussicht versperrt. Wir durchfahren KRASSNO und laufen danach im **Velebit Nationalpark** ein. Kurz vor dem Örtchen OLTARI zweigt links eine 17 km lange Stichstraße ab, die zu einem **Botanischen Garten** führt. Wanderfreunden stehen hier viele Möglichkeiten offen. Die geschotterte enge Straße eignet sich aber nur für nicht allzu wuchtige Wohnmobile. Wohl dem, der einen Roller oder Ähnliches dabei hat.
Wir streben der Küste zu, in vielen Kurven und Serpentinen nähern wir uns wieder der **Adria magistrale**. Der Blick auf die dem Festland vorgelagerten Inseln ist atemberaubend. Kahle, unnahbar wirkende Felskuppen ragen aus dem Meer, ein paar Sonnenstrahlen tauchen eine der Inseln in ein unnatürliches orangegelbes Licht, während die anderen Eilande fahlweiß in der dunkelblauen See ruhen. Durch die sich absenkende Straße verändern sich ständig die Blickwinkel und eröffnen neue faszinierende Perspektiven. Fast bedauern wir es ein wenig, als wir in SV. JURAJ das Niveau des Meeresspiegels erreichen. Wir schwenken in südlicher Richtung auf die Hauptader ein und kämpfen uns in Richtung **Insel Rab**

vor. Der Wind bläst kräftig von vorn und teilt auch noch unangenehme Seitenhiebe aus. Leider muss man sich in diesen Gefilden mit solchen Ruppigkeiten öfter auseinandersetzen. Schon bald taucht das Schild „**Trajekt-Car Ferry**“ auf, und wir kurven hinunter in Richtung JABLANAC (Hafen). Etwa auf halber Strecke dorthin, zweigt rechts ein Sträßchen nach STINICA ab. Wir folgen dem Verlauf für 1,9 km bis zu einer Kreuzung und fahren hier geradeaus in Richtung Meer (nicht rechts ab nach STINICA). Nach ca. 300 m besteht die Möglichkeit entweder bei einem verlassenen Fabrikgebäude oder einem nahegelegenen, kleinen Hafen zu stehen. Auf Grund laufender Baumaßnahmen (Sommer 2010) lässt es sich im Moment nicht sagen, ob sich dadurch gravierende Änderungen an der Stellplatzsituation ergeben werden.

**(075) WOMO-Badeplatz: Alte Fabrik**

**GPS:** N 44° 43' 14.5" E 14° 53' 30.6" **max. WOMOs:** 3-4
**Ausstattung/Lage:** keine/außerorts.
**Zufahrt:** Im Text beschrieben.

Schließlich legen wir das letzte Wegstück zum **Fährhafen** zurück.
Zur Zwischeninformation: Von den Plitwitzer Seen nach JABLANAC sind es ca. 150 km.

Insel Rab, Fährhafen Mišnjak

Meist stündlich verkehren die Fähren zwischen JABLANAC und MIŠNJAK. Sie stellen natürlich nicht nur die Verbindung der beiden Häfen dar, sondern bilden vor allem die „Brücke“ zwischen dem Festland und der **Insel Rab** (Fahrdauer ca. 20 Minuten, Preis hin und zurück stolze 43 Euro - eine saftige Preiserhöhung im Vergleich zur letzten Recherche). Der erste

Eindruck, den uns das Eiland vermittelt, ist eher spröde und herb - kahle Felsrücken begrüßen uns. Freilich gibt es auch das andere Gesicht. Die Westseite gefällt mit Eichen- und Kiefernwäldern, mit Weinkulturen sowie - jetzt im Frühjahr - durch einen bunten Blütenteppich, der wirklich Laune macht. Mit 94 km² gehört **Rab** zwar nicht zu den größten Adriainseln, doch sie hat einen weitaus wichtigeren Superlativ zu bieten. Die Sonne verwöhnt die Urlauber hier rund 2500 Stunden pro Jahr.
Sandstrände sind in Kroatien bekanntlich rar gesät, doch hier gibt es welche. Den ersten - wenn auch kleinen - hat PUDARICA (die ehemalige Anlegestelle), ca. 2,7 km nordwestlich des Fährhafens MIŠNJAK, zu bieten.

**(076) WOMO-Badeplatz: Pudarica**

**GPS:** N 44° 42' 26.1" E 14° 49' 53.8" **max. WOMOs:** 1-2
**Ausstattung/Lage:** Kiosk, Strandbar, Mülltonne/außerorts.
**Zufahrt:** 2,7 km nach Mišnjak links einbiegen, noch 500 m.

Am Wochenende und vor allem in der Hochsaison ist das Plätzchen bei den Einheimischen recht beliebt und dementsprechend überfüllt und lebhaft. Durch die Erweiterung der Strandbar ist der ohnehin schon geringe Parkraum nochmals geschrumpft. Der Badeplatz ist daher nur noch in der Nebensaison zu empfehlen.

Rab, Stadt der Türme

Fährt man auf der Hauptstraße noch ein Stück weiter, gelangt man nach BANJOL. In der Feriensiedlung, die nicht weit von der „Hauptstadt“ RAB entfernt liegt, gibt es einen ordentlichen Campingplatz - natürlich in feiner Meereslage!

**(077) WOMO-Campingplatz-Tipp: „Autokamp Padova" in Banjol**
**GPS:** N 44° 45' 09.0" E 14° 46' 26.9" **Öffnungszeit:** Ostern bis 10.10.
**Ausstattung/Lage:** Geschäft, Restaurant, teilweise schattig, zum Zentrum der Stadt Rab ca. 2 km/Ortsrand.
**Zufahrt:** Von der Hauptstraße in Banjol zum Meer abbiegen, beschildert.

Über den Strandweg kann man gemütlich in einer knappen halben Stunde nach RAB spazieren.

Wir peilen jetzt die besagte Inselhauptstadt an. Der malerische Ort gilt als einer der schönsten der nördlichen Adria und liegt auf einer spitz zulaufenden Landzunge, die wie ein Schiff in den blauen Fluten zu ruhen scheint. Das Wahrzeichen des Städtchens sind die vier in den Himmel ragenden Kirchtürme. Den eindrucksvollsten Blick auf diese und das rote Ziegelmeer der Hausdächer erhält man von der **Burgmauer**. Bedeutendstes sakrales Bauwerk ist der **Dom Sv. Marija Velika** aus dem 11. Jahrhundert, der fast an der Spitze der Landzunge steht. Das prachtvollste weltliche Gebäude - der **Rektorenpalast** - erhebt sich am Hafenplatz. Der Balkon des Palazzo wird von steinernen Löwenköpfen getragen, im Innenhof finden wir ein kleines **Lapidarium** vor. Nahe der palmenumrahmten Hafenpiazza erwarten uns weitere Sehenswürdigkeiten wie beispielsweise das **alte Seetor**, die **venezianische Loggia** mit **Uhrturm** (15. Jht.) und die **Kapelle Sv. Nicola**. Nicht weit davon erheben sich prachtvolle **Patrizierpaläste** und **Residenzen**.

Rab, Brunnen nahe des Hafens

Westlich der Stadt grenzt der **Komrčar-Park** an. Kiefern, Stein-

Die Insel Rab, ein Dorado für Bootsbesitzer

eichen und Zypressen spenden in diesem 16-ha-Areal Schatten, es gibt eine hübsche Uferpromenade und einen Badestrand. Rafft man sich zu einem 5-km-Spaziergang auf (entweder durch den Park oder am Ufer entlang), so kann man dem **Franziskanerkloster Sv. Eufemija** einen Besuch abstat-

Franziskanerkloster Sv. Eufemija

ten, dessen Mauern auch ein kleines **Museum** beherbergen (geöffnet täglich von 10.00-12.00 Uhr und von 16.00-18.00 Uhr). Wer seine Füße schonen möchte, kann das Kloster auch mit dem WOMO anfahren - Parkplätze sind allerdings ziemlich rar. Will man hingegen ausgiebig wandern, so kann man den 408 m hohen Berg Straža erstürmen. Es ist die höchste Erhebung der Insel - nicht zuletzt durch deren Schutz weist das Eiland sein mildes Klima auf.

**WOMO-Wandertipp: Kamenjak, Berg Straža**

**Gehzeit:** 4 Std. **Schwierigkeit:** leicht **Höhenunterschied:** 400 m

**Strecke:** Von der Stadt RAB führt ein Wanderpfad in nordöstlicher Richtung hinauf in den Kamenjak-Höhenzug, dessen höchster Gipfel der Straža ist. Herrliche, weite Sicht über die **Insel Rab** und die **Kvarner Bucht**.

Sandstrand bei Lopar

Im Norden der Insel liegt der Ferienort LOPAR. Der Weg dahin führt durch eine reizvolle Landschaft. Jetzt im Juni blühen bunte Wiesenblumen und noch immer die goldgelben Ginsterbüsche. Bei der Ortschaft S. DRAGA beginnt eine langgezogene Bucht, in der sich malerisch ein paar winzige Inseln verteilen. Es geht noch ein Stück durchs Landesinnere, danach schließlich wieder ans Meer.

LOPAR enttäuscht uns etwas. Es gibt keinen gewachsenen Ortskern, die Häuser liegen verstreut - scheinbar ohne System - am Rand einer weiten sandigen Bucht. Freizeiteinrichtungen jedweder Art, Lokale und die unvermeidlichen Souvenirbuden sind reichlich vorhanden, doch eine gediegene oder heimelige Atmosphäre vermissen wir gänzlich.

Der große schattige **Campingplatz** liegt direkt am flach abfallenden Sandstrand und erweist sich daher als sehr kinderfreundlich. Leider ist er aber schon in der Nebensaison stark frequentiert.

Einen hübschen Stellplatz finden wir, indem wir bei DRAGA ein Stückchen linksseitig der Bucht (Richtung DONJA) entlang fahren. Am Ende der Stichstraße erwartet uns ein Wiesenparkplatz direkt am Ufer bei einem Restaurant. Das seichte Wasser erfreut mit angenehmen Temperaturen. Außer einem weiteren Wohnmobil und einigen PKWs ist niemand da.

**(078) WOMO-Badeplatz: Dunići**

**GPS:** N 44° 48' 05.5" E 14° 42' 43.9" **max. WOMOs:** 1-2

**Ausstattung/Lage:** Restaurant, Geschäft und Mülltonnen in der Nähe/im Ort.

**Zufahrt:** Bei Draga in Richtung Donja abbiegen, noch 2,3 km - direkt in Dunići.

Herrscht viel Andrang, so kann man in den kleinen, nicht gerade perfekt aufgeräumt wirkenden Hafen des freundlichen Ortes ausweichen.

**(079) WOMO-Stellplatz: Dunići Hafen**

**GPS:** N 44° 47' 53.9" E 14° 43' 26.6" **max. WOMOs:** 2-3

**Ausstattung/Lage:** Gaststätte in der Nähe/im Ort.

**Zufahrt:** Von der Abzweigung Donja Supetar/Draga noch 700 m weit fahren, dann rechts ins Hafengelände einbiegen.

Es wird Zeit für uns, sich von der **Insel Rab** zu verabschieden. Wir steuern wieder den Fährhafen MIŠNJAK an und nützen die Wartezeit auf unseren „Dampfer", um am neuen, gepflegten Toilettenhäuschen noch etwas Wasser zu bunkern. Sofern man will oder muss (falls einem die letzte Fähre durch die Lappen gegangen ist), lässt sich auf dem großen, geteerten Parkplatz auch eine Übernachtung in Betracht ziehen.
Für die gesamte Inselrundfahrt sind etwa 50 km zu veranschlagen - dann haben Sie (fast) alle Winkel und Ecken gesehen! Es bietet sich auch eine Erkundung mit dem Drahtesel an. Die Entfernungen sind nicht eben riesig und die meisten Steigungen eher moderat - ebenso lassen auch Einkehrmöglichkeiten nicht lange auf sich warten!

„Törnt“ Sie das an...?

Last but not least: Die Insel Rab rühmt sich Vorreiter in Sachen FKK gewesen zu sein. Hier entstand anno 1936 der erste Nacktbadestrand Kroatiens. Pikanterweise lag und liegt er in der Eufemija-Bucht, an deren Ende sich das gleichnamige Kloster erhebt. Der britische König Eduard VIII. zählte zu den ersten Gästen, die sich an besagtem Strande hüllenlos vergnügten. Aus diesem Grund spricht man auch von der Englischen Bucht.

Die Bezeichnung FKK definiert „Meyers Großes Hand Lexikon“ übrigens folgendermaßen: Die Freikörperkultur (FKK) ist ein Lebensgestaltungsprinzip. Sie umfasst ein gemeinsames Freiluftleben sowie Wassersport beider Geschlechter ohne Bekleidung. Dem ist nichts hinzuzufügen...

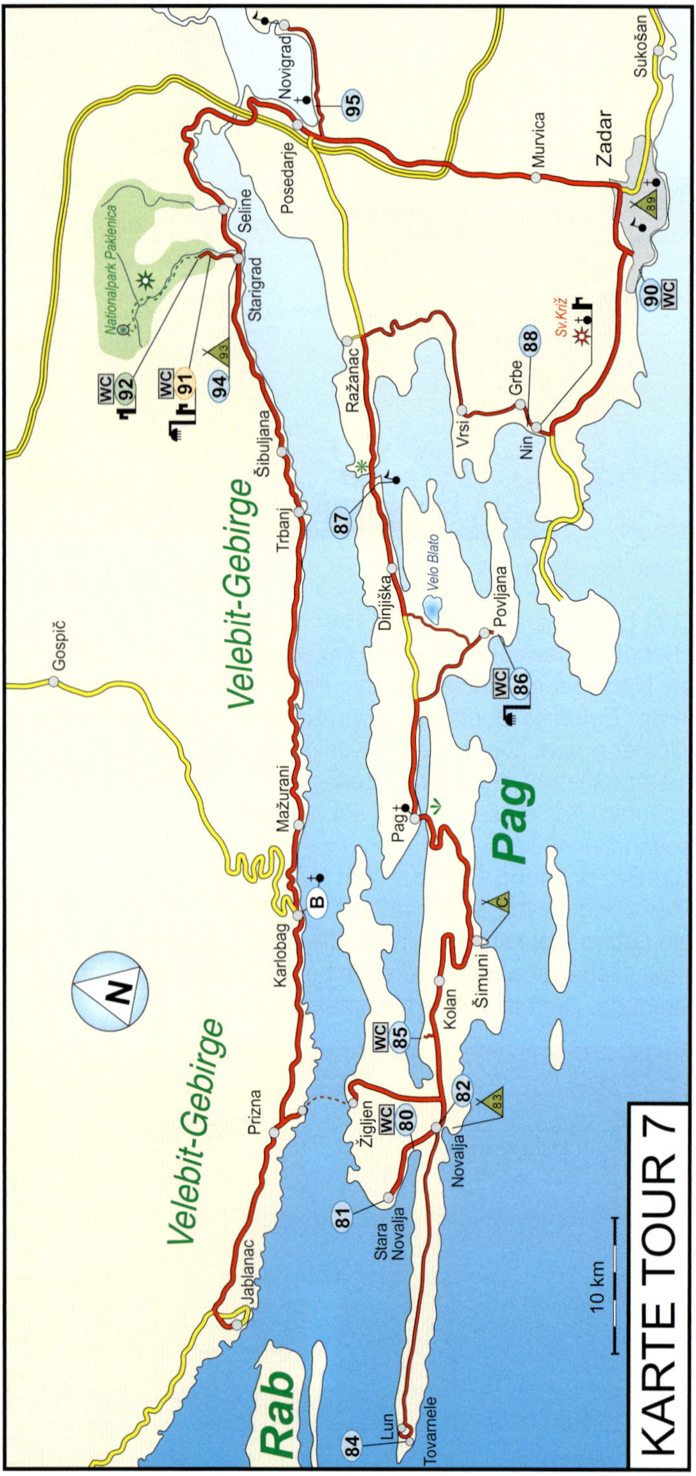

KARTE TOUR 7
Velebit-Gebirge
Velebit-Gebirge
Nationalpark Paklenica
Gospič
Rab
Pag
Zadar
Sukošan
Murvica
Novigrad
Posedarje
Seline
Starigrad
Šibuljana
Trbanj
Ražanac
Vrsi
Grbe
Nin
Sv. Križ
Povljana
Velo Blato
Dinjiška
Pag
Mažurani
Karlobag
Šimuni
Kolan
Prizna
Žigljen
Novalja
Stara Novalja
Jablanac
Lun
Tovarnele
10 km
WC
B
C
80
81
82
83
84
85
86
87
88
89
90
91
92
93
94
95

## Tour 7 (Variante 1: 210 km / 7 Tage; Variante 2: 160 km / 4 Tage)

### Variante 1: Jablanac - Prizna - Žigljen (Insel Pag) - Novalja - Lun - Pag - Povljana - Nin - Zadar

### Variante 2: Jablanac - Karlobag - Starigrad - Paklenica Nationalpark - Novigrad - Zadar

| | |
|---|---|
| **Freies Übernachten:** | Stara Novalja, Tovarnele, Novalja, Sv. Duh, Povljana, Most Fortica-Ruine, Nin bzw. Variante 2: Paklenica Nationalpark, Starigrad, Posedarje. |
| **Campingplätze:** | „Autocamp Straško“ in Novalja, „Borik“ in Zadar bzw. Variante 2: „Paklenica“ und „Alan“ in Starigrad. |
| **Besichtigen:** | Die wilde Natur der Insel Pag, das Städtchen Nin, Altstadt von Zadar bzw. Variante 2: die Kirche von Karlobag und den Paklenica Nationalpark. |
| **Wandern:** | Im Paklenica Nationalpark. |
| **Radfahren:** | Auf der Halbinsel Lun. |
| **Baden:** | An den meisten Anlaufpunkten dieser Tour. |

Die Fähre hat uns bereits in JABLANAC „ausgespuckt“. Wir kurven um das niedliche Hafenbecken herum und schrauben uns den Hang hinauf, um hier rechts auf die **Adria magistrale** einzubiegen. Doch nur für rund 15 km bleiben wir der kurven-

Unterwegs auf der Insel Pag

reichen Strecke treu, dann geht es schon wieder hinab zum Meer. Achten Sie nicht nur auf das mickrige Schild „**Car Ferry**“, sondern orientieren Sie sich in Richtung PRIZNA! Unaufmerksame Leute (so wie wir) fahren sonst nämlich ein paar Extrakilometer bis sie merken, dass sie über das Ziel hinausgeschossen sind! (Sollten Sie allerdings nicht über die **Insel Pag** weiterreisen wollen, sondern der Küstenstraße folgen, dann blättern Sie doch bitte zur Variante 2 gegen Ende dieser Tour weiter).
Nach diesem kleinen Ärgernis scheint Fortuna sich wieder bei uns einschmeicheln zu wollen. Die Fähre in PRIZNA (Fahrpreis 25 Euro) ist bereits ablegebereit! Wir schaffen es gerade noch an Bord, die Klappen gehen hoch, und schon pflügt der „Luxusliner“ durch die brettebene See. Wüssten wir nicht, dass wir dem nackten, kahlen **Eiland Pag** entgegen schippern, so könnte es auch eine Reise zum Mond sein. Wenige Minuten später klettern wir im Fährhafen ŽIGLJEN an Land und sofort den von der Sonne verbrannten Geröllhang hinauf. Ganz so vegetationslos wie die **Insel Pag** aus der Ferne wirkt, ist sie dann doch nicht - zumindest nicht hier. Zwischen den rauhen Felsbrocken wachsen niedrige Stauden und allerlei Kräutlein. Die karstigen Felsrücken durchlaufen eine Unmenge von akkurat aufgeschichteten Steinmauern, die manchmal an geometrische Formen erinnern. Letzte Zweifel, wir könnten doch auf dem Mond gelandet sein, sind jetzt weggewischt - denn die viele Arbeit hätte der Mann im Mond nicht alleine bewältigt!
Bevor wir uns näher umsehen, noch schnell einige Informationen. Die **Insel Pag** misst in der Länge ca. 60 km, die Breite schwankt zwischen 2 km im Nordwesten und 10 km im Südosten. Nur ca. 7500 Seelen wohnen auf dem 285 $km^2$ großen Eiland, und diese leben vom Fischfang, der Viehzucht und natürlich vom Fremdenverkehr.
Noch ehe wir den Badeort NOVALJA besuchen, unternehmen wir einen Abstecher ins 6 km entfernte STARA NOVALJA. Der ehemalige Fähranleger wird nur noch im Ausnahmefall von den Jadrolinija-Schiffen angelaufen. Das geschieht immer dann, wenn die Bora zu wild bläst, denn dieser Hafen liegt geschützter als der jetzige. Gleich zu Beginn der Ortschaft erstreckt sich ein schöner Sandstrand entlang dem Ufer. Es ist sozusagen das **Freibad** von STARA NOVALJA. Neben zwei Umkleidekabinen sind auch zwei Toiletten vorhanden sowie ein Bootsverleih, ein Kiosk und eine Strandbar. Eintritt wird nicht erhoben. Auf der anderen Straßenseite dehnt sich ein sonniger Wiesenparkplatz aus, der auch zum Übernachten taugt. Ein sich in der Nähe befindender Nachtclub ist geschlos-

sen, stellt also keinen Störfaktor mehr dar. Das Gebäude zeigt sich mittlerweile halb verfallen, eine Neueröffnung scheint daher sehr unwahrscheinlich.

**(080) WOMO-Badeplatz: Stara Novalja Strandbad**
**GPS:** N 44° 34' 16.0" E 14° 53' 16.2" **max. WOMOs:** > 5
**Ausstattung/Lage:** Restaurant in der Nähe, Toilette, Kiosk, Mülltonne/Ortsrand.
**Zufahrt:** Direkt vor Stara Novalja rechts.

Fährt man die Stichstraße bis zum Ende ab, gelangt man zum früheren Fähranleger bzw. zur Konoba „Porat“. Der große, geteerte und sonnige Platz bietet sich ebenso zum Übernachten an. Mit ein paar Turnübungen schafft man es auch, über einen felsigen Ministrand ins Wasser zu kommen.

**(081) WOMO-Badeplatz: Stara Novalja Hafen**
**GPS:** N 44° 36' 13.4" E 14° 52' 22.2" **max. WOMOs:** 4-5
**Ausstattung/Lage:** Restaurant, Mülltonne/Ortsrand.
**Zufahrt:** Beim Hafen am Ende der Stichstraße.

Wir wenden uns NOVALJA zu. Kurz nach dem Ortsbeginn drehen sich in zwei Restaurants ein Schwein und ein Lamm am Spieß, und der Duft knusprigen Fleisches steigt uns in die Nase - ein Abendessen hier ist schon beschlossene Sache!
Doch zunächst stellen wir unser Mobil am gebührenpflichtigen Parkplatz im Hafen ab. Die Kosten betragen 1,4 Euro in der Stunde (gilt nur in der Saison), von 02.00-06.00 Uhr wird doch tatsächlich nichts verlangt. Im weiteren Straßenverlauf folgen noch einige weitere Parkplätze, die die gleichen Bedingungen aufweisen.

Schön ist die Liebe im Hafen...

**(082) WOMO-Badeplatz: Novalja Hafen**

**GPS:** N 44° 33' 26.7" E 14° 52' 53.5" **max. WOMOs:** 4-5

**Ausstattung/Lage:** Gaststätten und Geschäfte in der Nähe/im Ort.

**Zufahrt:** Richtung Centar/Hafen fahren, beschildert.

Wir schlendern entlang prächtiger Blumenrabatten, einem munteren Springbrunnen und zahlreicher Verkaufsstände zur Stadtmitte. Etliche Restaurants reihen sich aneinander und zeigen sich allesamt gepflegt und gemütlich. Zwei dunkelgekleidete alte Frauen haben auf einem Tischchen die berühmten **Pager Spitzen** ausgebreitet. Diese kunstvollen Handar-

Kroatische „Spitzenkünste"

beiten sind sehr aufwendig genäht und vermutlich das Ergebnis langer, touristenloser Wintermonate. Die wenigen Gassen im Zentrum sind schnell abgeklappert. Interessant ist das **Ethnographische Museum** gegenüber dem **Rathaus**. Von hier aus gelangt man im Rahmen einer Führung in einen 200 m langen Stollen, der aus der Römerzeit stammt. Er diente seinerzeit als unterirdische Wasserleitung und verläuft zum Hafen (geöffnet täglich von 09.00-12.00 Uhr, Eintritt 1,5 Euro).
NOVALJA bietet einen hübschen Campingplatz, der über einen endlos langen, schmalen Kiesstrand verfügt. Der Platz wurde mit erheblichem Aufwand neugestaltet und die Sanitäranlagen komplett renoviert. Empfehlenswert!

**(083) WOMO-Campingplatz-Tipp: „Autokamp Straško" in Novalja**

**GPS:** N 44° 32' 39.3" E 14° 52' 47.4", Trg Loža **Öffnungszeit:** 10.04.-01.10.

**Ausstattung/Lage:** Geschäft, Restaurant, Freizeitzentrum, FKK-Teil, schattig, zum Zentrum ca. 2 km/außerorts.

**Zufahrt:** Von der Durchgangsstraße meerwärts abbiegen, noch 1,5 km.

Der nördliche Teil der **Insel Pag** wird von der schmalen, langgestreckten **Halbinsel Lun** eingenommen, die landschaftlich sehr reizvoll ist. Je weiter man auf der recht anständigen Straße in sie eindringt, um so grüner wird sie. Quälen sich anfangs nur Gräser und Disteln aus dem Geröll, so gesellt sich bald hartlaubiges Gesträuch, später auch Feigen- und kleinblättrige Olivenbäume dazu. Unermüdliche Hände haben auch hier endlose Steinmauern errichtet, zwischen denen Schafe ihre Freiheit genießen und friedlich weiden. Lässt man den Blick weiter in die Ferne schweifen, so sieht man zur Linken die **Insel Lošinj** und auch andere kleinere Felskuppen im tiefblauen Meer ruhen. Rechter Hand ragt jenseits der schönen Adria das gewaltige **Velebit-Massiv** auf. Wir passieren zwei kleine Tümpel, deren Ränder mit Schilf bestanden sind und erfreuen uns an der immer dichter werdenden Macchia mit ihren farbenfrohen Blüten. Vor den Toren des verschlafenen

Lun, Halbinsel mit herbem Charme

Nestes LUN trotzen uralte Olivenbäume mit dicken, knorzigen Stämmen schon lange Wind und Wetter. Etwas Erhabenes strahlen diese Bäume aus!
Von LUN führt eine Einbahnstraße nach TOVARNELE, dem letzten Ort an der Spitze der Halbinsel. Ein paar Häuschen gruppieren sich um einen winzigen Hafen, in dem eine Handvoll „Nussschalen“ im Wasser schaukeln. Bademöglichkeiten finden sich am felsigen Strand nach dem Hafenrund. Die Anzahl der Stellplätze für Wohnmobile ist (durch Verbotsschilder) begrenzt. Ohnehin sollte man TOVARNELE nur mit kleineren WOMOs und nur in der Nebensaison anlaufen - es geht recht beengt zu. Alternativ lässt sich TOVARNELE auch mit dem Zweirad erkunden.

**(084) WOMO-Badeplatz: Tovarnele**

**GPS:** N 44° 41' 33.9" E 14° 44' 08.8" **max. WOMOs:** 2-3
**Ausstattung/Lage:** Geschäft, Imbiss, Restaurant/im Ort.
**Zufahrt:** Direkt am Hafen und entlang des weiteren Wegverlaufes.

Mit 20% Steigung kehrt die Einbahnstraße in einem Bogen nach LUN zurück. Das Steilstück braucht aber niemanden zu schrecken, es ist nur sehr kurz. Die Entfernung von NOVALJA nach TOVARNELE beträgt (einfach) ca. 20 km.

Gerne wird diese Strecke auch von Fahrradfahrern genutzt. Die Steigungen sind nicht allzu gemein, und wem das ganze Stück zuviel erscheint, der kann sich ja auf eine kürzere Etappe beschränken.

Wir sind nun neugierig auf den Süden der Insel. Über NOVALJA geht es zurück. Wir entdecken am Ortsende einen großen Parkplatz, der kurz vor der Fertigstellung steht. Ca. 2 km nach dem Ort zweigt links ein Sträßchen zum Meer ab (**Uvala Zrće**). Nachdem knapp 2 Euro gelöhnt sind, darf man auf dem riesigen Parkareal sein Fahrzeug abstellen, am ebenen riesigen Sandstrand Badefreuden nachgehen oder in einem großen Restaurant speisen. Noch vor einigen Jahren galt dieses seinerzeit naturbelassene Gelände als Geheimtipp für lauschige Übernachtungen, jetzt wird dieses Ansinnen höflich, aber bestimmt abgeschlagen.

Unser neues Kursziel ist jetzt PAG-Stadt. Auf dem Weg dahin empfiehlt sich noch ein Abstecher nach SV. DUH (prima Alternative zu gerade genannten Platz). Hier findet man einen weitläufigen, naturbelassenen Strand mit reichlich Stellmöglichkeiten. Am östlichen Ende haben sich einige Wohnwagen fest etabliert. Es gibt sogar ein Toilettenhäuschen, das aber während unserer Visite durch einen Zaun unzugänglich war.

**(085) WOMO-Badeplatz: Sv. Duh**

**GPS:** N 44° 30' 56.6" E 14° 57' 15.8" **max. WOMOs:** > 5
**Ausstattung/Lage:** u.U. Toilette/außerorts.
**Zufahrt:** Ca. 8 km nach Novalja (noch vor Kolan) links nach Sv. Duh abbiegen, dann noch ca. 800 m bis zum Meer fahren.

Der Weiler KOLAN, einziges Dörfchen der Insel, welches nicht am Meer liegt, breitet sich vor uns in einer Senke aus. Der Hang dahinter ist von unzähligen Steinmäuerchen durchlaufen, die wie mit dem Lineal gezogen scheinen. Schafe tummeln sich im Geröll und lassen sich die vom Salzwind verkrusteten Kräutlein schmecken, was dem aus ihrer Milch gewonnenen Käse eine besonders würzige Note verleiht. Auf einigen fruchtbareren Feldern gedeihen Rebstöcke, deren Trauben die Einheimischen selbst keltern. Einige Kurven weiter öffnet sich der Blick auf das malerisch am Meer gelegene Dörfchen ŠIMUNI mit seiner stattlichen **Marina** und einem hübsch gelegenen **Campingplatz**. Schließlich nähern wir uns PAG. Von einem Parkplatz am Berghang genießt man eine wunderbare Aussicht über die Inselmetropole, die kahlen Höhenzüge im Hintergrund und die weitläufigen **Salinen**, die an das Städtchen angrenzen. Diese Salzgewinnungsanlagen sind die bedeutendsten von ganz Kroatien.

Der Wettergott ist uns nicht gewogen. Feiner Sprühregen setzt ein und ärgert uns bei der Stadtbesichtigung. Der dalmatinische **Baumeister Juraj Dalmatinac** plante einst den Ort im Schachbrettmuster - alle Gässchen im Zentrum verlaufen parallel - was ihm letztendlich auch ein schönes **Denkmal** am Marktplatz einbrachte. Hier erhebt sich auch die prachtvolle **Basilika** mit ihrer hübsch verzierten Fassade. An vielen Hauseingängen liegen die kunstvoll gefertigten Deckchen - die **Pager Spitzen** - zum Verkauf aus. Wieder sind es dunkel gekleidete alte Frauen, die aus fast zahnlosen Mündern ihre Waren anpreisen. Der Regen wird heftiger. Wir flüchten in unser WOMO und touren weiter südwärts - entlang der nicht enden wollenden Salinenbecken. Nach einigen Kilometern biegen wir rechts ab nach POVLJANA. Begleitete uns gerade noch meterhohes Schilf neben der Straße, so wird es jetzt karstiger und öder. Der Wind braust über das Land und stemmt sich gegen die dunklen Wolken an. In POVLJANA schaut die Welt schon wieder etwas freundlicher aus. Die kleine Gemeinde bietet keine Sensationen, wohl aber geschäftstüchtige Einwohner. Auf Tischchen oder einfach nur auf der Gartenmauer aus-

„Privatshop“ in Povljana

gebreitet, wird alles feil geboten, was ein paar Kuna einbringen könnte. Obst, Gemüse, Limonadenflaschen, Coladosen - es ist so anrührend, da kann man kaum widerstehen!
Nahe der **Kapelle Sv. Nicola** gibt es einen hübschen Wiesenplatz mit einem langen schmalen Sandstrand.

Povljana: Kleinod nahe dem Badestrand

**(086) WOMO-Badeplatz: Povljana**

**GPS:** N 44° 20' 34.1" E 15° 06' 25.2" **max. WOMOs:** 3-4

**Ausstattung/Lage:** Toilette, Dusche, Kiosk/Ortsrand.

**Zufahrt:** Im Ort bis zur Kirche mit dem freistehenden Glockenturm fahren, hier den Hinweisen Perilo bzw. Sv. Nicola folgen (noch ca. 700 m).

Mit einem Salatkopf und einer Gurke mehr im Gepäck (aus dem „Privatshop") peilen wir jetzt DINJIŠKA an. Ein schmaler, kaum befahrener Teerweg verirrt sich hinaus in eine spröde Steinwüste, die nur von scheuen Schafen bewohnt ist. Der herbe Charme des Landstrichs zieht uns in seinen Bann. Bald erreichen wir den **Süßwassersee Velo Blato**, der je nach Jahreszeit zwischen ein und fünf Kilometer Länge erreicht. Ein Dutzend Lämmer, begleitet von den Muttertieren, kreuzt das Sträßchen. Die Jungen gebärden sich wie wild, wir bleiben vorsichtshalber erstmal stehen und gewähren Vorfahrt. „Sansoschäfchen" sind das allerdings keine, sie wirken genauso zerzaust wie die Landschaft...
Eigentlich viel zu schnell erreichen wir wieder die Hauptstraße und gleich danach DINJIŠKA, das über eine schöne Promenade verfügt. Das Südende der Insel gestaltet sich sehr eindrucksvoll. Zwischen den nackten, hellen Felskuppen schneidet sich ein tiefblauer Fjord tief ins Gestein. Nur wenige Disteln, etwas niedriger Thymian sowie blaublühender Salbei überleben hier, und einige widerstandsfähige Sträuchlein duk-

ken sich unter dem Wind und der gleißenden Sonne. Die **Brükke Paški most** schlägt mit rund 340 m Länge die Verbindung zum Festland (Gebühren werden keine erhoben). Ca. 200 m vor der Brücke zweigt rechts ein Sträßchen zur **Ruine Most Fortica** ab. Eine Beschilderung fehlt gänzlich. Doch auch wenn man schon glorreich an diesem Abzweig vorbeigedüst ist, sollte man unbedingt wenden und den kleinen Abstecher unternehmen. Die trutzige Burgruine thront erhaben auf dem Kamm eines fahlweißen Felsrückens und hat wohl schon viele Jahrhunderte gesehen. Die edlen Ritter sind längst den heutigen Bewohnern - einigen Schafen - gewichen. Direkt an diesem alten Gemäuer befindet sich ein ebener, geteerter Parkplatz. Eine Etage tiefer gibt es einen weiteren. Entweder über eine Leiter oder über kantige Felsen kann man in die Fluten steigen und ein erfrischendes Bad nehmen. Tagsüber verirren sich einige Touristen oder Angler an dieses Plätzchen, abends wird es sehr ruhig.

Burgruine Most Fortica

**(087) WOMO-Badeplatz: Most Fortica**

**GPS:** N 44° 19' 23.4" E 15° 15' 18.1" **max. WOMOs:** > 5
**Ausstattung/Lage:** ringsum tolle Gegend/außerorts.
**Zufahrt:** 200 m vor der Paški-Brücke rechts abbiegen, noch 700 m.

Nach ungestörter Nachtruhe verlassen wir die **Insel Pag** und genießen noch einmal von der Brücke aus eine andere Perspektive auf die graue Steinruine. Die meisten Vorbeireisenden scheinen sich mit diesem Blick zu begnügen. Nach der Inselrundfahrt stehen nun ca. 135 km mehr auf dem Tachometer. Der erste Anlaufpunkt auf dem Festland ist das etwas abseits gelegene beschauliche Städtchen NIN, das wir nach

Blick von der Brücke Paški most

gut 30 km erreichen. Gleich am Ortsanfang gibt es einen netten Stellplatz bei einem Kanal, in dem etliche Boote dümpeln. Auf der anderen Seite erwartet uns das Meer mit einem recht ansehnlichen Sandstrand.

**(088) WOMO-Badeplatz: Nin**

**GPS:** N 44° 14' 48.0" E 15° 11' 49.1" **max. WOMOs:** 3-4
**Ausstattung/Lage:** Mülleimer/Ortsrand.
**Zufahrt:** Vom Ortsende Grbe weiter in Richtung Nin fahren, nach ca. 900 m vor einem Kanal rechts abbiegen, dann noch 400 m.

Gegenüber dem Platz besteht auch die Möglichkeit bei Privatleuten unterzukommen - für zwei oder drei WOMOs reicht der kleine Wiesenfleck.
Wir rollen hinein in den Ort und nehmen den relativ großen, gebührenpflichtigen Parkplatz nahe der **Salinen** in Anspruch. Das geschichtsträchtige Städtchen wird als Wiege des kroatischen Staates und seiner Kultur betrachtet. Der Ursprung reicht zurück auf das Jahr 621, als der südslawische Stamm der Kroaten Istrien und Dalmatien besiedelte. 846 gründete Fürst Trpimir die erste kroatische Herrscherdynastie, deren Residenz NIN war. Sein Nachfolger - Fürst Branimir - erklärte seine Treue zur Römischen Kirche. Im Gegenzug erkannte Papst Johannes VII den kroatischen Staat an.
Nahe des winzigen Zentrums erhebt sich inmitten eines Ausgrabungsfeldes die **kleinste Kathedrale der Welt** - **Sv. Križ** (günstig gelegener Wasserhahn an der Grünanlage bei der Kirche). Gegenüber diesem Superlativ erinnert eine **Statue** an den mutigen **Bischof Grgur Ninski**, der in der kroatischen Kirche statt Latein das den Bürgern verständliche Glagoliza

Sv. Križ, die kleinste Kathedrale der Welt

durchsetzte. In der Hauptzeile steht die mehrfach umgebaute **Kirche Sv. Anzelmo** mit einem romanischen **Glockenturm** und einer sehenswerten **Schatzkammer**. Schlendert man die gepflasterte Gasse hinunter, so gelangt man durch das **Untere Tor** zu einer Hafenbucht.

Wir verlassen NIN in Richtung ZADAR. Nach dem Ort entdekken wir rechts in einer Wiese das **Wehrkirchlein Sv. Nikola** aus dem 11. Jahrhundert. Das auf einer Anhöhe über das Land wachende Gotteshaus gleicht eher einem Wehrturm als einer Kirche. Knapp 20 Kilometer weiter begrüßt uns die bedeutende Hafenstadt ZADAR. Die 80.000 Einwohner finden natürlich schon lange nicht mehr ihren Lebensraum in der Altstadt, die auf einer Landzunge liegt und daher nur begrenzte Flächen hat. Das Häusermeer zieht sich kilometerlang der Küste entlang, und zentrumsnahe Parkplätze sind Mangelware. Am Ortsrand bietet ZADAR einen recht hübschen, im lichten Wald gelegenen Campingplatz, der leicht zum Meer hin abfällt. Leider erweist sich der Pflegezustand als schlecht, die Sanitäranlagen sind veraltet - dafür ist der Preis unangemessen hoch. Einen weiteren Campingplatz sucht man in ZADAR vergebens.

**(089) WOMO-Campingplatz-Tipp: „Borik" in Zadar**

**GPS:** N 44°08'04.7"E15°12'58.0", Majstora Radovana **Öffnungszeit:** 15.05.-30.09.
**Ausstattung/Lage:** großes Geschäft, Restaurant (nur Hochsaison), zum Zentrum 5 km, vorwiegend Schatten/im Ort.
**Zufahrt:** Vor Zadar rechts in Richtung Puntamika/Borik (Ortsteil von Zadar) abbiegen, beschildert.

Im Umfeld des Platzes gibt es einige ansprechende Restaurants. Wählt man eins in Meernähe, so kann man beim Speisen wunderschöne Sonnenuntergänge genießen.

Eine gute Alternative zum Camping Borik stellt der große Parkplatz (gebührenpflichtig in der Saison) beim **Yachthafen/Segelclub** dar.

**(090) WOMO-Badeplatz: Zadar Uskok**
**GPS:** N 44° 07' 42.6" E 15° 12' 50.7" **max. WOMOs:** > 5
**Ausstattung/Lage:** Toilette, Gaststätte, Spielplatz, Mülltonnen/im Ort.
**Zufahrt:** Am Campingplatz Borik vorbei fahren und dem Straßenverlauf 1 km folgen, dann rechts einbiegen.

Direkt am Eingang des Campingplatzes sowie nahe dem Hafenparkplatz befinden sich **Bushaltestellen**. Die **Linien Nr. 5**

Kulturschätze in Zadar

und **8** bedienen alle zwanzig Minuten die Route in die Innenstadt. Die Haltestelle dort befindet sich nahe der breiten Fußgängerbrücke, die über einen Meeresarm zur Altstadt führt. Für die Rückfahrt greifen Sie auf die Busstation der gegenüber liegenden Straßenseite zurück.

Über besagte Brücke überqueren wir die Bucht und bewundern die vielen kleinen und großen Pötte, die hier vor Anker liegen. Durch ein steinernes Tor schreiten wir in die Innenstadt. In gerader Linie gelangen wir zum **Platz der Nation** (Narodni trg), wo sich die **Stadtwache**, die **Loggia** (dient als Ausstellungshalle) und das prachtvoll verzierte **Rathaus** befinden. Wir schlendern von diesem Platz rechts eine Gasse hinauf, entsagen (erstmal) einem Cappuccino und gelangen zu einem Ensemble von Sehenswürdigkeiten. Wir staunen über die zweigeschossige **Rundkirche Sv. Donat** mit dem **antiken Forum**. Die Kirche ist verbunden mit dem romanischen **Dom Sv. Stošija**, in dessen Apsis sich der **Sarkophag** der **Heiligen Anastasia** befindet (geöffnet täglich 08.00-12.00 Uhr und 18.00-20.00 Uhr). Nebenan lassen sich im **Archäologischen Museum** eine Vielfalt wertvoller Exponate bewundern, geöffnet täglich von 09.00-14.00 Uhr und von 17.00-21.00 Uhr (Eintritt ca. 2 Euro).

Ein paar Schritte weiter in nördlicher Richtung treffen wir auf die dreischiffige **Kirche Sv. Krševan**, deren Inneres alte Säulen mit korinthischen Kapitellen unterteilen. Jetzt stapfen wir in südöstlicher Richtung zum „Bunten Markt", an dem unzählige, fest installierte Holzstände reichlich Platz für Obst und Gemüse bieten. Am Nachmittag sind allerdings die meisten Stände schon verwaist - das Gleiche gilt auch für den Fisch-

Der 5-Brunnen-Platz in Zadar

markt. Der weitere Spaziergang führt uns vorbei an der **Sv. Šimun Kirche**, in der die Gebeine des Heiligen Simeon ruhen, und schließlich über den **5-Brunnen-Platz** in die schönen schattigen Parkanlagen. Von da aus kann man einen Blick auf das reich verzierte **Landtor** erhaschen. Hier beenden wir unsere kleine Exkursion und bummeln langsam zurück. Jetzt ist auch der Cappuccino fällig - einladende Cafés dafür gibt es wahrlich genug!

Für unseren Rundgang haben wir uns zuvor mit einem Stadtplan bewaffnet (Campingplatz oder eine der zahlreichen Touristeninfos). Das Altstadt-Areal ist zwar nicht allzu riesig, doch mit System klappt es einfach besser!

ZADAR vorgelagert sind die norddalmatinischen **Inseln Ugljan** und **Pašman**, die untereinander durch eine Brücke verbunden sind. Sie sind (in einer knappen halben Stunde) mit der Fähre erreichbar, ebenso wie die noch weiter im Meer draußen liegende **Insel Dugi Otok** (Lange Insel). Letzteres Eiland wird eher selten angelaufen, die Überfahrt dauert etwa 1,5 Stunden. Südlich von **Dugi Otok** schließt das **Inselarchipel** der **Kornaten** an, welches als **Nationalpark** ausgewiesen ist. Zwischen den großen Inseln ist eine Vielzahl von kleineren und winzigen Inseln eingestreut. Eine Erkundung mit dem Wohnmobil erscheint uns zu aufwendig. Wer einen Motorroller mit sich führt, kann mit diesem vielleicht den einen oder anderen Ausflug unternehmen. Es gibt aber noch eine Alternative! Fast täglich verkehren **Ausflugsboote** vom Hafen in ZADAR hinaus in die weite Inselwelt.

<u>Besonders beliebt ist folgende Variation:</u> Ca. um 08.30 Uhr verlässt man an Bord eines solchen Schiffes ZADAR und schippert durch die blaue Adria. Nach eventuellen Zwischenaufenthalten erreicht man den **Nationalpark** der **Kornaten**. Dieses Archipel mit seinen zahlreichen kahlen Inselkuppen übt einen besonderen Reiz aus und ist ein Dorado für Taucher - die Unterwasserwelt ist faszinierend! Das vorgeplante Programm sieht genug Zeit vor, um zu baden, spazieren zu gehen oder eben zu tauchen. Die Rückkehr erfolgt am gleichen Tag etwa um 18.00 Uhr. Im Preis von ca. 30-35 Euro ist die Verpflegung inbegriffen, ebenso wie der Eintritt in den Nationalpark. Erkundigen Sie sich vor Ort! Die Preise und Modalitäten schwanken, ein Vergleich hilft, für sich das Richtige zu finden und eventuell auch ein paar Euro zu sparen.

## Tour 7: Variante 2

Falls nicht gerade ein hochsommerlicher Stau den Verkehrsfluss hindert, so ist die Küstenstraße der schnellere Weg, um nach ZADAR zu gelangen. Zwar gibt es reichlich Kurven, doch im Allgemeinen zeigt sich die **Magistrale** in einem anständigen Zustand, man kann also nicht klagen. Wir durchfahren etliche Nester, die kaum mit Sensationen aufwarten können, aber landschaftlich herrlich liegen. Geradezu spektakulär aber sind die Ausblicke auf die **Insel Pag**, deren nackte helle Felsen - scheinbar jeder Vegetation beraubt - aus dem stahlblauen Meer herauswachsen. Erste bedeutendere Ortschaft ist KARLOBAG. Früher liefen von hier die Fähren nach **Pag** aus und sorgten oft für chaotische Verhältnisse. Seit die Linie eingestellt ist, verläuft das Leben ruhiger. Am Ende des Ortes beschreibt die Straße einen ausgeprägten Linksbogen, und auf der Meerseite befindet sich ein relativ großer Parkplatz, der zu einem Zwischenstopp einlädt. Der angrenzende Badestrand mit betonierten Liegeflächen und seinem glasklaren Wasser zwingt fast dazu. Gegenüber auf der Bergseite erhebt sich ein markant und eigenwillig gestaltetes **Kirchlein**.

Interessantes Gotteshaus in Karlobag

Weiter geht es auf der **Magistrale,** und man kann sich an der faszinierenden Landschaft kaum sattsehen. Nach rund 90 km (von JABLANAC gerechnet) heißen uns die ersten Werbetafeln von STARIGRAD willkommen. Dieses langgestreckte Städtchen ist der Ausgangspunkt für einen Ausflug in den **Paklenica-Nationalpark**, der bereits 1949 zum Naturschutzgebiet erklärt wurde.

Wir folgen den Hinweisen, die uns nach links schicken - direkt in die karstigen Felswände des **Velebit** hinein. Zunächst sehen wir aber noch die Hinweistafeln der **Privatcamps**, mit denen sie Urlauber in ihre Gärten locken wollen. Empfehlenswert ist das Anića Kuk.

**(091) WOMO-Stellplatz: Anića Kuk**

**GPS:** N 44° 17' 22.8" E 15° 27' 14.2" **max. WOMOs:** 3-4

**Ausstattung/Lage:** Wasser, Toilette, Dusche, Mülltonne/im Ort.

**Zufahrt:** Von der Hauptstraße zum Paklenica-Park abbiegen, nach 400 m links.

Ca. 800 m nach der Abzweigung plätschert links - direkt an der Straße - ein Wasserhahn. Es geht um ein paar enge Hausecken herum, und schon stehen wir am Eingang des Parks. Entweder auf der Teerfläche zwischen Bäumen oder seitlich auf einer Wiese mit Gebüsch lässt es sich recht gut stehen (in der Hauptsaison u.U. Platzverweis durch Parkwächter).

**(092) WOMO-Wanderparkplatz: Paklenica**
**GPS:** N 44° 17' 36.3" E 15° 27' 26.8" **max. WOMOs:** 4-5
**Ausstattung/Lage:** WC/ Mülltonne beim Infohäuschen, Wasser nahebei/außerorts.
**Zufahrt:** Von Starigrad links zum Paklenica-Park abbiegen, noch gut 1 km.

Wilde Schlucht im Paklenica-Park

Nachdem man pro Nase etwas mehr als 6 Euro gelöhnt hat (Kinder 3 Euro, bis 7 Jahre frei), darf man ca. 2 km weiterfahren und dort sein Fahrzeug auf einem Parkplatz deponieren. Das Übernachten innerhalb des Parkes ist ausdrücklich aus verständlichen Gründen untersagt. Jetzt geht es nurmehr zu Fuß weiter und bitte, nur mit festem Schuhwerk! Vor uns öffnet sich die **Velika Paklenica** - eine wilde tiefe Schlucht mit steil aufragenden weißgrauen Felsen. Die imposanten Wände sind eine Herausforderung für Freeclimber, die hier an ihre Grenzen gehen können, doch auch dem „herkömmlichen Wandervogel“ steht ein weites Betätigungsfeld offen. Der Weg verläuft ein kurzes Stück eben, danach steigt er ordentlich an und verläuft über grobe Steine. Stets ist er aber befestigt. Ein Bächlein begleitet den Pfad. Das Wasser plätschert munter um große Findlinge herum, springt über felsige Stufen und sammelt sich bisweilen in kleinen Becken und Gumpen. Diese eignen sich vorzüglich zur Abkühlung geschundener Füße, manche auch für ein erfrischendes Bad - Badesachen bei warmen Temperaturen mitzunehmen, lohnt sich! Der steilere Anstieg endet nach etwa 45 Minuten, und danach geht es gemütlich auf ebenem Weg weiter (zuvor Trinkwasserstelle), wobei Hainbuchen angenehm Schatten spenden. Mit etwas Glück erspäht man einen Steinadler, der seine Kreise zieht, oder entdeckt sogar ein Exemplar der sehr selten gewordenen Gän-

segeier. In den abgelegeneren Regionen leben auch noch Braunbären, Wölfe und Wildkatzen.
Übrigens war dieser Canyon, den das Wasser in jahrtausendlanger Arbeit in den Gebirgsstock gefressen hat, in den 60er Jahren einer der Schauplätze für die Winnetou-Verfilmung von Karl May. Heute erinnert allerdings nichts mehr an Old Surehand, Sam Hawkins und Konsorten, und hinter den Felsen lauern keine Rothäute mehr.

**WOMO-Wandertipp: Paklenica National Park**

**Gehzeit:** 3,5 Std. **Schwierigkeit:** leicht/mittel **Höhenunterschied:** 550 m
**Strecke:** Ein Stück Tour ist bereits im Text zuvor beschrieben. Knapp 2 Stunden benötigt man insgesamt, um vom Parkplatz bis zu einer Berghütte zu gelangen, gut 1,5 Stunden zurück (die Hütte ist nicht bewirtschaftet - Getränke und Brotzeiten gibt es zuvor im Forsthaus).

Von dieser Hütte aus sind weitere, teilweise auch sehr anspruchsvolle Wanderungen zu unternehmen, u.a. auch die Besteigung des **Vaganski vrh** - mit 1758 m die höchste Erhebung des Parks. Genauere Information und eine Wanderkarte (6 Euro) erhalten Sie in der Direktion des Nationalparks, die Sie in STARIGRAD an der Hauptstraße finden.
Im Rahmen einer Führung und nur zu bestimmten Zeiten kann auch eine **Tropfsteinhöhle** (Manita Peć) besichtigt werden.
Die zweite, kleinere Schlucht - **Mala Paklenica** genannt - erreicht man von SELINE aus. Vor einigen Jahren noch war sie schlecht begehbar, auch brauchbare Wegmarkierungen fehlten. Das hat sich inzwischen geändert; erstaunlicherweise ohne riesige Touristenströme nach sich zu ziehen. Auf unsere Frage, ob denn in dieser Schlucht auch eine Gebühr zu entrichten ist, antwortete man uns in der Direktion folgendes: „Ein Kassenhäuschen mit entsprechendem Aufseher gibt es da nicht, aber man möge doch bitte vorher vorbeikommen und den allgemeinen Parkeintritt bezahlen“ - ob diese Rechnung wohl aufgeht?
STARIGRAD bietet gute Übernachtungsgelegenheiten. Nahe der Hauptstraße und direkt am Meer liegen zwei ordentliche Campingplätze mit gutem Baumbestand und Kiesstrand.

**(093) WOMO-Campingplatz-Tipp: „Paklenica“ und „Alan“ in Starigrad**

**GPS:** N 44°17'11.1"E15°26'46.2", Franje Tudmana **Öffnungszeit:** 01.05.-15.09.
**Ausstattung/Lage:** Geschäfte, Restaurants, Zentrum 300 m, viel Schatten/im Ort.
**Zufahrt:** Von der Küstenstraße im Ort beim Hotel Alan rechts abbiegen.

Einen schönen, teilweise schattigen Wiesenplatz mit Strandzugang und einer alten **Turmruine** als Dekoration haben wir auch noch im Angebot (leider Höhenbalken in Hauptsaison).

**(094) WOMO-Badeplatz: Starigrad**

**GPS:** N 44° 17' 02.1" E 15° 26' 59.3"
**max. WOMOs:** > 5
**Ausstattung/Lage:** Geschäfte und Restaurants in der Nähe/Ortsrand.
**Zufahrt:** Vom Ortsschild am Ortsanfang noch 3,1 km, dann rechts einbiegen und weitere 100 m (nach dem Hotel Alan).

Auf kurvenreicher und etwas welliger Straße umfahren wir in einem weiten Bogen den **Velebitski-Kanal** und überqueren eine wuchtige Brücke. Zur Linken breitet sich nun das **Novigradsko-Meer** aus.
Wir passieren die Ortschaft POSEDARJE und biegen nach dieser links ab in Richtung NOVIGRAD. Kurz darauf entdekken wir einen geschotterten, sonnigen Parkplatz an einer sehr seichten Bucht. Auf einer mit Gras bewachsenen Halbinsel steht eine kleine **Kapelle**. Neuerdings führt ein Damm durch den Schlick, so kann man das Gotteshaus näher und trockenen Fußes in Augenschein nehmen. Der Platz liegt zwar unmittelbar an der Straße, die aber während unseres Aufenthaltes kaum befahren war.

**(095) WOMO-Badeplatz: Posedarje**

**GPS:** N 44° 12' 19.9" E 15° 28' 14.1" **max. WOMOs:** > 5
**Ausstattung/Lage:** Strandbar, Restaurant (an der Abzweigung) 1,2 km, schöner Blick auf Kapelle/außerorts.
**Zufahrt:** Am Ende von Posedarje nach Novigrad abbiegen noch 1,2 km, dann links.

10 km sind es noch nach NOVIGRAD, und die Etappe um das **Novigradsko-Meer** herum stellt sich als landschaftlich sehr reizvoll heraus. Die Ausblicke sind herrlich. Naturbelassene Wiesenflächen wechseln ab mit schattigen Kiefernwäldchen. Es führen auch einige Wege in diese Idylle, die leider kaum (zumindest mit größeren Mobilen) befahrbar sind. Sollten Sie es doch wagen, sondieren Sie unbedingt zu Fuß die Lage, um unliebsame Überraschungen zu vermeiden!
Schließlich senkt sich das Sträßchen ab und bringt uns in das an einem Meerarm schlafende Städtchen NOVIGRAD, über das eine **Burgruine** wacht. Im Hafen dümpeln einige Boote, alte Leute sitzen vor den Häusern und genießen ein Gläschen Wein, ein paar Fischer flicken ihre Netze - das Leben scheint hier sehr beschaulich zu verlaufen! An Zeit mangelt es hier wohl niemandem.

Das verschlafene Städtchen Novigrad

Am Ende der Ortschaft lädt ein kiesiger Badestrand zur Erfrischung ein, den sich nur wenige Nixen teilen. Danach folgt ein verwaister Campingplatz.
Auf der Rückfahrt sehen wir in der zerklüfteten Felsküste Höhlen und kleinere Strände, die uns zuvor verborgen geblieben sind. Vermutlich gestaltet sich die Unterwasserwelt recht interessant, denn einige Schnorchler ziehen in dem kristallklaren ihre Bahnen.
Nachdem wir unseren Abstecher absolviert haben, wenden wir uns wieder der **Adria magistrale** zu und düsen schließlich weiter nach ZADAR.

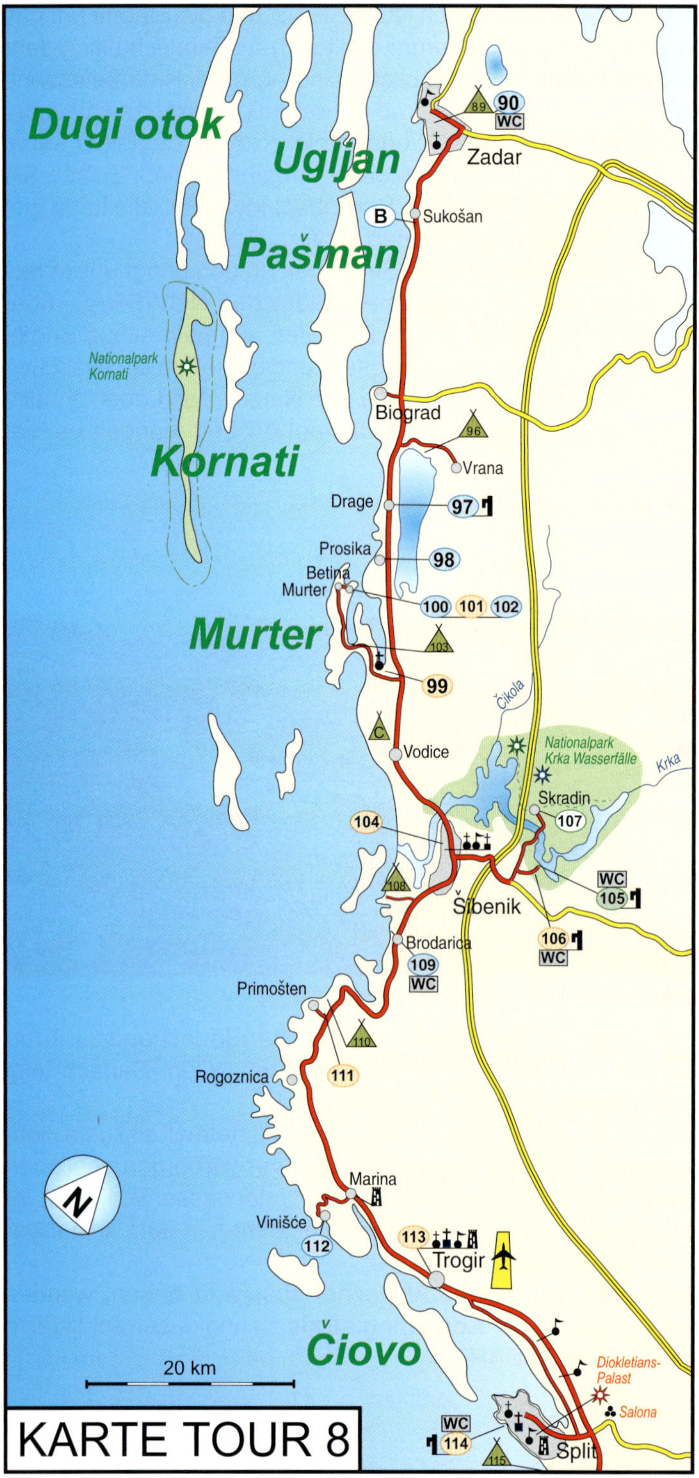
Dugi otok
Ugljan
Pašman
Kornati
Nationalpark Kornati
Murter
Čiovo
Zadar
Sukošan
B
Biograd
Vrana
Drage
Prosika
Betina
Murter
Vodice
Čikola
Nationalpark Krka Wasserfälle
Krka
Skradin
Šibenik
Brodarica
Primošten
Rogoznica
Marina
Vinišće
Trogir
Diokletians-Palast
Salona
Split
89
90
WC
96
97
98
100
101
102
103
99
C
104
107
108
105
106
109
110
111
112
113
114
115
20 km

KARTE TOUR 8

## Tour 8 (250 km / 8 - 9 Tage)

### Zadar - Biograd - Murter - Vodice - Šibenik - Krka-Nationalpark - Primošten - Marina - Trogir - Split

| | |
|---|---|
| **Freies Übernachten:** | Drage, Prosika, Insel Murter, Šibenik, bei den Krka-Wasserfällen, Brodarica, Primošten, Vinišće, Trogir, Split. |
| **Campingplätze:** | „Crkvine“ am Vraner See, „Solaris“ südlich von Šibenik, „Adriatic“ nördlich von Primošten. |
| **Besichtigen:** | Die Insel Murter, den jeweiligen Stadtkern von Šibenik, Trogir und Split, den Krka-Nationalpark. |
| **Wandern:** | Im Gebiet um die Krka-Wasserfälle. |
| **Baden:** | An vielen Stellen entlang der Küste und bedingt im Krka-Nationalpark. |

Mit Hilfe der Hinweisschilder „SPLIT/ŠIBENIK“ entkommen wir wider Erwarten recht zügig dem Verkehrsgewirr ZADARS und gleiten schon bald auf der Küstenstraße südwärts. Wir passieren SUKOŠAN mit seinem großen **Jachthafen** und bewundern die vielen blühenden Oleander entlang unserer Route. An so manchem Privathaus hängt ein Schild mit der Aufschrift „**Autocamp**“. Fährt man ein solches an, so darf man mit dem WOMO auf dem Hof oder der eigenen Wiese übernachten. Ausstattung ist keine großartige zu erwarten, dafür gibt es manchmal Familienanschluss.
Südlich von SUKOŠAN bietet sich der schöne schmale Waldstreifen zwischen der **Magistrale** und dem Meer zum Rasten

Im Hafen von Biograd

und Baden an. Tiefhängende Äste bzw. engstehende Bäume erlauben allerdings nicht überall die Zufahrt. Auch scheint sich leider niemand für die Müllentsorgung zuständig zu fühlen.
35 km nach ZADAR machen wir einen Zwischenstopp in BIOGRAD. Der hübsche Ferienort bietet einige schmale Altstadtgassen und eine reich mit Blumen geschmückte Promenade mit Cafés und Restaurants. Bei einem kühlen Drink kann man von hier den Blick über den Hafen und die gegenüberliegende **Insel Pašman** schweifen lassen.
Verspürt man trotz eitel Sonnenschein kulturelle Ambitionen, so sei der Besuch des **Museums** empfohlen. Neben Funden aus römischer Zeit, verschiedenen Schiffsmodellen und Bildern lässt sich auch ein Schiffswrack bestaunen (geöffnet von 09.00-12.00 Uhr und von 19.00-21.00 Uhr, Eintritt 2 Euro.)

Der Vraner See, ein Anglerparadies

Nur ein paar Kilometer sind es bis zum **Vransko jezero**. Der riesige **Binnensee** misst 13,5 km in der Länge und bis zu 2,5 km in der Breite. Das Ufer ist weitgehend verschilft und stellt so ein kleines Paradies für zahlreiche (Wasser) - Vogelarten dar. Berühmtheit erlangte das Gewässer durch seinen Fischreichtum. In den milchiggrünen Fluten tummeln sich Meeräschen, Aale, Welse und dicke Karpfen. Biegt man von der **Adria magistrale** zum See hin ab (Richtung VRANA), so erreicht man schnell einen gepflegten Campingplatz.

**(096) WOMO-Campingplatz-Tipp: „Crkvine“ bei Vrana**

**GPS:** N 43° 55' 49.1" E 15° 30' 34.1" **Öffnungszeit:** 15.05.-15.10.

**Ausstattung/Lage:** Geschäft, Restaurant, Schatten, Seelage, zum Zentrum von Pakoštane (an der Küstenstraße) ca. 5 km/außerorts.

**Zufahrt:** Von der Küstenstraße nach Vrana abzweigen, beschildert.

Ganz klar, dass dieser Platz von hoffnungsvollen Petrijüngern angelaufen wird, die - nach dem Erwerb eines Angelscheines - ihr Glück versuchen. Den potentiell kapitalen Fang kann man sich im Camping-Restaurant zubereiten lassen. Weniger erfolgreiche Angler greifen auf das Repertoire der Speisekarte zurück. Der anschließende nordwestliche Teil des Sees ist praktisch eine einzige Sumpffläche und als das **Vogelschutzgebiet „Prirode“** ausgewiesen.

Wieder rollen wir ein Stückchen auf der Küstenstraße weiter, aber bald verleitet uns der kleine Ort DRAGE zu einem Abstecher. Ein kleines Sträßchen schlängelt sich zum idyllischen Hafen hinunter. Gleich am Beginn gibt es eine Kaltwasserdusche mit einem Wasserhahn. Kurz danach entdecken wir linker Hand einen Privatcampingplatz. Am Ende des Hafenrunds empfängt uns ein nettes, teilweise schattiges Plätzchen mit bester Aussicht und einem Felsstrand mit glasklarem Wasser. Wer einen Sandstrand bevorzugt, wird kurz zuvor fündig. Nachts stört unter Umständen ein wenig die Geräuschkulisse der nahen **Magistrale**.

**(097) WOMO-Badeplatz: Drage**

**GPS:** N 43° 53' 17.3" E 15° 32' 02.6"
**max. WOMOs:** 1-2
**Ausstattung/Lage:** Beleuchtung, Mülltonne sowie Restaurant und Wasserstelle nahebei/Ortsrand.
**Zufahrt:** Von der Küstenstraße rechts nach Drage (Dugovaza) abbiegen, noch 300 m.

Das nächste lauschige Plätzchen lässt nicht allzu lange auf sich warten. Wir folgen dem Schild PROSIKA, welches uns den Weg rechts in ein Dörfchen weist, das etwas abseits liegt und nur wenige Häuser aufweisen kann. Rechter Hand am Ortsende - direkt am Meer - spenden einige Zypressen und Olivenbäume Schatten und dazwischen passen doch glatt ein paar WOMOs. In der Ferne ruht ein kleines, begrüntes Eiland im türkisblauen Wasser, von dem gerade ein orangefarbenes Boot ablegt. Robinson und Freitag? Wohl eher Heinz und Hilde aus Wuppertal!

Es gibt einen flachen Kiesstrand und einen tollen Blick auf die **Insel Murter** mit deren Ortschaft BETINA. Auch im weiteren Verlauf, des nachts kaum befahrenen Nebensträßchens, finden sich einige Stellplätze.

**(098) WOMO-Badeplatz: Prosika**

**GPS:** N 43° 50' 38.2" E 15° 37' 28.4" **max. WOMOs:** 4-5
**Ausstattung/Lage:** Geschäft in der Nähe/Ortsrand.
**Zufahrt:** Von der Küstenstraße rechts nach Prosika abbiegen, noch 300 m.

Blick vom Badeplatz Prosika auf die Insel Murter

Schräg gegenüber hat das **Camp Frankenland** seine Tore geöffnet. Gut eine Handvoll Camper finden im leicht geneigten Garten des Privatanwesens Platz - sogar etwas Sanitärausstattung ist vorhanden!

Ein Stück des Weges weiter biegen wir rechts von der **Magistrale** ab, den Hinweisen zur **Insel Murter** folgend. Nach 1,7 km zweigt rechts ein 200 m langer Schotterweg zu einer Kapelle mit Ausgrabungsstätte ab. Es ist der erste von zwei Wegen, und er erweist sich als recht holprig. Sondieren Sie vorher die Lage! Als Belohnung für die kleine Tortur folgt ein lauschiger Stellplatz, der sonnig und nur für kleinere Wohnmobile geeignet ist.

Stellplatz bei der Kapelle Sv. Martina

**(099) WOMO-Stellplatz: Kapelle Sv. Martina**

**GPS**: N 43° 48' 01.2" E 15° 41' 05.2" **max. WOMOs**: 1-2
**Ausstattung/Lage**: keine/außerorts.
**Zufahrt**: Im Text beschrieben.

Murter: faszinierende Inselwelten

Die **Insel Murter** verfügt über 19 km² Fläche. Durch einen Kanal ist sie vom Festland getrennt. Ein Hindernis stellt das kaum dar, denn an Hand einer Schwenkbrücke lässt sich das Eiland leicht „entern". Die Ortschaft TISNO übt sozusagen die Funktion als Portier aus und wirkt ein bisschen verschlafen und ruhig. Die Ansicht prägt der kantige Uhrturm, unter dem sich die Wohnhäuser aus Naturstein ducken. Ein paar Restaurants und Geschäfte, in der Nähe ein Campingplatz - das war´s! Nach TISNO windet sich die Straße einen Berg hinauf. Kurz danach ist der Kamm überschritten, und bei klarer Sicht erhält man einen grandiosen Blick über die Inselwelt bis hinüber zum Festland. Zur Linken schmeichelt die **Kosirina-Bucht** mit ihrem türkisfarbenen Wasser dem Auge. Einige edle Segelschiffe, die hier vor Anker liegen, runden das Bild ab. Schon zieht das Asphaltband wieder nach unten, und wir laufen in BETINA ein. Die grauen Steinhäuschen mit ihren bunten Fensterläden kuscheln sich unter dem erhabenen Kirchturm, der ein Zwiebeldach trägt, eng zusammen. Das Ergebnis sind schmale Gassen und verschwiegene Winkel, die eine heimelige Atmosphäre ausstrahlen.

Einen sonnigen Stellplatz (gebührenpflichtig in der Saison) mit besonders schöner Aussicht gibt es gleich nach dem Ortsanfang. Hier lässt es sich prima (Sonnen)baden, für das leibliche Wohl sorgt ein nettes Restaurant gegenüber dem Platz.

**(100) WOMO- Badeplatz: Betina Central**

**GPS**: N 43° 49' 11.7" E 15° 36' 17.5" **max. WOMOs**: 4-5
**Ausstattung/Lage**: Restaurant, Geschäfte nahebei, Spielplatz/im Ort.
**Zufahrt**: Vom Ortsschild am Ortsanfang noch 150 m fahren, rechts abbiegen, dann nach 300 m links.

Die Schokoladenseite von Betina

Im Norden des Dörfchens dehnt sich der große Jachthafen aus. Links davor gibt es einen sonnigen Stellplatz. Dieser gewinnt zwar keinen Schönheitswettbewerb, erweist sich aber für einen „Stadtbummel" als praktisch. Parken tagsüber kostet ca. 6 Euro, mit Übernachtung zahlt man ca. 12 Euro. Bezahlt wird nicht am Automaten, sondern beim Parkwächter.

**(101) WOMO-Stellplatz: Betina Jachthafen**

**GPS**: N 43° 49' 29.6" E 15° 35' 39.6" **max. WOMOs**: 3-4
**Ausstattung/Lage**: Restaurants und Geschäfte in der Nähe/im Ort.
**Zufahrt**: Vom Ortsschild am Ortsanfang ca. 1,3 km dem Straßenverlauf folgen, dann vor dem Jachthafen links einbiegen.

Fährt man am **Jachthafen** vorbei, gelangt man nach ca. 1 km zu einem **Friedhof**. Im Bereich danach gibt es einige Stellplätze in abgeschiedener Lage.

**(102) WOMO-Badeplatz: Betina Badebucht**

**GPS**: N 43° 49' 50.1" E 15° 35' 30.8" **max. WOMOs**: 2-3
**Ausstattung/Lage**: Mülltonne/außerorts.
**Zufahrt**: Vom Ortsschild am Ortsanfang dem Straßenverlauf bis zum Jachthafen folgen, rechts daran vorbeifahren, noch ca. 1 km.

BETINA ist längst mit dem Hauptort MURTER zusammengewachsen. An einer Tankstelle vorbei gelangt man zum Hafen (reichlich Parkplätze) und schließlich zum **Trg Rudina**, um den sich einige Lokale und Marktstände gruppieren. In der Hochsaison tobt hier das Leben, doch jetzt - Mitte Juni - geht es noch beschaulich zu. Ein paar Frauen tauschen lautstark (vermutlich) die letzten Neuigkeiten aus, und einige Touristen genießen ein Tässchen Espresso in der Sonne. Wir schlendern ein bisschen umher und schauen neugierig in die Seitengassen - schließlich soll uns ja nichts entgehen, was Sie interessieren könnte! In einem Büro erfahren wir, dass auch von hier die **Kornaten** angelaufen werden (siehe ZADAR), doch mangels Belegung finden derzeit die Ausflüge (noch) nicht statt.
Auf dem Rückweg zum Festland inspizieren wir JEZERA. Diese freundliche Siedlung besteht aus einem lockeren Häuser-Arrangement. Die Gärten zeigen sich gepflegt und erblühen in stattlicher Pracht. Am großen Jachthafen, der an einer hufeisenförmigen Bucht liegt, buhlen etliche Fischrestaurants um die Gunst der Gäste.
Nach reichlich 20 km beenden wir unsere Inselrundfahrt. Zuletzt wollen wir Ihnen nicht vorenthalten, dass es insgesamt fünf **Campingplätze** gibt, für empfehlenswert halten wir den „Jezera“. Eine landschaftlich schöne Lage versteht sich bei dieser Insel fast von selbst...

**(103) WOMO-Campingplatz-Tipp: „Jezera Lovišća“ bei Jezera**
**GPS**: N 43° 47' 32.4" E 15° 37' 37.8" **Öffnungszeit**: Ende April-01.10.
**Ausstattung/Lage**: Geschäft, Restaurant, Meerlage, reichlich Schatten/außerorts.
**Zufahrt**: Gut beschildert.

VODICE ist die nächste Perle an unserer Schnur. Der gefällige Ort mit der langen lebhaften Hafenpromenade und den vielen Eisdielen, Souvenirläden und Cafés liegt etwas unterhalb der Küstenstraße an einer hübschen Bucht. Vom ehemaligen Fischerdorf, das VODICE einst war, ist kaum etwas geblieben. Der Tourismus bringt mehr ein. Mehrere große Hotelkomplexe beherbergen ihre vielen Gäste und unterhalten sie auch. Das führt bisweilen dazu, dass die musikalischen Genüsse von drei Seiten an die Ohren herangetragen werden. Hämmernde Techno-Musik zur Jazz-Gymnastik von links, von rechts die einzigartigen Klänge einer Kapelle, die zum Tanztee aufspielt. „Einzigartig“ bezieht sich in diesem Fall sicherlich nicht auf die hohe Qualität der Darbietung! Schließlich trägt der Wind noch Fragmente von Spanish Eyes und Strangers in the Night zu uns herüber - und jetzt sind wir rundum glücklich! Sieht man diese Umstände allerdings nicht allzu verbissen,

so wird man an dem gepflegten Kiesstrand und dem klaren, stahlblauen Wasser in dieser herrlichen Umgebung viel Freude haben.
Beim Hotel Imperial gibt es einen **Campingplatz** (GPS: N 43° 45' 18.9" E 15° 47' 17.8") gleichen Namens, der zum Haus gehört. Ansonsten findet man in Zentrumsnähe reichlich Parkplätze, die aber allesamt nicht zum Übernachten taugen.

Der Fluss Krka, kurz vor der Vereinigung mit dem Meer

6 Kilometer südlich von VODICE überspannt eine mächtige Brücke den **Fluss Krka** (großer Parkplatz rechts zuvor). Behäbig zieht das blaue Band des Gewässers meerwärts. Ein Schiff pflügt breit verlaufende Wellen in die Fluten und lässt sein Horn zur Begrüßung der Touristen, die am Geländer stehen, erdröhnen. Nach ein paar Minuten Fahrt zweigen wir nach ŠIBENIK ab, und wir finden problemlos einen zentrumsnahen Parkplatz. Diesen Umstand, der üblicherweise einem kleinen Lottogewinn gleichkommt, verdanken wir einem wichtigen Fußballspiel, das gerade stattfindet. Die Straßen sind wie leer gefegt - der ideale Start für eine Stadtbe-

Der Dom zu Šibenik

sichtigung! Wenn nicht gerade König Fußball regiert und Parkplätze Mangelware sind, kann man auf dem relativ großen und sonnigen Platz im Hafen sein Fahrzeug abstellen. Das ist leider - wie so oft - kein billiges Vergnügen. Die Stunde kostet annähernd 3 Euro, nur den Sonntag gibt es zum Nulltarif (günstiger ist der Parkplatz am Busbahnhof, aber sehr beengt und zudem laut).

**(104) WOMO-Stellplatz: Šibenik Hafen**

**GPS**: N 43° 43' 49.0" E 15° 53' 42.8" **max. WOMOs**: > 5
**Ausstattung/Lage**: Altstadtnähe/Ortsrand.
**Zufahrt**: Den Schildern Hafen/Busparkplatz folgen, am Hafenende vor dem Tunnel rechts einbiegen.

Wir spazieren in die Altstadt. Auf glatt polierten Platten betreten wir die engen Gassen. Die Häuserschluchten spenden reichlich Schatten - eine feine Sache bei sommerlicher Hitze. Der Altstadtkern zeigt sich sehr übersichtlich und damit äußerst besucherfreundlich. Beherrscht wird er vom **Dom Sv. Jakuv** mit seinem prachtvollen Vorplatz. Das Portal an seiner Längsseite wird von zwei gemeißelten Löwen flankiert, oberhalb davon zieren die steinernen Figuren von Adam und Eva in für kirchliche Verhältnisse recht freizügiger Manier die imposante Wand. Als besonders interessant erweisen sich die 74 Portraitköpfe, die ebenfalls an der Fassade prangen. Die Gesichter zeigen teilweise schmerzverzogene und gequälte

Nachbildung der Portraitköpfe am Dom

Gesichtszüge, die speziell in der abendlichen Beleuchtung gar gruselig anzusehen sind. Was mögen die Armen wohl verbrochen haben? Der Kirche nicht den Zins bezahlt? Auf jeden Fall waren sie Zeitgenossen des **Baumeisters Dalmatinac**, dem nahe der Kathedrale ein **Denkmal** gesetzt wurde. Die Vollendung seines Werkes erlebte der große Meister nicht mehr, denn bereits längst vor der Fertigstellung hauchte er sein Leben aus.

Am Hauptplatz in Šibenik

Gegenüber dem Gotteshaus erhebt sich das **Renaissance-Rathaus** mit seiner neunbogigen Vorhalle. Seitlich davon, nur ein paar Schritte entfernt, steht der **Rektorenpalast**, der heute das **Stadtmuseum** beherbergt (zur Zeit nur von 09.00-11.00 Uhr geöffnet, montags geschlossen). Der **Bischofspalast** mit seinen kunstvoll gestalteten Portalen schließt südlich an. Er datiert - gleichwohl wie der Dom - auf das 15. Jahrhundert zurück. Durch das **Seetor** streben wir der Uferpromenade zu. Die Ausmaße sind nicht gerade gewaltig, doch mit ihren bunten Bänken, den blühenden Oleandern und Rosen sowie den dunkelgrünen Palmen vermittelt sie einen hübschen Eindruck. Bevor wir zum WOMO zurückkehren, streifen wir noch die **Nikolauskirche** und ein **Franziskanerkloster**.

Auf einem Hügel über der Stadt thront die **Festung Sv. Ana**. Wer den schweißtreibenden Weg über die vielen Stufen zu ihr hinauf in Kauf nimmt, wird mit einem herrlichen Blick auf die Stadt und das Umland belohnt.

Jetzt folgt ein richtiges Highlight dieser Tour - der Besuch des „**Nationalparks Krka-Wasserfälle**". Dieses Naturwunder liegt in ca. 13 km Entfernung von ŠIBENIK. Erst 1985 wurde das 111 km² umfassende Gebiet zum Nationalpark deklariert. Der **Fluss Krka** entspringt nahe des Städtchens KNIN und mündet nach insgesamt 70 km ins Meer. Auf diesem Weg stürzt er sich in zehn Wasserfällen über vier Kalkterrassen talwärts. Dazwischen bildet die **Krka** den großen **See Visovac** mit einem schönen Inselchen, auf dem ein **Franziskanerkloster** steht, welches auch ein **Museum** beherbergt. Als spektakulärste Fälle gelten der **Skradinski buk** nahe SKRADIN und der etwas tiefer im Hinterland gelegene **Roški slap**. In den türkisblauen Seen, zu denen sich der wilde Fluss oft verbreitert, wird auch nach Herzenslust gebadet, obwohl Schilder dies eigentlich untersagen. Auf keinen Fall darf man aber auf Grund der vorhandenen Strömungen und der damit verbundenen Soggefahr zu dicht an die Wasserfälle heranschwimmen. Noch eine schlechte Nachricht für Petrijünger - Fischen ist mittlerweile verboten!

Nähert man sich von ŠIBENIK her dem Nationalpark, so muss man an einer Straßengabelung eine Entscheidung fällen. Wählt man den rechten Weg, so gelangt man nach weniger als 2 km zum **Eingang 2**. Auf einem großen Parkplatz mit reichlich Baumbestand kann man gebührenpflichtig sein Mobil parken und wird dann mit Zubringer-Bussen an die Wasserfälle herangefahren. In der Hauptsaison gilt ein Übernachtungsverbot.

**(105) WOMO-Wanderparkplatz: Krka-Fälle/Eingang 2**

**GPS:** N 43° 47' 41.3" E 15° 58' 04.6" **max. WOMOs:** > 5
**Ausstattung/Lage:** Restaurant, Kiosk, Toilette, Wasser, Mülltonnen/außerorts.
**Zufahrt:** Ausgeschildert mit einem braunen Schild mit einer Busabbildung.

Will oder muss man ausweichen, so bietet sich ein einfacher und sonniger mit Natursteinmauern umgebener privater Stellplatz (ca. 6 Euro pro Tag) an, der sich ungefähr 500 m vom Eingang in die Wasserwelt befindet.

**(106) WOMO-Stellplatz: Steinkral**

**GPS:** N 43° 47' 31.1" E 15° 58' 13.5" **max. WOMOs:** > 5
**Ausstattung/Lage:** Wasser, Toilette, Restaurant 500 m/außerorts.
**Zufahrt:** Kurz vor dem Parkplatz „Eingang 2“ rechts abfahren, noch 300 m (guter Schotterweg).

Entscheidet man sich an oben genannter Gabelung für die linke Straße, so erreicht man nach 8,5 km das hübsche Dörfchen SKRADIN, das idyllisch am **Prukljan-See** liegt (braunes Schild mit Schiffsymbol). Am Ortsanfang links erstreckt sich ein weitflächiger, ebener Parkplatz. Einige Bäume spenden Schatten. Tagsüber erfolgt eine stündliche Abrechnung der Gebühren (ca. 1 Euro pro Stunde). Übernachten ist verboten.

**(107) WOMO-Wanderparkplatz: Krka-Fälle/Eingang 1**

**GPS:** N 43° 49' 04.2" E 15° 55' 29.6" **max. WOMOs:** > 5
**Ausstattung/Lage:** Restaurants und Geschäfte in der Nähe, Kinderspielplatz, kleiner Park, Mülltonnen/Ortsrand.
**Zufahrt:** Am Ortsanfang von Skradin links.

Skradin: das Tor zur Wasserwelt

Entlang der Dorfstraße gibt es auch etliche kostenfreie Parkmöglichkeiten, teils mit Schatten (wer möchte, kann auch auf den ca. 1 km außerhalb von SKRADIN gelegenen Campingplatz Skorići ausweichen).
Praktisch nur ums Eck ist der **Bootsanleger** für die Schiffchen, die jeweils zur vollen Stunde die Touristen zum Parkeingang schippern. Die Fahrt über den See und ein Stückchen die **Krka** hinauf dauert eine knappe halbe Stunde. In der wunderschönen Umgebung ist das das pure Vergnügen und zudem kostenfrei! Wer aus welchen Gründen auch immer den Parkeingang per pedes ansteuern möchte, kann dies im Rahmen einer kleinen Wanderung (ca. 45 Minuten) tun. Nach dem Kassenhäuschen geht es noch zweimal um die Kurve und

Naturparadies Krka-Wasserfälle

schon kündigt sich die Wasserwunderwelt mit kräftigem Rauschen an. Wir spazieren an einem Restaurant und einer Liegewiese vorbei und dringen zu einer Holzbrücke vor, die einen smaragdgrünen See überspannt. Im kristallklaren Wasser ziehen einige Schwimmer ihre Bahnen. Eine einzigartige Hintergrundkulisse dazu bietet der **Skrdinski buk**. Über siebzehn kleinere und größere Kalkterrassen stürzt sich die **Krka** in die Tiefe. Bedingt durch die unterschiedliche Höhe der verschiedenen Stufen donnert das Wasser entweder kraftvoll und entschlossen über die Felsen, oder eher verspielt und zögerlich in einzelnen Perlen und Schnüren. Zwischen der weiß gischtenden Milch lagern grüne Inseln aus Moos und Schilf und bilden ruhende Pole in den ungestümen Fluten. Ab und zu trägt der Wind den feinen Sprühnebel zu uns herüber, und wir freuen uns über diese zarte Abkühlung. Ein schattiger Waldweg begleitet den Fluss und eröffnet immer wieder neue grandiose Ausblicke auf die in vielen Kaskaden herabrauschenden Wassermassen. Nach einer kurzweiligen Wanderung erreichen wir eine **alte Mühle**, die tatsächlich noch am rauschenden Bach klappert. Im dusteren Inneren sehen wir zwei Hämmer arbeiten, und ein sich drehender Mühlstein verwandelt

Museumsmühle im Krka-Nationalpark

Getreidekörner in Mehl - durch die Kraft des Wassers versteht sich! In einer Nebenkammer entdecken wir eine originelle und praktische „Waschmaschine". In einen runden Steinkranz schießt auf einer Seite Wasser ein, kreist in diesem Behältnis und wirbelt die darin befindliche Wäsche ordentlich durch. Über den Rand des Troges wird die Schmutzbrühe dann gleich entsorgt. In einem anderen Gelände sind Gerätschaften und Mobiliar aus längst vergangenen Tagen ausgestellt.

Ein paar kroatische Jungfrauen mit hübscher Tracht halten Wache, damit böse Buben nichts entwenden. Um das malerische Bild zu vervollständigen, hat man in den angrenzenden Stall noch zwei Esel gestellt. Die „Foto-Sessions“ und Streicheleinheiten der Touristen nehmen die Tiere mit einer wahren Eselsgeduld hin!
Nahe der verschiedenen Mühlenhäuschen führt ein Weg in den urwaldähnlichen Wald und lockt mit kleinen Seen und winzigen Tümpeln, die alle irgendwie miteinander verbunden zu sein scheinen. Von den Bäumen hängen Lianen, und die durch das Blätterdach fallenden Sonnenstrahlen verzaubern diese Urwelt mit ihrem Licht. Überall rauscht, tropft und blubbert es. Durch die Lüfte schwirren prächtige Schmetterlinge mit intensiv metallisch-blauen Flügeln, und es scheint, als nutzte so manches Falterpärchen diese atemberaubende Umgebung zum Liebesspiel. Langsam senkt sich der Pfad, der oft über hölzerne Bohlen führt, talwärts ab. Jetzt können wir den großen Wasserfall **Skrdinski buk** von der anderen Seite bewundern, und schließlich kehren wir wieder zu unserem Ausgangspunkt zurück.

Badefreuden im Krka-Nationalpark

Längeren Wanderungen durch den **Nationalpark** steht natürlich nichts im Wege, höchstens die eigene Kondition. Möglich sind auch mehrstündige Bootsausflüge bis zum **Visovac-See** mit einem Besuch des **Franziskanerklosters** (erneut Eintrittspreis zu zahlen!). Das **Touristenbüro** in SKRADIN berät Sie und nimmt auch Buchungen vor. Der **Krker-Wasserfälle-Park** hat täglich geöffnet von 09.00 bis 20.00 Uhr (in der Nebensaison Abweichungen möglich). Der Eintrittspreis für Erwachsene beträgt ca. 12 Euro, Kinder bis 14 Jahre zahlen gut 7 Euro.

Die ganz Kleinen unter 7 Jahren dürfen umsonst hinein!
Die Entfernung von der Brücke am Südende der **Insel Pag** bis zu den **Krka-Wasserfällen** beträgt (inklusive aller Abstecher) ca. 200 km.
Wir verlassen den Parkplatz im Nationalpark, rollen ŠIBENIK entgegen und vertrauen den Hinweisen mit der Großrichtung SPLIT. Unser Vertrauen wird nicht enttäuscht - bei der kroatischen Beschilderung ist das keineswegs so sicher - und die Küstenstraße hat uns wieder. Ein Stück des Weges südlich von ŠIBENIK zweigt rechts ein Sträßlein meerwärts ab zum Hotelkomplex Solaris, zu dem auch ein Campingplatz gehört. Der Badestrand ist vorwiegend betoniert, an einigen Stellen gibt es auch kleine Kiesstrände. Freizeiteinrichtungen sind reichlich vorhanden, ebenso wie eine Marina.

**(108) WOMO-Campingplatz-Tipp: „Solaris" nahe Šibenik**

**GPS:** N 43° 41' 58.8" E 15° 52' 47.8" **Öffnungszeit:** 01.05.-31.10.
**Ausstattung/Lage:** Geschäfte, Restaurants, zum Zentrum von Šibenik ca. 7 km, vorwiegend schattig/außerorts.
**Zufahrt:** Von der Küstenstraße rechts abbiegen, riesige Hinweistafeln.

Der folgende Abschnitt der **Adria magistrale** gestaltet sich landschaftlich sehr reizvoll und ist deutlich kurvenreicher als die vorhergehende Etappe. Wir umrunden einige kleine Buchten, in denen bunte Boote dümpeln, und man kann sogar vom Fahrzeug aus durch das kristallklare Wasser den Grund erkennen. Bald laufen wir im langgezogenen Dorf BRODARICA ein, das zwar keine nennenswerten Sehenswürdigkeiten bietet, aber einen riesigen geschotterten Stellplatz direkt am Meer. Von einigen ganz wenigen Bäumen abgesehen, ist dieser schattenlos und ziemlich eben.

**(109) WOMO-Badeplatz: Brodarica**

**GPS:** N 43° 41' 37.4" E 15° 54' 11.1" **max. WOMOs:** > 5
**Ausstattung/Lage:** Geschäfte und Restaurants nahebei, Toilette, Stranddusche/ Ortsrand.
**Zufahrt:** Vom Ortsschild am Ortsanfang noch 400 m fahren, dann rechts abbiegen.

Am Ende der Ortschaft nach einer Brücke öffnet sich rechts ein großer Parkplatz mit „Dixi-Toilette", einem Verkaufsstand für Obst und Gemüse und - zumindest vom vorderen Teil - einer herrlichen Aussicht. Zum Übernachten taugt der Platz wegen seiner Straßennähe nicht, wohl aber für eine Rast.
Weiter geht es der Küste entlang. Wir passieren winzige Ortschaften, in denen Bougainvilleen blühen und Oleanderbüsche ihre volle Pracht entfaltet haben. Es ist ein wahrer Farbenrausch in Weiß, Rosa und Rot. Der Blick fällt auf die der Küste vorgelagerten Inseln, die im Meer zu schwimmen scheinen.

Mit dem zunehmenden Tag wird es etwas diesiger, und die weiter in der See draußen liegenden „Felsglatzen“ verlieren ihre Konturen und bilden eine Einheit mit dem Himmel und dem Meer. Ein großer Dreimaster zieht in der Ferne durch den Dunst und strahlt etwas fast Gespenstisches aus. Ob es wohl der ruhelose „Fliegende Holländer“ ist?
Allmählich nähern wir uns der Adriaperle PRIMOŠTEN. Nördlich davon wirbt ein schöngelegener Campingplatz mit großen Schildern um Gäste. Der Felsstrand ist zwar wunderbar, doch recht zerklüftet. Bevor man in die karibischblauen Fluten steigen kann, sind an den meisten Stellen erstmal ein paar Verrenkungen angesagt. Es gibt so manches lauschiges Stellplätzchen. Wegen tiefhängender Äste sind leider nicht alle mit dem WOMO anfahrbar. Ein Fußweg nach Primošten fehlt!

**(110) WOMO-Campingplatz-Tipp: „Adriatica“ nahe Primošten**
**GPS:** N 43° 36' 23.3" E 15° 55' 20.4", Huljerat **Öffnungszeit:** 01.05.-01.09.
**Ausstattung/Lage:** Geschäft, Restaurant, Zentrum ca. 3 km, Schatten/außerorts.
**Zufahrt:** Ca. 3 km nördlich von Primošten, ausgeschildert.

Städtchen mit Charme: Primošten

Jetzt widmen wir uns dem Postkarten-Motiv PRIMOŠTEN, das auch schon so mancher Maler auf die Leinwand gebannt hat. Das Städtchen gehört zu den schönsten Ortschaften Kroatiens. Der alte Teil dieser Stadt liegt pittoresk auf einer Landzunge, die ins Meer hineinragt. Übersetzt man den Namen, so heißt das „über die Brücke“. Denn früher, als noch kein Damm aufgeschüttet war, verband nur eine Brücke das Festland mit der Insel. Die Häuser verteilen sich alle um einen kegelförmigen Hügel herum und werden nur vom Kirchturm überragt. Aus der Zeit der Türkenkriege stammen die voluminösen Reste der **Befestigungsanlage**. An der kleinen Promenade warten die üblichen gastronomischen Einrichtungen auf Gäste, und ein Fels- und Kiesstrand lädt zum Baden ein. Besondere Sehenswürdigkeiten sind ansonsten Fehlanzeige, der Ort lebt vom Charme seiner herrlichen Lage.

**(111) WOMO-Stellplatz: PRIMOŠTEN**

**GPS:** N 43° 35' 19.0" E 15° 55' 36.4" **max. WOMOs:** > 5
**Ausstattung/Lage:** Beleuchtung, Gaststätten und Geschäfte nahebei/im Ort.
**Zufahrt:** Im Ort vor der INA-Tankstelle rechts abbiegen, danach gleich rechts.

Der gerade genannte Platz (gebührenpflichtig, ca. 1,4 Euro pro Stunde) ist für eine Besichtigung sehr praktisch, kann aber u. U. etwas laut sein.

In den Weinhängen der Umgebung reifen die Trauben für einen dalmatinischen Spitzenwein - Babić heißt das süffige Tröpfchen. Die Rebstöcke gedeihen auf kleinen Terrassen und scheinen direkt aus dem Gestein zu wachsen.

Auf einer Halbinsel an einer tief eingeschnittenen Bucht liegt ROGOZNICA. Der Ort ist in Skipper-Kreisen ein Begriff, da er über eine große, gutausgestattete **Marina** verfügt. Badelustige sind weniger begeistert, denn die Felsen am Strand sind äußerst scharfkantig.

Nach der ausladenden Bucht verlässt die Straße für eine Zeitlang die Küste und zieht durch die Hügel des Hinterlandes. Bisweilen durchlaufen Steinmauern die Hänge und bieten dem Wind paroli, der sonst das letzte Quentchen Erde mit sich nehmen würde. Olivenbäume mit dicken, verdrehten Stämmen und eher dunkelgrünen denn silbernen Blättern stehen in schönem Kontrast mit gelbblühendem Ginster. An anderer Stelle

Der dominierende Turm von Marina

sind weite Flächen verbrannt. In der sommerlichen Trockenheit hat das Feuer leichtes Spiel. Die verkohlten Gerippe der Sträucher und Bäume strecken ihre schwarzen Äste wie mahnende Finger in das Blau des Himmels. Doch die Natur regeneriert sich schnell. Aus der dunkelgrauen Asche sprießen bereits die ersten zarten grünen Halme.
Die kleine, aber recht hübsche Ortschaft MARINA kündigt sich an und gefällt mit einem markanten, wuchtigen **Wehrturm** am Hafen. Es gibt einige Restaurants und Geschäfte und im hinteren Bereich einen langen Kiesstrand, der leider nicht mehr angefahren werden darf. Einen alternativen Stellplatz findet man im 6 km entfernten VINIŠĆE. Dazu muss man sich allerdings auf relativ schmaler Teerstraße (5 t zulässiges Gesamtgewicht) über den Berg bemühen. Stellmöglichkeiten gibt es an verschiedenen Punkten der Bucht.
Aufpassen: Teilweise „böse“ Schwellen im Ort!

**(112) WOMO-Badeplatz: Vinišće**

**GPS**: N 43° 29' 20.8" E 16° 06' 44.3" **max. WOMOs**: 3-4
**Ausstattung/Lage**: Geschäfte, Restaurants, Mülleimer/ im Ort.
**Zufahrt**: Im Ort entlang der Bucht.

Am Abend unternehmen wir einen kleinen Spaziergang. Währenddessen ist die Sonne damit beschäftigt, unterzugehen und der Mond übernimmt die nächtliche Beleuchtung. Es ist einer jener Abende, von denen man sich wünschte, sie würden ewig (oder wenigstens ein bisschen länger) dauern. Das Licht der Mondsichel fällt auf die leicht bewegte Wasseroberfläche und bildet einen hellen Kegel, in dem unzählige Sternchen blitzen. Der Vergleich mit einem Christbaum, auf dem Wunderkerzen ihre glitzernden Funken versprühen, liegt nahe. Ja, ist denn schon Weihnachten?
Rund 21 km beträgt die Wegstrecke nach TROGIR. Dieses Schatzkästchen birgt viele Sehenswürdigkeiten und hat sein mittelalterliches Stadtbild fast perfekt bewahrt - neben DUBROVNIK als einzige Stadt Dalmatiens. Man muss ein wenig von der **Adria magistrale** abfahren, um zum Ortskern zu gelangen. Wir folgen den Schildern „centar“ und werden auf einen sehr nahe am Geschehen liegenden Parkplatz gelotst. Pro Stunde knöpft man WOMO-Fahrern unverschämte 5 Euro ab, Pkw-Lenker zahlen nur 1 Euro!
Fährt man an diesem Parkplatz vorbei, weiter in Richtung SPLIT, so stößt man am Rande der Altstadt auf einen Stellplatz am Meer, der mit 2,8 Euro pro Stunde deutlich günstiger ist. Trotzdem stellt dieser Betrag einen happigen Preis dar - die Kroaten lassen sich den Kulturgenuss recht fürstlich honorieren...

Das mittelalterliche Trogir

**(113) WOMO-Stellplatz: Trogir**

**GPS**: N 43° 31' 05.7" E 16° 15' 12.5" **max. WOMOs**: > 5
**Ausstattung/Lage**: Altstadtnähe, Mülleimer/im Ort.
**Zufahrt**: Nach der Altstadt rechts zum Meer abbiegen (blauer Parkplatzhinweis).

Vor den Toren der Altstadt, die auf einer Insel liegt, herrscht lebhaftes Markttreiben. Obst, Gemüse, Brot, Blumen, Kräuter und natürlich Souvenirs werden feilgeboten. Die Menschen sind fröhlich und lautstark. Auf einer Brücke überschreiten wir den **Foša-Kanal** und beginnen mit der Passage des **Landtors** unsere Zeit-Reise ins Mittelalter. Wir wenden uns nach links und biegen die zweite Gasse rechts ab, und schon erhebt sich vor uns die **Kathedrale Sv. Lovro**. 400 Jahre ver-

Im Hafen von Trogir

gingen vom Beginn des Baus bis zur Fertigstellung (ca. 12.-16. Jahrhundert). Das romanische Portal ist ein Meisterwerk von Radovan, geschützt von einer Vorhalle mit einem kunstvollen Kreuzrippengewölbe. Zur Linken in dieser Vorhalle befindet sich eine Taufkapelle mit schöner Kassettendecke. Besteigt man den **Glockenturm** dieses kunstgeschichtlich äußerst bedeutenden Gotteshauses, erhält man einen weiten Blick über TROGIR. Die Kathedrale und der Turm sind täglich von 09.00-12.00 Uhr und von 17.00-19.00 Uhr geöffnet, Eintritt 2 Euro. Um diese imposante Kirche gruppieren sich weitere eindrucksvolle Bauwerke wie etwa der **Fürstenpalast**, der heute das **Rathaus** beherbergt, und der edle **Palast Ćipiko** mit drei spätgotischen Fenstern, der einst von einer reichen Händlerfamilie errichtet wurde. In den Mauern des Palastes befindet sich jetzt das **Stadt-** und **Heimatmuseum** (geöffnet täglich von 09.00-12.00 Uhr und von 18.00-21.00 Uhr, sonntags nur von 09.00-12.00 Uhr, Eintritt ca. 2 Euro). Auf der Südseite grenzt ein **Uhrturm** an eine **Loggia**. Letztere diente vor allem als Gerichtssaal. Für leichtere Vergehen wurden des Mittelalters böse Buben an den Uhrturm gekettet. Die Bevölkerung durfte dann der Fantasie freien Lauf lassen und die Verurteilten bespucken, mit Kot bewerfen oder ähnlich nette Dinge tun. Die Ketten sind noch heute zu sehen.

Ein paar Schritte weiter in der Kohl-Genschera-Gasse steht das **Nikolauskloster** mit einem **sakralen Museum**. Wertvollstes Exponat ist ein Steinrelief, das den Gott Kairos zeigt. Der geflügelte Jüngling trägt eine lange Stirnlocke auf einem ansonsten kahlen Haupte. Er ist der „Gott des günstigen Augenblicks". Die Gelegenheit beim Schopfe packen - eine allgemein geläufige Redewendung rührt daher (geöffnet täglich von 08.00-12.00 Uhr und von 15.00-19.00 Uhr, Eintritt ca. 2 Euro). Sollten Sie gerade über die **Kohl-Genschera-Gasse** gestolpert sein - die gibt es wirklich! Besonders der frühere Außenminister Genscher aber auch Ex-Kanzler Kohl werden von den Kroaten als Väter der nationalen Unabhängigkeit verehrt, und das ging soweit, dass sie „Genschman" und „Birne" ein kleines Denkmal setzten.

Wir schlendern weiter durch die engen Gassen mit ihren alten Häusern und Kirchen, entdecken malerische Winkel mit Holztischchen und heraushängender Wäsche, in der die Zeit stehen geblieben zu sein scheint. Doch nur um ein oder zwei Ecken herum pulsiert das Leben - Eisdielen, kleine Bars, Geschäfte. Durch das **Seetor** gelangen wir hinaus an die palmenbestandene Promenade und spazieren an einem **Franziskanerkloster** vorbei zur **Festung Kamerlengo**, deren Renovierungsarbeiten jetzt abgeschlossen sind. Einer Besichti-

gung steht also nichts mehr im Wege.
Schön ist auch der Blick von der Promenade über die vielen Holzschiffe zur **Insel Čiovo**, die über eine Klappbrücke angesteuert werden kann. Das 30 km² große Eiland besitzt eine stattliche **Marina** und ein ungebremster Bauboom lässt ein Haus nach dem anderen entstehen. Badebuchten oder -strände sind Mangelware, zudem donnern ständig Flugzeuge darüber hinweg. **Čiovo** liegt in der Einflugschneise des Flughafens SPLIT - einen längeren Aufenthalt muss man sich nicht unbedingt antun.

Split, der Platz der Republik

Rund 25 km trennen uns noch vom Herzen der dalmatinischen Metropole SPLIT, und es bieten sich zwei Möglichkeiten, diese anzufahren. Entweder man tut dies relativ bequem auf der erhöht verlaufenden **Magistrale**, von der man eine gute Übersicht hat, oder man nimmt die „**Kaštela**", die Straße der Kastelle. Diese Route verläuft in Küstennähe und - um es vorweg zu nehmen - sie hält nicht das, was sie verspricht. Im 16. Jahrhundert hielten Kirche und Adel ihren Landbesitz für gefährdet und ließen daher mehrere Kastelle entlang der Küste bauen. Den Schutz der Burgen suchten auch Bauern und Leibeigene und errichteten ihre Wohnhäuser in unmittelbarer Nähe. Heute sind die Dörfer um die Kastelle praktisch zusammengewachsen und von der „**Straße der Kastelle**" kann man beim bloßen Durchfahren keines davon erblicken. Dazu muss man sich jeweils in das Zentrum der einzelnen Ortschaften bemühen - kolossale prachtvolle Gemäuer braucht man sich aber nicht zu erwarten. Fazit: Eine Alternative, die sich kaum lohnt!
200.000 Menschen wohnen in SPLIT, und es ist das wichtigste Wirtschafts- und Handelszentrum Dalmatiens. Nähert man sich der Peripherie, wird man erstmal abgeschreckt von vielen hässlichen Industrieeinrichtungen, Zementwerken, Werften und Ähnlichem. Inmitten dieser wenig ansehnlichen Anla-

gen ist heute der Ursprung von SPLIT zu finden. Nahe SALONA ließ sich einst Kaiser Diokletian einen prunkvollen Alterssitz errichten. Noch jetzt lassen die Ruinen (Tempel, Thermen und ein Amphitheater) die einstige Größe erahnen. Das **Ausgrabungsgelände** kann besichtigt werden (Ausfahrt SOLIN). Auf breiten Einfallstraßen rücken wir zum Zentrum vor und haben tatsächlich das Glück, auf Anhieb einen Parkplatz zu finden. Durch die Fußgängerzone spazieren wir meerwärts - neugierig der Dinge, die hier unser harren. Nach wenigen Minuten erreichen wir die Strandpromenade, an der ausladende Palmen Schatten spenden. Von hier aus lassen sich gut die ein- und auslaufenden Schiffe bei einem Espresso in einem der zahlreichen Restaurants beobachten. Es ist ein faszinierendes Bild, wie sich die meist weißen Pötte gegen das helle Blau des Himmels und das dunkle Stahlblau des Meeres abzeichnen - und zur Garnierung gibt es noch ein paar schwarze Rauchwolken dazu! Freilich bietet aber eine solch altehrwürdige Stadt viel mehr als nur eine schöne Promenade und einen geschäftigen Hafen.

Wir beginnen unsere Besichtigung am westlichen Rand des Ortskerns auf dem **Trg Republike** - dem Platz der Republik. Von drei Seiten ist dieser große Platz mit prächtigen Gebäuden eingefasst, deren Ursprung unverkennbar venezianisch ist. Vorbei am Markt bzw. an der **Markthalle,** gelangen wir durch ein paar Gässchen zum **Narodni Trg**, an dem sich Bauwerke verschiedener Epochen erheben. Im **Rathaus** (15. Jahrhundert), das das **Ethnographische Museum** (geöffnet von 09.00-12.00 Uhr Samstag bis Montag, von Dienstag bis Freitag zusätzlich von 18.00-21.00 Uhr, Eintritt ca. 2 Euro) beherbergt, lassen sich Trachten, Stickereien und verschiedene Schmuckwaren bestaunen. Ein **Renaissance-Palast** (Karapić) schließt an, und an der Ostseite des Volksplatzes steht ein romanisches Haus mit Rundbogenfenstern und einer Antoniusfigur (14. Jahrhundert). Ein weiteres romanisches Gebäude, das wie ein **Wehrturm** anmutet, informiert die Bürger mittels einer großen Uhr, welche Stunde ihnen geschlagen hat.

Markt in Split: Blumen für die Gemahlin?!

Jetzt dringen wir zum altehrwürdigen Kernstück, dem **Diokletian-Palast** vor. Der Kaiser Diokletian ließ in den Jahren 295-305 nach Christus eine wahrhaft gigantische Festung erbauen, die mit einem Grundriss von 215 m auf 180 m Akzente setzt. Das Mauerwerk war 2 m dick, und nicht weniger als 16 Türme gehörten zu dem Bauwerk. Mittlerweile wurde eine Stadt mit Häusern, Geschäften und Cafés innerhalb dieser antiken römischen Mauern errichtet. Im tiefsten Herzen des Palastes - im **Peristyl** - einem von Säulengängen eingerahmten Hof,

Der Mittelpunkt des Diokletian-Palastes - das Peristyl

kann man heutzutage ganz ungeniert ein Häppchen essen und einen Vino oder Espresso genießen. Das **Café Luxor** ist genau da etabliert, wo einstmals Volk und Adel dem Kaiser huldigten. Daneben erhebt sich die **Kathedrale Sv. Duje**, das umgebaute Mausoleum Diokletians. Die Eingangstüre zieren 28 kunstvoll gearbeitete Holzreliefs, im Innern raubt der Anblick der **Schatzkammer** dem Betrachter den Atem. Vom Turm des Gotteshauses erhält man einen weiten Blick über die Dächer von SPLIT, der allerdings gebührenpflichtig ist. Gegenüber dem Mausoleumseingang führt ein Gässchen zum ehemaligen **Jupitertempel** mit einem reich verzierten Portal. Im 7. Jahrhundert erfuhr er die Änderung zur **Taufkapelle Sv. Ivan**. Der Bau ist ausgesprochen gut erhalten, besticht durch ein kassettiertes Deckengewölbe und ein Taufbecken mit schöner Flechtornamentik.

Durch vier mächtige Portale, die sich jeweils in der Mitte einer Wandseite befinden, kann der Palast betreten werden. Im Westen gelangt man durch die **Porta Ferrea** (Eisernes Tor) hinein, im Norden gewährt die **Porta Aurea** (Goldenes Tor) den Besuchern Einlass. Letzteres war das frühere Haupttor und ist gegen SALONA ausgerichtet. Über einen in allen Farben schwelgenden Blumen, Obst- und Gemüsemarkt bekommt man von Osten her Zutritt durch die **Porta Argentea** (Silber-

nes Tor). Die unscheinbarste Pforte ist das **Seetor** (Porta Aenea), die sich zur Promenade hin öffnet.
Früher brandete das Meer bis an die Mauern des Palastes, und nur die kaiserlichen Versorgungsschiffe legten hier an.

Split: Promenade nahe dem Hafen

Das Seetor führte direkt in die **Kellergewölbe**, die als Lager dienten. In der Hauptpassage dieser Gewölbe befindet sich heute eine Einkaufsgalerie - auf uns wirkt das ein wenig befremdlich! Die seitlichen Gewölbe sind zur Besichtigung freigegeben (gebührenpflichtig) und bisweilen auch Mittelpunkt von Veranstaltungen verschiedener Art.
Ein lohnender Spaziergang vom Diokletianspalast führt hinauf auf den mit Kiefern bestandenen **Marjan-Hügel**. Ungefähr in halber Höhe dieser 178 m hohen Erhebung lockt eine schöne **Aussichtsterrasse** mit einem kleinen Zoo in der Nähe.
Nahe des Marjan-Hotels empfängt das **Archäologische Museum** seine Besucher. Neben romanischen Skulpturen gibt es u.a. das Taufbecken aus der Stadt NIN, diverse Steintafeln, den Sarkophag der Königin Jelena und vieles mehr zu sehen (Eintritt 2 Euro, geöffnet sonntags von 09.00-12.00 Uhr, die restlichen Tage von 09.00-16.00 Uhr).
Kaum ein Tourist wird wohl das geschichtsträchtige SPLIT als Standort für einen Badeurlaub auswählen. Bedingt durch reichlich vorhandene Industrieansiedlungen und weitläufige Hafenanlangen, zeigt sich die Wasserqualität um die Stadt herum nicht gerade von der besten Seite. Möchte man dennoch nicht auf ein kühles Bad verzichten, so empfiehlt sich die **Marjan-Halbinsel** für einen Sprung in die Fluten. Hier ist das Wasser schön klar, es gibt Kiesstrände mit Strandduschen und hübsche Promenadenwege.

Erwägt man eine Übernachtung in SPLIT, so empfiehlt es sich, den Hafenbereich dieser schönen Stadt anzulaufen. Hier gibt es mehrere Parkflächen, die teilweise gebührenpflichtig sind. Dafür unterliegen sie auch einer gewissen Überwachung und sind beleuchtet. Im nahen Hafengebäude, welches sich in der Form eines Schiffes präsentiert, findet man eine ordentliche Toilette. Einen Wasserhahn gibt es direkt beim Fähranleger nach Supetar. Ein weiterer Vorteil ist die unmittelbare Nähe zur Altstadt, einem ausgedehnten Stadtbummel steht also nichts im Wege. Es sind nur wenige Minuten zu Fuß bis zum Zentrum, wo man dann ruhigen Gewissens auch mal ein Fläschchen Wein genießen kann. Leider ist der Hafenparkplatz stark frequentiert. Nicht immer findet sich auf Anhieb ein Plätzchen und Grabesruhe darf man freilich nicht erwarten.

**(114) WOMO-Stellplatz: Split (Hafen)**

**GPS:** N 43° 30' 07.7" E 16° 26' 33.4" **max. WOMOs:** > 5
**Ausstattung/Lage:** WC, Wasserstelle, Geschäft u. Restaurants nahebei/im Ort.
**Zufahrt:** Den Schildern zum Hafen folgen.

Beabsichtigt man mit der Fähre weiter zu reisen, so kann man, nachdem das letzte Schiff abgefahren ist, auch in der Spur übernachten und am nächsten Morgen mit dem ersten „Dampfer" starten.
Ca. 7 km von der Altstadt entfernt liegt am südlichen Ortsausgang von Split der neue und schöne **Campingplatz Stobreč** (nur wenige 100 Meter von der Magistrale).

**(115) WOMO-Campingplatz-Tipp: Stobreč**

**GPS:** N 43° 30' 15.0" E 16° 31' 34.9", Sv. Lovre 6 **Öffnungszeit:** ganzjährig
**Ausstattung/Lage:** Restaurant, Geschäft, Roller- und Fahrradverleih, Meerlage, reichlich Schatten/außerorts.
**Zufahrt:** An der Magistrale gut ausgeschildert.

Ideal für einen Split-Besuch: Camping Stobreč

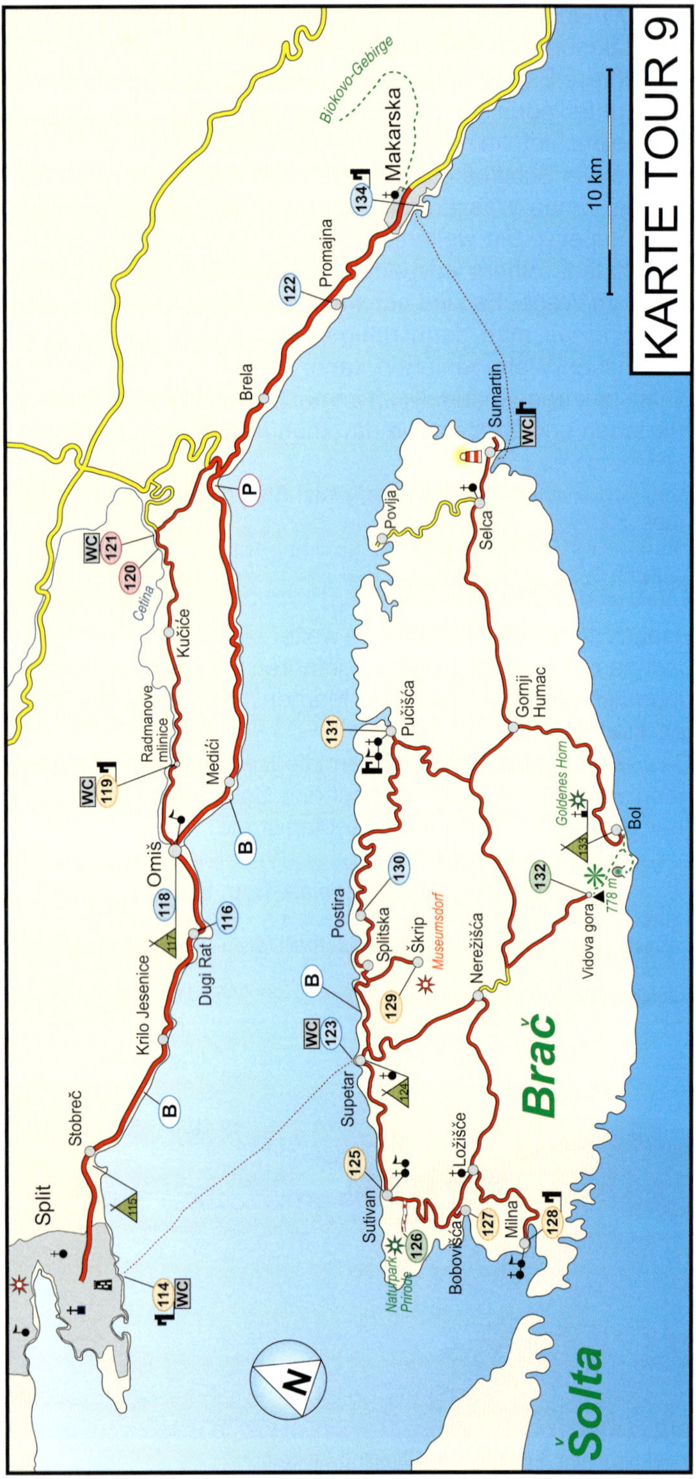
KARTE TOUR 9
10 km
Biokovo-Gebirge
Makarska
134
Promajna
122
Brela
P
Sumartin
WC
Povlja
Selca
WC
121
120
Cetina
Kučiče
Radmanove mlinice
WC
119
Medići
Omiš
118
B
116
117
Dugi Rat
Krilo Jesenice
B
Stobreč
Split
115
114
WC
Pučišća
131
Gornji Humac
Goldenes Horn
133
Bol
132
Vidova gora
778 m
Postira
130
Splitska
Škrip
Museumsdorf
Nerežišća
B
WC
123
129
Supetar
124
Brač
Ložišće
125
Sutivan
126
Naturpark Prirode
Bobovišća
127
Milna
128
N
Šolta

## Tour 9 (Variante 1: 95 km / 2 Tage
## Variante 2: 160 km / 6 Tage)

### Variante 1: Split - Omiš - Makarska

### Variante 2: Split - Supetar (Insel Brač) - Sutivan - Milna - Nerežišća - Škrip - Pučišća - Pražnica - Bol - Selca - Sumartin - Makarska

| | |
|---|---|
| **Freies Übernachten:** | Dugi Rat, Omiš, Cetinaschlucht, Promajna bzw. Variante 2: Supetar, Sutivan, Bobovišća, Milna, Škrip, Postira, Pučišća, Vidova gora, Makarska. |
| **Campingplätze:** | „Galeb“ in Omiš bzw. Variante 2: „Camp Supetar“ nahe der Ortschaft Supetar, „Kito“ in Bol. |
| **Besichtigen:** | Omiš mit der Cetina Schlucht bzw. Variante 2: die Ortskerne und Promenaden fast aller Städtchen der Insel Brač, das Museumsdorf Škrip, das Goldene Horn von Bol, die Altstadt und das Muschelmuseum von Makarska. |
| **Wandern:** | Auf den Vidova gora bei Bol, zur Drachenhöhle nahe Bol und im Biokovo-Gebirge. |
| **Radfahren:** | Mountainbiken im Biokovo-Massiv. |
| **Baden:** | An vielen Stellen der Küste und fast allen Küstenorten. |

In dieser Tour stehen Ihnen zwei Möglichkeiten offen. Sie können uns von SPLIT aus über die **Insel Brač** begleiten, um anschließend in MAKARSKA wieder die Spur der Küstenstraße aufzunehmen. Wünschen Sie auf dem Festland nach MAKARSKA zu reisen - also auf der **Adria magistrale** bzw. über die Berge - so können Sie das ebenso mit uns tun. Das Ergebnis unserer Entdeckungen entlang der Küstenstraße bzw. im Hinterland lesen Sie im ersten Teil der Tour, im zweiten Abschnitt berichten wir Ihnen, was wir auf der **Insel Brač** erlebt haben.

### Variante I: SPLIT - OMIŠ - BRELA - MAKARSKA

Wir kehren dem verkehrsreichen SPLIT den Rücken, und schneller als gedacht rollen wir wieder auf der **Magistrale**, natürlich in südlicher Richtung. An der Strecke reihen sich einige idyllisch gelegene Badeorte auf. Es macht Laune, um die Kurven zu schwenken und immer wieder neue Aussichten zu genießen.

In DUGI RAT entdecken wir zwischen einigen hübschen Wohnhäusern und Blocks, die schon bessere Zeiten gesehen haben, einen Stellplatz in Strandnähe.

**(116) WOMO-Badeplatz: Dugi Rat**

**GPS**: N 43° 26' 37.9" E 16° 38' 24.9" **max. WOMOs**: 2-3

**Ausstattung/Lage**: Restaurants und Geschäfte in der Nähe, zum Strand ca. 150 m/ im Ort.

**Zufahrt**: Vom Ortsschild am Ortsanfang noch 300 m, dann rechts einbiegen (nahe dem Busbahnhof).

Nach ca. 23 km ist OMIŠ und somit der Beginn der sog. **Makarska-Riviera** erreicht. Das alte Städtchen kuschelt sich an die imposanten Felsen des **Mosor-Gebirges** und wird von der **Burgruine Starigrad** überragt, von deren Turm der Blick weit in die Ferne reicht. Dicht drängen sich die Natursteinhäuschen im Kern zusammen. Auffallend sind die vielen Cafés, in denen es sich gut rasten lässt. Zweifelsohne hat OMIŠ ein gewisses Flair, doch man spürt auch die Nachlässigkeit der Bewohner. Aufräumen und ein bisschen „Stadtkosmetik" betreiben, scheint nicht zu deren Hobbys zu gehören. In den Außenbereichen gibt es noch etliche Gebäude mit dem alten „Ostcharme" und wohl notwendige, aber wenig ansehnliche Industrieanlagen.
Noch bevor man zum Zentrum vorstößt, fährt man am Campingplatz „Galeb" vorbei, der über einen lockeren Baumbestand und einen langen, sehr flach abfallenden Sandstrand verfügt.

An der Cetina in Omiš

**(117) WOMO-Campingplatz-Tipp: „Galeb" in Omiš**
**GPS:** N 43° 26' 26.5" E 16° 40' 47.2", Vukovarska **Öffnungszeit:** 01.05.-14.10.
**Ausstattung/Lage:** Geschäft, Kiosk, Restaurant, zum Zentrum (am Strand entlang) ca. 300 m, teilweise Schatten/Ortsrand.
**Zufahrt:** Am Ortsanfang rechts abbiegen (beim Sportstadion).

Nach dem Campingplatz Galeb erstreckt sich rechter Hand ein großer (aber unschöner) Parkplatz, der gut als Ausgangspunkt für eine Stadtbesichtigung geeignet ist (z.Z. noch kostenfrei).
Etwas später überquert man den **Fluss Cetina**. 200 m nach der Brücke biegen wir rechts zum Strand ab. Nach weiteren 200 m halten wir uns rechts, um bis an den Fluss vorzufahren. Hier befindet sich links ein tagsüber gebührenpflichtiger Wiesen-/ Schotterplatz (70 Cent pro Stunde). Ein gepflegter, feinkieseliger Strand schließt an.

**(118) WOMO-Badeplatz: Omiš**
**GPS:** N 43° 26' 32.2" E 16° 41' 16.4" **max. WOMOs:** > 5
**Ausstattung/Lage:** Restaurant, Mülltonnen/Ortsrand.
**Zufahrt:** Im Text beschrieben.

Biegt man nach besagter **Cetina Brücke** von der Hauptstraße links ab, führt eine landschaftliche reizvolle Straße flussaufwärts, hinein in die Schlucht, die die **Cetina** im Laufe der Zeit in das Gebirge gegraben hat. Bei einer **Wassermühle** (Restaurant mit lauschigem Biergarten), der **Radmanove mlinice**, finden wir einen schattigen Parkplatz, auf dem man (nach Rücksprache mit dem Wirt) auch übernachten kann.

Bootsfahrt auf dem Fluß Cetina

**(119) WOMO-Stellplatz: Radmanove mlinice**
**GPS:** N 43° 26' 21.5" E 16° 44' 59.7" **max. WOMOs:** > 5
**Ausstattung/Lage:** Gaststätte, Toilette, Wasserhahn am Gebäude/außerorts.
**Zufahrt:** Bei der Cetina-Brücke links abbiegen, noch 5,8 km.

Etwas unterhalb plätschert gemütlich ein blaugrüner Flussarm, der **Cetina,** durch den „Dschungel“. In seinem oberen Verlauf wird dieser deutlich lebhafter und gern zum Rafting genutzt. Ein besonderes Erlebnis verspricht auch die Befahrung des wildromantischen Canyons mit dem Schiff (Infos und Abfahrt nahe der Cetina Brücke).
Falls Sie an der Mühle nicht aufgenommen werden (so wie uns zwei Leser berichteten), fahren Sie etwa 5,5 km zurück bis kurz vor Omiš. Der Parkplatz links vor dem letzten Tunnel könnte dann zu Ihrem Nachtquartier werden. Natürlich kann man auch, an der Mühle vorbei, dem Sträßlein weiter folgen. Die Fahrbahn wird jetzt schmaler und es geht in etlichen Kehren den Berg hinauf - doch fürchten muss man sich deswegen nicht! Die Strecke erweist sich als landschaftlich sehr schön und bietet teilweise weite Blicke über das Gebirge. Ein Stück des Weges nach dem Dörfchen KUČIĆE nähert sich die Straße wieder der **Cetina**. Gab es bisher nur die eine oder andere rasttaugliche Parkbucht, so lassen sich hier idyllische Picknickplätze am Fluss entdecken, die zu einer Übernachtung einladen.

**(120) WOMO-Picknickplatz: Cetina 1**
**GPS:** N 43° 25' 37.2" E 16° 51' 12.2" **max. WOMOs:** 1-2
**Ausstattung/Lage:** Tische, Bänke, Mülleimer/außerorts.
**Zufahrt:** Knapp 0,5 km vor der Abzweigung nach Slime/Makarska (steile Abfahrt).

### (121) WOMO-Picknickplatz: Cetina 2

**GPS**: N 43° 25' 40.6" E 16° 51' 16.7" **max. WOMOs**: 2-3
**Ausstattung/Lage**: Toilette, Tische, Bänke, Mülleimer/außerorts.
**Zufahrt**: Ca. 300 m vor der Abzweigung Slime/Makarska.

Folgt man schließlich an besagter Kreuzung den Hinweisen nach MAKARSKA, erreicht man nach gut 4 km wieder die **Magistrale** nahe BRELA. Der Ausflug durch die **Cetinaschlucht** und das Gebirge ist zwar kaum länger als die Küstenstraße, doch auf dieser kommt man natürlich deutlich flotter voran.

Bleibt man auf der Küstenstraße so trifft man einige Kilometer nach OMIŠ um MEDIĆI in lockerer Folge auf nette kleine Kiesstrände. An der Straße gibt es reichlich Parkmöglichkeiten - einem Zwischenstopp, um sich kurz zu erfrischen, steht also nichts im Wege. Bald schwingt sich die gut ausgebaute **Magistrale** in höhere Felsregionen hinauf. Dabei wurde die Fahrbahn spektakulär dem Fels abgetrotzt, und der Reisende erhält Ausblicke, die wahrhaft grandios sind. Von einigen Park- bzw. Picknickplätzen kann man das tolle Panorama in Ruhe genießen. Wir streifen den Badeort BRELA und nähern uns allmählich MAKARSKA. Doch zuvor unternehmen wir noch einen Abstecher nach PROMAJNA. Das kleine Dörfchen glänzt mit einem wunderschönen langen und relativ breiten Feinkies-Strand, an dessen Rand leuchtend grüne Föhren für Schatten sorgen. Es gibt ein paar Kioske und Restaurants, Stranduschen und Umkleidekabinen. Direkte Parkplätze am Strand sind aber absolute Mangelware. Tragödie ist das keine, denn zentral in der Gemeinde gibt es eine erstaunlich große Parkfläche (gebührenpflichtig) mit einigen Bäumen.

Am Strand von Promajna

**(122) WOMO-Badeplatz: Promajna**

**GPS:** N 43° 20' 08.9" E 16° 58' 23.6" **max. WOMOs:** > 5
**Ausstattung/Lage:** Geschäfte und Restaurants in der Nähe/im Ort.
**Zufahrt:** Von der Magistrale nach Promajna abbiegen, dann nach 700 m rechts.

Schließlich nehmen wir den letzten kurzen Abschnitt in Angriff und laufen in MAKARSKA ein. Die Strecke SPLIT-MAKARSKA beträgt, inklusive der kleinen Abstecher, ca. 95 Kilometer.

## Variante 2: INSEL BRAČ - MAKARSKA

Die Altstadt von SPLIT und der Fährhafen liegen nicht weit voneinander entfernt. Der Hafen sprengt unsere bisher von Kroatien gewohnten Dimensionen und zeigt sich lebhafter als andere. Wunder ist das natürlich keines, denn zu den zahlreichen regionalen Verbindungen, die von hier aus bedient werden, gesellen sich noch die größeren Italienfähren. Keine Seltenheit sind auch Kreuzfahrtschiffe, die vorübergehend vor Anker liegen und dann einige hundert neugierige Menschen ausspucken. Wir orientieren uns nach den Hinweisen zur **Insel Brač** (SUPETAR), drücken 50 Euro ab, und nach nur kurzer Wartezeit kraxeln wir auch schon an Bord des „Jadroliners" und schwimmen bald dem Eiland entgegen. Die Schiffe verkehren bis zu 13 x täglich, doch zu den Berufsverkehrszeiten kann es schon mal eng werden. Viele Insulaner arbeiten in SPLIT und pendeln mit der Fähre - starker Andrang ist da vorprogrammiert.

**Brač** ist die Heimat von knapp 18.000 Menschen, die größte aller dalmatinischen Inseln und sogar drittgrößte Adriainsel überhaupt. Den höchsten Gipfel mit immerhin 778 m stellt der **Berg Vidova gora**. Berühmt in aller Welt ist das weiße Kalkgestein, aus dem das Eiland - neben Dolomit - vorwiegend besteht. Dieses marmorähnliche Gestein wird in relativ großem Stil abgebaut, und man findet es in nicht ganz unbedeutenden Bauwerken wie etwa dem Berliner Reichstag oder dem Weißen Haus in Washington wieder. Früher nannten die Bewohner **Brač** „die Insel ohne Brot", denn Trinkwasserquellen gab und gibt es kaum. Seit 1973 verläuft eine Wasserleitung vom Festland herüber, die vom **Fluss Cetina** gespeist wird. Wein- und Ackerbau sowie Viehzucht profitierten natürlich davon.

Gemächlich pflügt „unser" Schiff durch die blauen Wellen SUPETAR, dem Hauptort der Insel, zu. Schon von weitem erkennen wir eine grüne mit Kiefern bestandene Halbinsel und einen weitläufigen Badestrand - ausnahmsweise mal wieder mit

Der Hafen von Supetar

Sand bestückt. Ins Auge fällt aber vor allem der Friedhof mit einem interessanten **Mausoleum** in orientalischem Stil, das eine reiche Reeder-Familie erbauen ließ. Ein kleiner Ruck geht durch die Fähre, mit Getöse öffnen sich die Klappen, der Pulk der Fahrzeuge setzt sich in Bewegung und bringt Leben in den Hafen. Für die netten Restaurants und Cafés entlang der von Palmen gesäumten Promenade bedeutet das potentielle Gäste. So mancher gerade angekommene Tourist sorgt erst einmal für das leibliche Wohl, bevor er einen Spaziergang unternimmt oder vielleicht einen Blick in die barocke **Kirche Sv. Petar** (aus dem 18. Jahrhundert) wirft.
Will man ein oder zwei Tage in SUPETAR verweilen, bietet sich der Parkplatz nahe dem Hafen an (in der Saison gebührenpflichtig, 80 Cent in der Stunde). An das sonnige Areal schließt ein sauberer und gepflegter Kies-Badestrand an. In die schöne Innenstadt mit der adretten Fußgängerzone sind es nur wenige Schritte. Am Anfang der kurzen Flaniermeile gibt es rechts nach der Touristeninformation einen Wasserhahn. Angefahren kann dieser aber nicht werden, doch wen der Wassernotstand arg plagt, kann wenigstens zu Fuß mit dem Kanister etwas Nachschub holen.

**(123) WOMO-Badeplatz: Supetar**
**GPS:** N 43° 23' 05.6" E 16° 33' 28.3" **max. WOMOs:** > 5
**Ausstattung/Lage:** Dixi-Toiletten, Geschäfte und Restaurants nahebei/Ortsrand.
**Zufahrt:** Gleich nach der Hafenausfahrt links.

Bevorzugen Sie einen Campingplatz, so orientieren Sie sich in Richtung POSTIRA. 0,9 km nach dem Hafen von SUPETAR liegt linker Hand in einem Pinienwald ein eher kleines terrassiertes Gelände, das allerdings über keinen Zugang zum Meer verfügt. Für einen längeren Aufenthalt erscheint der Platz weniger prädestiniert, doch für eine Übernachtung - nach Ankunft oder vor dem Verlassen der Insel - ist er keine schlechte Lösung.

**(124) WOMO-Campingplatz-Tipp: „Supetar" bei Supetar**
**GPS:** N 43° 22' 49.8" E 16° 33' 52.2" **Öffnungszeit:** 01.05.-30.09.
**Ausstattung/Lage:** Geschäft in der Nähe, Schatten/außerorts.
**Zufahrt:** Von Supetar in Richtung Postira fahren, außerhalb des Ortes links.

Nachdem wir SUPETAR gebührend bewundert haben, streben wir SUTIVAN zu. Auf gut ausgebauter Teerstraße rollen wir über die Insel, die sich trotz bereits fortgeschrittener Jahreszeit als überraschend grün erweist. Zu verdanken ist dieser Umstand den vielen Pinien, Olivenbäumen und anderen hartlaubigen Gewächsen, die ganzjährig ihr „Blätterkleid" tragen. Die Sicht ist klar, und so erhaschen wir immer wieder schöne Blicke auf das Festland und die weit entfernten Häuserburgen von SPLIT. Wir passieren das Dörfchen MIRCA und erreichen bald SUTIVAN.

Spieglein, Spieglein an der Wand...

Bevor wir meerwärts abbiegen, umfahren wir zunächst fast den ganzen Ort. Ein paar Kurven, ein mäßiges Gefälle, und schon entdecken wir einen großen Parkplatz, von dem es kaum fünf Minuten bis zum Zentrum sind. Das Gelände ist frisch geteert und man hat einige junge Bäumchen gepflanzt, die allerdings erst in einigen Jahren Schatten spenden werden. Das Kassenhäuschen zeigt sich (noch) nicht betriebsbereit - dieses Mal dürfen wir gratis stehen!

**(125) WOMO-Stellplatz: Sutivan**

**GPS**: N 43° 22' 58.3" E 16° 28' 42.6" **max. WOMOs**: > 5
**Ausstattung/Lage**: Beleuchtung, Mülleimer, Geschäfte und Restaurants in der Nähe/im Ort.
**Zufahrt**: Rechts nach Sutivan abbiegen (zweite Abfahrt), noch 500 m, dann links.

Das romantische Dörfchen Sutivan

SUTIVAN bietet einige Sehenswürdigkeiten. Neben der **Pfarrkirche** aus dem 16. Jahrhundert gefällt auch das **Kastell** der Familie Marjanović (17. Jahrhundert), welches eine Sonnenuhr schmückt.

Es gibt einige ansprechende **Palazzi** mit schönen Innenhöfen, und auch die **Sommerresidenz** des berühmten kroatischen **Dichters Kavanjin** befindet sich hier. Schlendert man der schnuckeligen Hafenpromenade entlang, so wird man sogar einer **Windmühle** gewahr.

Doch nicht nur die gerade aufgezählten Bauwerke machen den Reiz dieses Ortes aus, sondern auch die üppig wuchernden Gewächse in und um SUTIVAN. Da erfreuen Granatäpfel und blühende Oleander das Auge, die lilafarbenen Bougainvilleen zeigen sich im Farbenrausch, und die Blätter vor Gesundheit strotzender Palmen wiegen sich im Wind. Es macht wirklich Laune, ein wenig herumzuspazieren.

Ein kurzes Wegstück nach SUTIVAN führt rechter Hand eine gute Schotterstraße in den **Naturpark Prirode** (Eintritt gut 2 Euro). Bei einem Restaurant, das von einer liebevoll gepflegten Parkanlage umgeben ist, kann man (kostenpflichtig) übernachten. Ein kleiner Sportplatz ist ebenfalls vorhanden.

Natürlich lassen sich von hier aus auch wunderbar Streifzüge in die Natur unternehmen.

**(126) WOMO-Wanderparkplatz: Prirode**

**GPS**: N 43° 22' 11.0" E 16° 28' 00.3" **max. WOMOs**: 3-4
**Ausstattung/Lage**: Restaurant, Toilette, Spielplatz, Tische, Bänke/außerorts.
**Zufahrt**: Vom Ortsendeschild Sutivan nach 1,1 km rechts abbiegen, nach weiteren 500 m links durch ein Tor fahren noch 200 m.

Wiederum ein Stückchen weiter zweigt rechts eine Stichstraße nach BOBOVIŠĆA N.M. (am Meer) ab. Kurz darauf ist der in einer idyllischen Bucht gelegene Ort erreicht. Ein kleiner Parkplatz am Hafen nimmt die Besucherfahrzeuge auf.

**(127) WOMO-Stellplatz: Bobovišća**

**GPS**: N 43° 20' 58.7" E 16° 27' 51.9" **max. WOMOs**: 2-3
**Ausstattung/Lage**: Restaurant, winziges Geschäft, Mülltonne/im Ort.
**Zufahrt**: Vom Ortsendeschild Sutivan nach ca. 4,3 km rechts abbiegen, noch 800 m.

Bobovišća, ideal für Erholungssuchende

Über LOŽIŠĆA, einem ruhigen blitzsauberen Ort mit alten Steinhäusern, an denen bunte Fensterläden farbenfrohe Akzente setzen, geht es weiter. Faszinierend wirkt der schlanke **Kirchturm** mit seinen vielen Verzierungen und kleinen Säulen. Am Ende des schmucken Dorfes mit seinen hübschen Gärten zweigt eine Stichstraße in Richtung MILNA ab. Die Durchfahrt ist etwas schmal, doch der weitere Straßenverlauf präsentiert sich schon wieder im bereits gewohnten guten Zustand. In weiten Schwüngen zieht die Straße den Hang hinunter und endet im lebhaften Hafen von MILNA.
Skipper finden hier die größte **Marina** der Insel vor, die vielen im Wasser dümpelnden Boote verleihen dem Städtchen ein

Junges Herz in Milna

farbenfrohes Bild. Wohnmobilisten können nahe des Hafenbeckens parken und auch halbwegs ruhig übernachten (empfehlenswert nur in der Nebensaison, da wenig Platz vorhanden ist). Wasser lässt sich an den vielen Zapfsäulen entlang dem Ufer recht komfortabel bunkern. Ganz in der Nähe kann man sich in einer Mini-Markthalle mit frischem Obst und Gemüse eindecken.

**(128) WOMO-Stellplatz: Milna**

**GPS:** N 43° 19' 32.1" E 16° 26' 59.0" **max. WOMOs:** 2-3
**Ausstattung/Lage:** Geschäfte, Restaurants und Wasserstellen nahebei/im Ort.
**Zufahrt:** In Milna rechter Hand des Hafenbeckens.

Antikes Herz in Milna

Flaniert man der Hauptzeile entlang, genießt man einen schönen Blick über die tief eingeschnittene Bucht und die umliegenden Hügel. Besonders erholsam lässt sich das Panorama von einem Stühlchen aus und bei einem Espresso in einem der zahlreichen Cafés bewundern. Die Geschichte MILNAS reicht nicht allzu tief in die Vergangenheit. Das älteste Bauwerk ist das **Kastell Anglišćina** aus dem 16. Jahrhundert. Über eine Treppe gelangt man zu einem kleinen Platz, in dessen Mitte eine Büste vor der mit Arkaden verzierten **Loggia** thront. Seitlich davon erhebt sich die **Pfarrkirche** (18. Jahrhundert) mit einem kunstvollen Altarbild.

Wasserratten und Badenixen kommen ebenso auf ihre Kosten. Im Süden des Ortes lädt der Strand Osibova zum Schwimmen und Plantschen ein.

Wir touren zurück nach LOŽIŠĆA. Während wir mit unserem Mobil den Hang hinauf brummeln, haben wir genügend Muße, die in Knochenarbeit zusammengetragenen großen grauen Steinhaufen links und rechts der Straße zu bestaunen. Da vor kurzer Zeit ein Feuer das Buschwerk niedergebrannt hat, treten die steinernen Berge besonders stark hervor. Am Ortsrand von LOŽIŠĆA zweigt rechts ein Sträßlein nach NEREŽIŠĆA ab. Es ist gut in Schuss, allerdings auch recht schmal. Das Verkehrsaufkommen hält sich stark in Grenzen, und so gibt es keine Probleme. Ein kleiner, verschlafener Weiler namens DRACERIČA liegt auf der Strecke. Zwei alte Männer sitzen vor einem Mäuerchen und scheinen am Geschehen der Welt nicht interessiert zu sein. Bald fällt unser Blick auf Marmorsteinbrüche, die klaffende Wunden in die Landschaft reißen. Die bereits geschnittenen und gelagerten

In aller Welt bekannt: Bračer Marmor

Blöcke beeindrucken uns. Was mag wohl ein solcher Quader wiegen?
Wir erreichen NEREŽIŠĆA, das ehemalige Verwaltungszentrum der **Insel Brač**. Vom einstigen Prunk ist nicht viel geblieben. Neben Spuren früherer Kultur kündet nur noch der **Fürstenhof** mit einem geflügelten Löwen vom alten Glanz. Wir wenden uns nun wieder SUPETAR zu. Die Straße verläuft zunächst geradlinig und schließlich in einigen Kurven und Kehren dem Hafenort zu. Nach unserer Rundfahrt stehen nun 43 km mehr auf dem Tacho. Wir streifen SUPETAR nur leicht und rollen weiter in Richtung POSTIRA. Bald führt ein Abzweig hinunter zur idyllischen, an einer winzigen Bucht gelegenen Ortschaft SPLITSKA. Ein kurzer Abstecher lohnt sich!
Unser Ziel ist jetzt das **Museumsdörfchen** ŠKRIP. Bald zweigt auf dem Weg nach POSTIRA eine Teerstraße bergwärts ab. Nach nur 3 km laufen wir in der 500 Seelen zählenden Gemeinde ein. Sie gilt als älteste Siedlung auf **Brač**. Am Ortsanfang schickt uns ein Schild links zum „**museum of the island**". Nach 700 m auf schmaler Fahrbahn stehen wir auf einem netten Parkplatz, der teils schief, teils eben auch mit einigen Bäumen aufwarten kann. Uns wurde berichtet, der Andrang sei oft groß - um so erstaunter stellen wir jetzt fest, dass wir die einzigen sind. Sollte Ihnen dieses Glück nicht widerfahren, dann bauen Sie auf den Abend - da leert sich das Plätzchen zusehends.

**(129) WOMO-Stellplatz: Škrip**

**GPS:** N 43° 21' 21.7" E 16° 36' 37.1" **max. WOMOs:** 2-3
**Ausstattung/Lage:** Restaurant ca. 400 m, Mülltonnen/außerorts.
**Zufahrt:** 400 m nach dem Ortsanfang (Schild) von Škrip links abbiegen, noch 700 m.

Im Museumsdörfchen Škrip

Die Kulturschätze liegen praktisch vor der WOMO-Tür. In landschaftlich schöner Lage lassen sich etliche Behausungen der einfachen Leute (Bauern, Knechte, Mägde) bewundern. Die niedrigen Häuser bestehen aus kunstvoll aufgeschichteten Steinplatten, und auch die Bedeckung wurde aus dem gleichen Material gefertigt. In einem alten **Wehrturm**, der schon Illyrern, Römern und Venezianern als Domizil diente, ist heute ein Museum untergebracht. Ausgestellt wird Kulturgeschichtliches, u.a. Sarkophage und eine Herkulesstatue. Geöffnet ist das „**Bracki Museum**" täglich von 10.00-18.00 Uhr. Neben dem Gebäude sind die Reste einer illyrischen **Zyklopenmauer** und ein **Friedhof** aus der Römerzeit zu besichtigen. Die **Friedhofskirche** ist romanischen Ursprungs. Spaziert man noch ein paar Schritte weiter, so gelangt man zu einer Aussichtsterrasse, von der man einen weiten Blick auf das Umland erhält.
Interessant ist auch der Umstand, dass sich die Anwohner Esel als Lasttiere halten. Im unwegsamen Gelände sind die Langohren von Vorteil, und Kinder bekommen beim Anblick der Grautiere glänzende Augen.

Das Museum in Škrip

Über POSTIRA reisen wir weiter. Das Städtchen liegt etwa in der Mitte der nördlichen Küste und rühmt sich, der Geburtsort bekannter Bildhauer (z.B. N. Lazanic) und bedeutender Dichter (z.B. Vladimir Nazor) zu sein. Außerdem sorgt eine große Gärtnerei im Herzen der Ortschaft für die überregionale Belieferung mit Gemüse und Blumen. Im Herzen des Ortes gibt es einen hübschen Parkplatz. Von hier aus erreicht man schnell den Strand und die Flaniermeile. Bei größerem Andrang kann man auf den weniger schönen Platz gegenüber ausweichen.

**(130) WOMO-Badeplatz: Postira**

**GPS**: N 43° 22' 31.8" E 16° 37' 38.9" **max. WOMOs**: > 5

**Ausstattung/Lage**: Beleuchtung, Mülleimer, Geschäfte und Restaurants in der Nähe/ im Ort.

**Zufahrt**: Von der Hauptstraße links nach Postira abzweigen, noch 700 m (blaue Parkplatzhinweise).

Nach POSTIRA zieht das kurvige, aber gute Sträßchen ein wenig landwärts. Üppiges, rosa blühendes Heidekraut leuchtet zu uns von den Hängen herunter, und ab und zu mustert uns ein Esel mit stoischem Blick aus der Macchia heraus. Schließlich senkt sich die Straße wieder ab zum Meer und mündet in die größte „Stadt" der Insel. PUČIŠĆA zählt 1700 Einwohner und liegt an einer langen, gewundenen und fjordähnlichen Bucht. Am Ortsanfang links erstreckt sich ein riesiges sonniges Parkareal.

**(131) WOMO-Stellplatz: Pučišća**

**GPS**: N 43° 20' 55.2" E 16° 43' 48.0" **max. WOMOs**: > 5

**Ausstattung/Lage**: Beleuchtung, Mülleimer/Ortsrand.

**Zufahrt**: Am Ortsanfang von Pučišća links.

Zum Hafenbecken, um das sich die Häuser gruppieren, benötigt man kaum fünf Minuten. Hier befinden sich auch etliche gut anzulaufende Wasserstellen.

Sehenswert sind die alten **Kastelle** aus dem 15. und 16. Jahrhundert und die **Pfarrkirche Sv. Jerolim**, die über einen dem Heiligen Antonius geweihten Altar und bemerkenswerte Gemälde verfügt. Eine gewisse Berühmtheit erlangte der Ort als „Stadt der Steinmetzkunst". Geht man auf der linken Seite des

Nicht immer gestattet: ein Blick in die Steinmetzschule von Pučišća

Hafenbeckens entlang, wird man bald der **Steinmetzschule** gewahr. Hier meißeln die jungen Nachwuchskünstler eifrig unter Aufsicht eines Lehrmeisters an Steinblöcken herum, und so manches Ergebnis kann sich durchaus sehen lassen. Es ist eine harte und vor allem staubige Arbeit. Doch nur wenige Schritte von der Schule entfernt, lockt ein kleiner Kies-Badestrand, an den auch betonierte Flächen anschließen, mit kristallklarem Wasser. Eine prima Erfrischung für angehende Steinmetze und natürlich auch für erhitzte Touristen.
Am Ende der Bucht wird in einem Kalksteinbruch marmorähnliches Gestein im großen Stil abgebaut. Fast rund um die Uhr werden dem Berg die steinernen Blöcke aus dem „Bauch gesägt". Die Auftragslage ist gut, der **Bračer Marmor** wird in alle Welt verschickt.
Jetzt wählen wir die Strecke hinauf in die Bergwelt und landen bald in PRAŽNICA. Mitten auf dem Dorfplatz erhebt sich keck eine kleine steinerne **Kapelle**. Wir orientieren uns Richtung NEREŽIŠĆA, und in zügiger Fahrt geht es voran. Bald weist uns ein Schild den Weg zum **Vidova gora**. Wir biegen links ab und brummeln gemächlich das recht ordentliche Teersträßchen hinauf zum höchsten Berg der **Insel Brač**, der mit 778 m Seehöhe schon eine stattliche Erhebung darstellt. Mythen und Sagen ranken sich um diesen Gipfel. Bis heute rätselt man, ob hier einst die Hexen tanzten und ihren Schabernack trieben oder slawische Gottheiten den Berg zu ihrem Wohnsitz erkoren hatten. Nicht weit vom jetzigen Straßenverlauf soll in grauer Vorzeit der Teufel in Höhlen gehaust haben, und vielleicht tut er es ja immer noch!? Mutig arbeiten wir uns durch den mit Steinen durchsetzten Kiefernwald hinauf und errei-

Blick vom Vidova Gora auf das Goldene Horn

chen schließlich ein kleines Plateau. Die Aussicht ist einfach himmlisch!
Tief unter einem Felsabbruch glitzert türkisfarben das Meer, in das das berühmte **Goldene Horn** eingebettet ist. Dieser herrliche 600 m lange feinkieselige Strand (die Einheimischen sprechen gerne von Sand) ragt weit in die Fluten hinein und bietet unzähligen Sonnenanbetern und Badegästen Raum zur Erholung. Östlich davon erkennt man den malerisch an der Küste gelegenen Touristenort BOL. Wir packen Tische und Stühle aus und lassen uns häuslich nieder. Dieses Plätzchen dürfte wohl zu den schönsten Kroatiens zählen. Es herrscht Ruhe, nur eine leichte Brise umfächelt uns - um es noch einmal zu wiederholen - es ist einfach himmlisch. Einen Wermutstropfen gibt es allerdings. Eine Unmenge kleiner Fliegen umschwirren uns. Die Biester stechen zwar nicht, können aber teuflisch lästig sein...

**(132) WOMO-Wanderparkplatz: Vidova gora**
**GPS:** N 43° 16' 55.6" E 16° 37' 20.6" **max. WOMOs:** 3-4
**Ausstattung/Lage:** Restaurant in der Nähe, wunderschöne Aussicht/außerorts.
**Zufahrt:** 5,7 km nach der Abzweigung von der Hauptstraße.

Wanderparkplatz auf dem Vidova gora

Eines Fußmarsches von knapp zehn Minuten (400 m) bedarf es, um zum Lokal beim Gipfelkreuz neben dem Sendemasten zu gelangen. Die Bezeichnung Restaurant ist etwas übertrieben, Hütte ist wohl treffender. Für eine einfache Mahlzeit und ein erfrischendes Getränk reicht es aber allemal. Unter Umständen kann man auch das letzte Stück mit dem WOMO in Angriff nehmen, allerdings ist der Parkraum beim Lokal sehr eingeschränkt.
Nachdem wir BOL und das **Goldene Horn** aus der Flugzeug-

Das Goldene Horn nahe Bol

perspektive kennengelernt haben, möchten wir es auch näher erkunden. Wir rollen wieder durch den Zauberwald hinunter, steuern erneut PRAŽNICA an, fahren weiter über GORNJI HUMAC und laufen schließlich in BOL ein. Das Negative zuerst: Freies Camping jedweder Art ist ausdrücklich untersagt, und keiner der vorhandenen Campingplätze verfügt über einen direkten Strandzugang. Wir nisten uns im kleinen Privatcamping Kito ein, der von den Besitzern liebevoll geführt wird. Lassen Sie sich am Abend von den Kochkünsten der Chefin verwöhnen, Sie werden es nicht bereuen!

**(133) WOMO-Campingplatz-Tipp: „Kito" in Bol**

**GPS:** N 43° 15' 46.4" E 16° 38' 56.5", Bracke Ceste **Öffnungszeit:** 01.01.-31.12.
**Ausstattung/Lage:** Gaststätte, Geschäft nahebei, teilweise Schatten, ins Zentrum ca. 15 Gehminuten/Ortsrand.
**Zufahrt:** Von der Zufahrtsstraße 0,4 km nach dem Ortsschild links abbiegen.

In einem Olivenhain am Hang liegt das **Kamp Kanun** (GPS: N 43° 15' 53.1" E 16° 38' 36.9"). Der kleine Platz bietet Ruhe und eine schöne Aussicht - allerdings geht es recht beengt zu. Die Auffahrt befindet sich gegenüber dem Tenniscenter.
Wer nur baden möchte, kann sein Mobil für ca. 7 Euro tagsüber auf dem schattigen Parkplatz nach dem **Goldenen Horn** abstellen (ausgeschildert, Übernachtungsverbot).
BOL ist ganz auf Tourismus ausgelegt, doch das vermindert kaum den Charme dieses hübschen Ortes mit seiner langen Uferpromenade. Man kann beschaulich in einem Café oder Restaurant sitzen und dem Treiben zuschauen. Markt ist täglich, und angebotenes Obst und Gemüse verführen zum Kauf. Zahlreiche Stände werben mit Kunst und Kitsch um die Käufergunst. Wünschen Sie vielleicht ein bisschen Kultur? In der **Galerie Branko-Dešković** am Hafen können Sie Skulpturen und Bilder verschiedener Künstler bewundern, und am Ostende des Ortes wartet ein **Dominikanerkloster** mit einem kleinen **Museum** auf. Geöffnet ist es täglich von 08.00-12.00 Uhr und von 17.00-20.00 Uhr, Eintritt ca. 1 Euro. Schlendert man vom Zentrum in die andere Richtung, wird man nach reichlich einem Kilometer durch den Anblick des **Goldenen Horns** erfreut. Der Weg dahin ist schattig und führt an etlichen Hotelanlagen vorbei.

Der malerische Hafen von Bol

Vom Hafen aus bieten sich Schiffsausflüge an. Täglich schippern die **Ausflugsboote** auf die **Insel Hvar** (Abfahrt 09.00 Uhr, Rückkehr 18.00 Uhr, 12 Euro pro Person). Eine interessante Tour stellt zweifellos die Fahrt zum **Eremitenkloster Blaca** dar. Mit dem Schiff geht es bis zu einem gewissen Punkt im Südwesten der Küste. Nach einer Wanderung von knapp einer halben Stunde erreicht man das alte, am Fels klebende Kloster, das, versteckt in einsamer Lage, schon Jahrhunderte gesehen hat. Jeweils Dienstag und Donnerstag verkehrt das Schiff, Abfahrt ist um 09.00 Uhr, Rückkehr um 14.00 Uhr. Der Preis pro Person beträgt 9 Euro (Eintritt Eremitage ca. 1 Euro).

### WOMO-Wandertipp: Vidova gora

**Gehzeit:** 2-2,5 Std. **Schwierigkeit:** mittel **Höhenunterschied:** 770 m
**Strecke:** Den Vidova gora, den höchsten Berg der Insel Brač, haben wir bereits von der Rückseite mit dem WOMO erstürmt. Von Bol aus lässt sich der Gipfel auch über einen markierten Wanderweg (rot/weiß/rot) bezwingen. Der Weg beginnt im **Zentrum** von **Bol**, führt danach über **Podborje** durch Olivenhaine und Weinberge und schließlich hinein in den grauen Fels. Der Steig gestaltet sich nicht als sonderlich schwierig, aber doch anstrengend. Feste Schuhe sind vonnöten!

### WOMO-Wandertipp: Drachenhöhle

**Gehzeit:** 45 Min. **Schwierigkeit:** mittel **Höhenunterschied:** 250 m
**Strecke:** Ausgangspunkt für diese Wanderung ist **Murvica,** ca. 4 km westlich von Bol. Der Weiler ist per Fahrzeug/Fahrrad zu erreichen. Man verlässt **Murvica** in östlicher Richtung, der Weg führt durch einen Kiefernbestand und steigt zunächst leicht an. Steiler und westwärts führt der Steig zu einer **Klosterruine**. Nach weiteren fünf Minuten muss man auf die fast zugewachsene Abzweigung nach oben achten - gleich darauf ist die **Höhle** erreicht. Bisher konnte das Höhleninnere stets frei besichtigt werden, leider ist das nicht mehr möglich. Möchten Sie die Reliefs und Darstellungen im Inneren sehen, müssen Sie sich vorher an die Info-Nummer 091/ 514-97-87 wenden („Da werden Sie geholfen", verspricht uns die Dame aus der Touristeninfo im besten Verona-Feldbusch-Pooth-Deutsch).

Wir verlassen BOL, und auch unsere Inselexkursion auf **Brač** neigt sich dem Ende zu. Bevor wir den Fährhafen SUMARTIN anlaufen, halten wir für einen Zwischenstopp in SELCA. Der Ort liegt eingebettet im Grünen und verfügt über schöne Parkanlagen. Beherrscht wird das Bild von der wuchtigen **Marmorkathedrale.** Überhaupt wird das 1000-Seelen-Städtchen von Marmor und Steinmetzkünsten geprägt. Wohin das Auge auch schweift, das edle Material ist allgegenwärtig. Neben einem Denkmal von Leo Tolstoj, das bereits 1911 (ein Jahr nach seinem Tod) aufgestellt wurde, ziert auch die Büste eines anderen bedeutenden Mannes eine Grünanlage. Es ist die unseres Ex-Außenministers Hans Dietrich Genscher!
SUMARTIN war noch vor wenigen Jahren ein verschlafenes Nest, in dem es nicht mal ein Restaurant gab. Jetzt scheint es aus dem Dornröschenschlaf erwacht zu sein. Sage und schreibe drei Lokale bemühen sich um Gäste, ein Geschäft, ein Kiosk und ein kleiner Markt stehen zur Verfügung. Auffallend sind einige Häuser, deren Dächer mit Marmorstaub versehen sind und dadurch wie mit Zucker bestreut wirken. Das schöne Erscheinungsbild war jedoch nicht Zweck der Übung. Vielmehr diente der Kalkstaub der Reinigung des Regenwassers. Vor

dem Bau der Trinkwasserleitung zur Insel wurde der Niederschlag in Behältern gesammelt und diente den Menschen als Lebenselixier.
Am Fähranleger stehen drei Dixi-Toiletten, und am Hafenbekken entdecken wir einige Wasserhähne, teilweise liegt sogar ein Schlauch bereit!
Wichtig: Falls Sie **Brač** ebenso über den Fährhafen SUMARTIN verlassen wollen, erkundigen Sie sich vorher nach dem Fahrplan. Die Fähre verkehrt nur 2-5 Mal pro Tag. Fahren sie den Hafen nicht gezielt an, müssen Sie unter Umständen stundenlang warten! Die Überfahrt (zwei Personen/WOMO) erleichtert Ihren Geldbeutel um 50 Euro (u.U. wird man rückwärts auf das Schiff gelotst!).
Die Strecke von BOL nach SUMARTIN beträgt 28 km. Für die gesamte Insel-Rundfahrt sind ca. 160 km zu veranschlagen.
Nachdem wir SUMARTIN deutlich länger bewundert haben, als uns lieb ist, schaukelt uns endlich die Fähre MAKARSKA entgegen, dem Hauptort der gleichnamigen, ca. 60 km langen Riviera. Die Anfahrt ist faszinierend. Malerisch liegt die

Anfahrt auf Makarska

Stadt an der mit viel Grün bewachsenen Küste, die auch durch ihre feinkieseligen Badestrände gefällt. Im Hintergrund erhebt sich das wuchtige **Biokovo-Gebirge** mit seinen karstigen Felsen. Der höchste Gipfel ist der **Sveti Jure**, der gewaltige 1762 Meter in den blauen Himmel ragt. Eine gewagte Straße führt zu ihm hinauf, mit dem Wohnmobil hinaufzufahren ist allerdings ein etwas kritisches Unterfangen.
Nachdem die Fähre die waldreiche **Halbinsel Sv. Petar** umrundet hat, legt sie direkt an der Strandpromenade an, und wir fädeln uns vorsichtig in den fließenden Verkehr der Einbahn-

straße ein. Am Ende des Hafenbeckens liegt ein großer Parkplatz. Der Aufenthalt mit dem WOMO ist auf maximal 24 Stunden beschränkt (Tagestarif 21 Euro bzw. 1,2 Euro pro Stunde). Ein kleiner Teil davon wird durch Pinien beschattet. Am südlichen Ausgang schließt ein Badestrand mit betonierten Liegeflächen an. Als Ausgangspunkt für einen Stadtbummel ist dieser Platz ideal, wenn auch nachts nicht immer leise.

**(134) WOMO-Badeplatz: Makarska**

**GPS:** N 43° 17' 29.4" E 17° 01' 13.2" **max. WOMOs:** > 5

**Ausstattung/Lage:** Stranddusche mit Wasserhahn, Mülltonnen, Restaurants und Geschäfte/im Ort.

**Zufahrt:** Am östlichen Ende der Strandpromenade rechts, ca. 500 m vom Fähranleger entfernt.

Ca. 150 m von diesem Parkplatz entfernt, neben einem **Franziskanerkloster**, hält das **Muschelmuseum** (Malakološki Muzej) seine Pforten für Besucher geöffnet (Montag bis Samstag 10.00-12.00 Uhr und 17.00-19.00 Uhr, Sonntag von 10.00-12.00 Uhr, Eintritt ca. 2 Euro). Es ist ein Museum, das Laune macht. Besonders Kinder haben ihren Spaß daran. Ausgestellt werden Fische und Muscheln in allen Größen und abenteuerlichen Variationen.

Quasi nur ums Eck erstreckt sich die herrliche Strandpromenade mit Blumenbeeten und ausladenden Palmen. Auf der Landseite reihen sich die Lokale fast ununterbrochen aneinander, doch zwischendrin führt immer wieder ein Gässchen oder eine Treppe in die Altstadt. Sie wird dominiert von einem großen, blumengeschmückten Hauptplatz, wo sich vor der prachtvollen Kulisse des **Biokovo-Gebirges** die **Pfarrkir-**

Makarska, am Fuß des Biokovo-Gebirges

**che Sveti Marko** erhebt. Das Gotteshaus ist sehr beliebt bei Hochzeitspaaren, die sich hier vor allem an Samstagen das „Ja-Wort“ geben. In der Regel verläuft die Feier sehr traditionell. Mit Stolz trägt man die farbenfrohe dalmatinische Tracht. Auf dem Weg vom Standesamt zur Kirche wird die Hochzeitsgesellschaft von Akkordeonspielern begleitet, die mit Herzblut in die Tasten greifen und altes Liedgut zum Besten geben. Nahe der Kirche steht ein barocker Brunnen, etwas unterhalb das Denkmal eines Dichters, wunderschön mit Mosaiksteinchen und einem Wappen verziert. Seitlich des Gotteshauses schließt ein bunter Markt an, auf dem man alles erstehen kann, was in der Region gedeiht. Spaziert man vom Hauptplatz ein paar Schritte in östliche Richtung, stößt man auf ein weiteres privates **Muschelmuseum**, das ein uriges Sammelsurium in kleinem Rahmen zeigt. Der Eintritt beträgt ca. 2 Euro, die Öffnungszeiten hängen von der Lust des Besitzers ab - meist von 10.00-14.00 Uhr.

**WOMO-Wandertipp: Biokovo-Gebirge**

Das Biokovo-Gebirge lädt zu Wanderungen aller Schwierigkeitsgrade ein. Vom einfachen Spaziergang bis zur anspruchsvollen Kraxeltour ist alles möglich. Informationen bekommen Sie im **Touristenbüro Makarska** und, falls nicht gerade vergriffen, auch eine Gratis-Wanderkarte dazu. Besseres Material bietet der örtliche **Fachhandel**.

Suchen sie die Herausforderung mit dem Drahtesel, so können Sie auf ausgewiesenen **Mountainbike-Routen** Ihre Leistungsfähigkeit bis an die Grenze testen. Nähere Infos hierzu bekommen Sie im **Touristenbüro**.

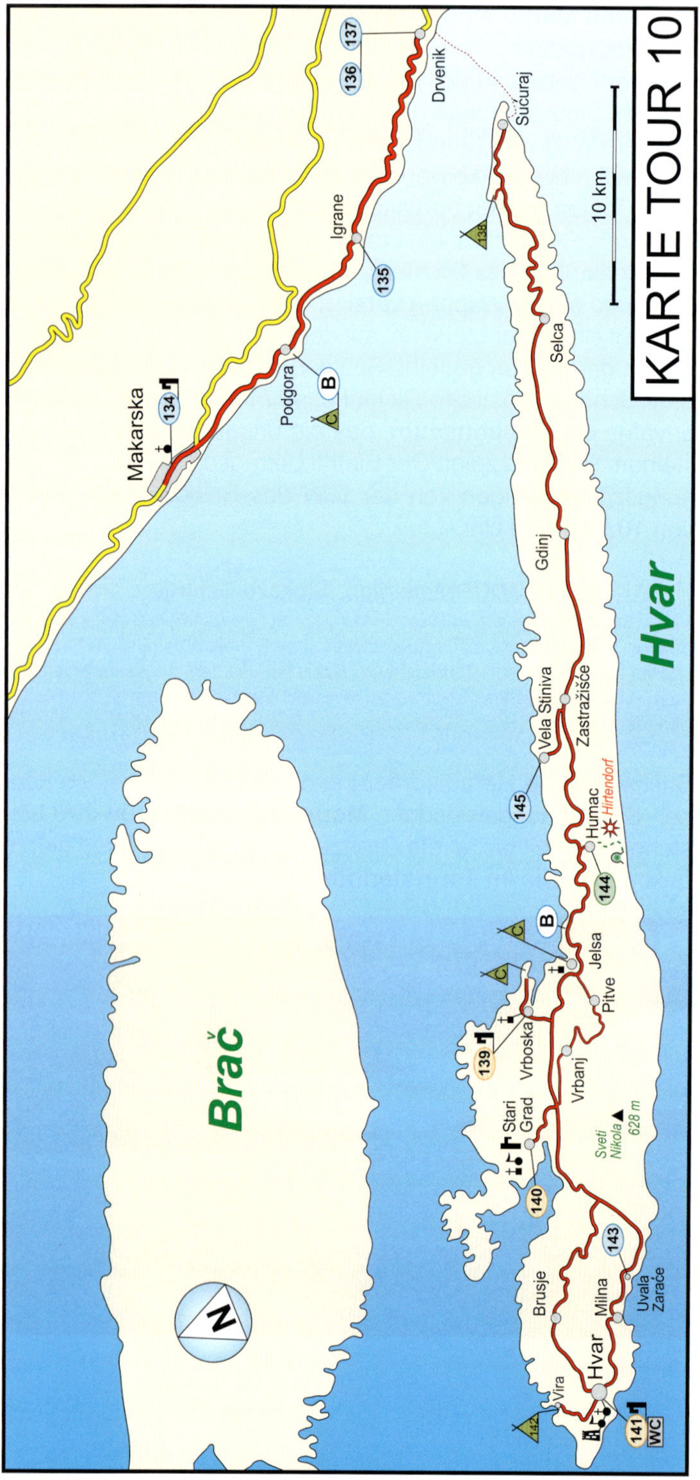
KARTE TOUR 10
10 km
Drvenik
Sućuraj
137
136
Igrane
135
Makarska
134
Podgora
B
C
138
Selca
Gdinj
Hvar
Vela Stiniva
Zastražišće
145
Humac
Hirtendorf
144
B
C
C
Jelsa
Pitve
Vrboska
139
Vrbanj
Stari Grad
140
Sveti Nikola
628 m
Brač
143
Brusje
Milna
Uvala Zaraće
Hvar
Vira
142
141
WC
N

## Tour 10 (230 km / 5 - 6 Tage)

### Makarska - Igrane - Drvenik - Sućuraj - Jelsa - Vrboska - Starigrad - Hvar - Vrsnik - Humac - Sućuraj - Drvenik

| | |
|---|---|
| **Freies Übernachten:** | Igrane, Drvenik, Vrboska, Stari Grad, Hvar, Uvala Zaraće, Humac, V. Stiniva. |
| **Campingplätze:** | „Mlaska“ nahe Sućuraj, „Vira“ nahe Hvar. |
| **Besichtigen:** | Die Ortskerne von Jelsa, Vrboska und Starigrad, Wehrkirche Sv. Marija in Vrboska, die Altstadt von Hvar, Hirtensiedlung Humac. |
| **Wandern:** | Rund um Humac mit Besuch der Höhle Grabčeva špilja. |
| **Baden:** | Viele Möglichkeiten entlang der Küste. |

Auf der Küstenstraße rollen wir weiter. Ausgesprochen hübsche Strände leuchten zu uns herauf, doch anzufahren sind sie leider in der Regel nicht. Entweder zeigt sich das Gelände zu unwegig oder die Badebucht ist einem Hotel oder einer Pension zugehörig. In PODGORA finden wir am Hafen einen Parkplatz (keine Übernachtung!), in dessen Nähe es sich auch baden lässt. Am südlichen Ende des Ortes gibt es einen einfachen Campingplatz mit reichlichem Baumbestand.
In IGRANE biegen wir meerwärts ab und entdecken am Hafen einen praktischen, sonnigen Parkplatz (10 Euro/24 Stunden). Der Badestrand und das Zentrum des Örtchens sind nicht weit entfernt.

**(135) WOMO-Badeplatz: Igrane**
**GPS**: N 43° 11' 43.7" E 17° 08' 42.0" **max. WOMOs**: 3-4
**Ausstattung/Lage**: Restaurants und Geschäfte in der Nähe, Mülleimer/Ortsrand.
**Zufahrt**: Von der Magistrale zum Hafen abbiegen, noch 1,7 km.

Nachdem wir 30 km am Fuß des **Biokovo-Massivs** entlang getourt sind, erreichen wir die Abfahrt zum kleinen **Fährhafen** DRVENIK. Ein kurzes Stück den Hang hinab, und schon ist es geschafft. Vor der Hafeneinfahrt links lädt ein Parkplatz zum Übernachten ein. Er ist von rot und weiß blühenden Oleanderbüschen gesäumt und einigen Häusern umgeben. Quasi vor der Haustür finden wir einen Marktstand mit frischem Obst und Gemüse. Selbst ein Bäcker fehlt nicht. Bis zu den netten Cafés am Hafen sind es nur wenige Schritte. Seitlich erstreckt sich ein schmaler, doch langer Kiesstrand, an dem einige Pinien ihre Schatten werfen. Der Fährverkehr beeinträchtigt die

Badefreuden nicht, zumindest optisch erscheint das Wasser rein und klar.

**(136) WOMO-Badeplatz: Drvenik 1**
**GPS:** N 43° 09' 21.1" E 17° 14' 53.7" **max. WOMOs:** 3-4
**Ausstattung/Lage:** Kiosk, Restaurants, Geschäfte/im Ort.
**Zufahrt:** In Drvenik vor der Hafeneinfahrt links.

Eine weitere Stellmöglichkeit gibt es am ca. 200 m entfernten Fähranleger.

Drvenik: Badeplatz 2

**(137) WOMO-Badeplatz: Drvenik 2**
**GPS:** N 43° 09' 13.0" E 17° 14' 58.9" **max. WOMOs:** 3-4
**Ausstattung/Lage:** Kiosk, Restaurants, Geschäfte, Bänke/im Ort.
**Zufahrt:** 200 m nach dem ersten Platz am Hafenende.

Beide Plätze kosten ca. 1 Euro pro Stunde, die Zeit von 24.00 Uhr bis 07.00 Uhr ist frei.
Ungefähr einer halben Stunde bedarf es, um mit dem Fährschiff von DRVENIK nach SUĆURAJ, auf der **Insel Hvar,** zu gelangen. Bis zu zehn Überfahrten täglich gewährleisten eine schnelle Verbindung ohne lange Wartezeiten. Der Preis für ein WOMO mit zwei Personen beträgt gut 32 Euro.
**Hvar** wird auch die **Lavendelinsel** genannt. Stellenweise bedecken diese Stauden wie ein Teppich den Boden und verwandeln zur Blütezeit im Juni (evtl. bis Mitte Juli) die Landschaft in ein wogendes lilafarbenes Meer. Es ist ein fast unnatürliches Bild, und es wäre wohl kaum verwunderlich, darin eine „Milkakuh“ weiden zu sehen. Auch andere Kräuter wie

Anfahrt auf die Insel Hvar

Rosmarin, Salbei und Thymian fühlen sich hier sichtlich wohl und verwöhnen die Touristennasen mit betörenden Düften. Die Intensität der Gerüche nimmt aber leider mit dem vorwärts schreitenden Jahr ab.

Die **Insel Hvar** kann noch mit einem weiteren Beinamen glänzen. Wegen ihrer Form bezeichnet man sie auch schlicht als die „**Lange**". Bei einer Breite zwischen 5 und maximal 11 km weist sie eine Längenausdehnung von ca. 68 km auf und nimmt eine Fläche von nahezu 300 $km^2$ ein. Die **höchste Erhebung** ist mit 628 m der **Sveti Nikola**.

Das kleine Dörfchen SUĆURAJ wirkt recht beschaulich und verschlafen, einzig die Fähren reißen es aus seiner Lethargie. Die meisten Ankömmlinge verlassen es gleich wieder, doch so wenig Aufmerksamkeit ist nicht gerechtfertigt. Es lohnt sich schon, ein wenig herumzustreifen. Das Hafenbecken zeigt sich adrett, üppige Palmen spenden Schatten, und ein paar Lokale, von denen man die im Wasser dümpelnden Boote beobachten kann, gibt es auch.

Wir nehmen die einzige Straße, die aus SUĆURAJ in Richtung Inselhauptstadt HVAR herausführt (welche auch sonst?) und biegen nach ca. 4 km rechts meerwärts ab. Mit einigem Gefälle windet sich der geteerte Feldweg zu einem idyllisch gelegenen Campingplatz hinunter. Olivenbäume und Steineichen schützen vor der gleißenden Sonne. Zwei flache Badebuchten (FKK und Textil) versprechen Badespaß. Ausnahmsweise besteht der Grund aus feinem Sand statt der üblichen groben Steine.

Die schäbigen Sanitäranlagen wurden endlich erneuert und das Restaurant scheint dauerhaft geöffnet - vorher geschah dies mehr nach dem Lust- und Launeprinzip.

**(138) WOMO-Campingplatz-Tipp: „Mlaska“ bei Sućuraj**

**GPS:** N 43° 08' 14.5" E 17° 08' 33.7" **Öffnungszeit:** 15.05.-15.10.

**Ausstattung/Lage:** Restaurant, Geschäft, Meerlage, zum Zentrum von Sućuraj 5 km, reichlich Schatten/außerorts.

**Zufahrt:** 4 km nach Sućuraj rechts abbiegen, noch 1 km, gut ausgeschildert.

Wir arbeiten uns weiter auf der Inselachse vor, die sich wie ein graues Band durch das dichte Grün zieht. Die Straße ist zwar ausreichend breit, doch der Belag zählt nicht zu den besten des Landes. Fahren Sie bitte nie nachts! Es gibt viele Kurven, und oft sind die Fahrbahnränder ungesichert. Schade, dass der Lavendel nur noch einzelne Blüten hervorbringt, doch dafür revanchiert sich die Natur mit leuchtend orangefarbenen und dunkelroten Beeren, die so manches Macchiagestrüpp zieren. Wir passieren einige winzige Weiler, die in tiefem Schlummer zu ruhen scheinen. Etliche einfach in der Botanik entsorgte Autoleichen verstärken diesen Eindruck noch. Trotz der großartigen Ausblicke auf die **Insel Brač**, das **Festland** und die **Halbinsel Pelješac** zieht sich die ca. 50 km lange Etappe bis JELSA ganz schön in die Länge. Obwohl wir ohne Zwischenaufenthalt zu diesem lebhaften Touristenstädtchen durchfahren, benötigen wir dafür fast 1,5 Stunden. Unser WOMO hat Durst, an der bereits ersehnten Tankstelle gönnen wir ihm erstmal rund 60 Liter Diesel, und danach peilen wir gleich den zentralen (gebührenpflichtigen) Parkplatz an. Dieser liegt nur ums Eck. Durch eine kleine Parkanlage spazieren wir zum Hafen und begegnen dabei **Miko Duboković**, der auf einem Stuhl unter Palmen sitzt - ein **Denkmal** der etwas anderen Art! Im Hafenbecken dümpeln einige schöne Holzschiffe und warten auf Ausflugsgäste. Der mit Steinplatten ausgelegte Hauptplatz schließt an und ist umrahmt von Häusern im Barock- und Renaissancestil. Sie beherbergen zahlreiche Cafés und Restaurants.

Jelsa, Denkmal von Miko Dubokovic

Dahinter ragt steil der schlanke Turm der **Pfarrkirche Sveti Ivan** auf.
Kurvt man um das Hafenbecken herum, gelangt man in dessen Verlängerung auf eine Halbinsel, wo sich in ansprechender Lage der Campingplatz „Mina" (GPS: N 43° 09' 86.3" E 16° 42' 12.4") befindet. Der Pflegezustand überzeugt allerdings nicht, die Zufahrt ist eng und umständlich.
Auf einem reizvollen Spazierweg kann man von JELSA in einer halben Stunde nach VRBOSKA flanieren. Freilich ist dieser reizvolle Ort auch mit dem Mobil auf der Straße zu erreichen. Die nur 500 Seelen zählende Gemeinde liegt am Ende eines langen Meeresarmes. Die Natursteinhäuser, die beidseits am Ufer stehen, werden durch zwei kleine steinerne Brükken verbunden. Eine runde, mit Sonnenblumen bepflanzte Insel „schwimmt" in der Bucht und unterstreicht den lieblichen Charakter dieses netten Dörfchens. Zumindest in der Nebensaison wirkt es sehr beschaulich, und entlang der beiden Ufer findet man leicht ein Park- bzw. Übernachtungsplätzchen.

Zentraler Stellplatz in Vrboska

**(139) WOMO-Stellplatz: Vrboska**

**GPS:** N 43° 10' 56.0" E 16° 40' 12.6" **max. WOMOs:** 4-5
**Ausstattung/Lage:** Geschäfte, Restaurants, Wasser, Mülltonnen/im Ort.
**Zufahrt:** An der Hafenbucht.

Wer Lust hat, kann dem **Fischermuseum** (ribarski muzej) einen Besuch abstatten, in dem man interessante Gerätschaften rund um das Fischereiwesen bestaunen kann. Es ist täglich geöffnet von 09.30-12.00 Uhr und von 18.00-20.00 Uhr, Mittwochabend geschlossen, Eintritt 2 Euro.

Die Wehrkirche Sv. Marija in Vrboska

Eine besondere Sehenswürdigkeit stellt die im 16. Jahrhundert erbaute **Wehrkirche Sveti Marija** dar. Das klobige, fast fensterlose Gotteshaus mit seinem von einem Zinnenkranz bewehrten Kirchenschiff und den wuchtigen Türmen ist Festung und Kirche gleichermaßen. Um einen Einblick in das Innere erheischen, müssen Sie zwischen 18.00 und 19.00 Uhr zur Stelle sein - sonst stehen Sie vor verschlossenen Türen. Noch ein Tipp für „Nacktfrösche“: Etwas außerhalb von VRBOSKA befindet sich ein am Meer gelegenes FKK-Camp.

Südländisches Flair in Vrboska

Das geschichtsträchtige Städtchen STARIGRAD steht als nächstes auf dem Programm. Nur ein paar Kilometer auf guter Straße trennen uns davon. Es liegt etwas abseits der Hauptroute nach HVAR an einer tief eingeschnittenen Bucht. Bei der Einfahrt entlang eines Wasserkanals entdecken wir links einen gut zugänglichen Wasserhahn. Kurz darauf sind wir bereits im Hafen und stellen unser WOMO ab, um auf Erkundungstour zu gehen. Das Städtchen soll das älteste auf HVAR sein und wirkt mit seinen gepflegten Natursteinhäusern, durch die schmale Gässchen ziehen, richtig romantisch. Blickfang ist ein großer, von Palmen gesäumter Platz, auf dem bisweilen Konzerte abgehalten werden. Am oberen Ende erhebt sich das **Tvrdalj-Schloss**, welches einst der Landsitz des Dichters Hektorović war. Im Innenhof umschließt ein lauschiger Arkadengang ein mit Meerwasser gespeistes steinernes Bekken. Außerdem kann man alte Gerätschaften der Fischer- und Weinbauern aus der Umgebung bewundern (geöffnet täglich von 10.00-12.00 Uhr und von 17.00-19.00 Uhr, Eintritt ca. 2 Euro).

Sehenswert ist auch die **Pfarrkirche** von 1605 mit einem dreiteiligen Altarbild. Das **Franziskanerkloster** mit seiner kleinen sakralen Sammlung und einem Kirchlein wirkt hingegen eher unscheinbar. In den Restaurants rund um den Hafen kann man sich bei schöner Aussicht verwöhnen lassen.

Im Herzen von Starigrad

Zu guter Letzt: Am Ortsanfang gibt es linker Hand einen praktischen, wenngleich nicht gerade berauschend schönen Parkplatz. Dieser ist zwar relativ groß, wird aber auch stark frequentiert.

**(140) WOMO-Stellplatz: Stari Grad**

**GPS**: N 43° 11' 00.7" E 16° 36' 04.1" **max. WOMOs**: 3-4

**Ausstattung/Lage**: Beleuchtung, Supermarkt, Mülltonne/im Ort.

**Zufahrt**: Von der Hauptstraße rechts nach Stari Grad abbiegen, noch 1,3 km, dann links.

Etwas außerhalb an der Straße zur Stadt HVAR befindet sich der **Fähranleger**. Von hier verkehrt mehrmals täglich die Autofähre nach SPLIT. Sie nimmt sich für diese Strecke ca. zwei Stunden Zeit. Zwei - bis dreimal pro Woche legen die großen Schiffe an, die die Italienroute bedienen.

Auf landschaftlich schöner und ordentlicher Straße bummeln wir weiter. Bald passieren wir einen 1,5 km langen Tunnel. Ein wenig später zweigt links eine kurze Teerstraße nach MILNA ab. Ein netter Kiesstrand mit etwas Schatten, ein bisschen Gastronomie und ein kleiner, recht beengt wirkender **Campingplatz** (GPS: N 43° 09' 45.2" E 16° 29' 10.9") sind das Ergebnis unseres kleinen Abstechers.

Ein paar Kilometer später kommt die Inselmetropole in Sicht. Malerisch liegt sie in einer geschützten Bucht. **Patrizierhäuser** staffeln sich den Hang hinauf, eingefasst von alten grauen Mauern, die den Berg emporklettern bis zur **Spanischen Festung**. Majestätisch wacht diese über die Stadt. In ein paar Schwüngen zieht die Straße hinab. Drei Parkplätze nehmen die Fahrzeuge der Besucherströme auf. Vor allem der dicht an der Stadtmauer gelegene Platz bietet sich für eine Übernachtung an (bewacht und gebührenpflichtig, ca. 1,4 Euro/pro Stunde). Es gibt etwas Schatten, einen Wasserhahn und hinter dem Busbahnhof auch eine Dixitoilette.

In der Inselhauptstadt Hvar

**(141) WOMO-Stellplatz: Hvar**

**GPS:** N 43° 10' 23.6" E 16° 26' 41.0" **max. WOMOs:** > 5
**Ausstattung/Lage:** Wasserstelle, Toilette, zentrumsnah/im Ort.
**Zufahrt:** Links der Hauptstraße am Zentrum.

Seitlich schließt der Marktplatz an, von dem einige Stufen hinunter zum Hauptplatz der Stadt führen, der als größter Dalmatiens gilt. Unzählige Füße haben die hellen Platten blank und glatt gewienert. An der sich verjüngenden Seite erhebt sich die dreischiffige **Basilika Sveti Stjepan** mit ihrem schlank aufragenden Campanile. Im **Bischofspalast** daneben ist der **Domschatz** ausgestellt (Messgewänder, Gemälde, der vergoldete Bischofsstab des Bischofs Pritić usw.). Geöffnet täglich von 09.00-12.00 Uhr und von 17.00-19.00 Uhr, Eintritt 1,5 Euro. Wenige Schritte davon entfernt gefällt ein **Brunnen** aus dem 15. Jahrhundert. Auch die weiteren Sehenswürdigkeiten sind äußerst touristenfreundlich angeordnet. In greifbarer Nähe erfreut der **Hektorović-Palast** mit seinen spätgotischen Spitzbogenfenstern das Auge, daneben stehen der **Uhrturm** und die verglasten **Loggia-Reste** des **Fürstenpalastes** aus dem 15. Jahrhundert. Das Café vor der Loggia eignet sich vortreff-

Hvar, Perle im Mittelmeer

lich, um bei einem Cappuccino das muntere Treiben im Hafen zu beobachten. Am Arsenal, welches früher eine gewaltige Werfthalle war, beginnt die palmenbestandene Uferpromenade mit vielerlei Lokalen und Verkaufsständen. Im Obergeschoß des Arsenals ist ein **Theater** eingerichtet, das zu den ältesten Europas zählt. Früher wurden hier u.a. die sog. Schäferspiele gegeben. Nach den Aufführungen zog man sich gerne in verschwiegene Räume zurück um dem Liebesspiel zu frönen - der Ausdruck „Schäferstündchen“ soll daher rühren.

Ein bisschen mit dem Versprechen „touristenfreundliche Erreichbarkeit“ haben wir vielleicht doch übertrieben. Denn zu der eingangs erwähnten, hoch droben am Berg thronenden **Spanischen Festung** gelangt man nur über viele steile Stufen, die wohl einige Schweißtropfen kosten werden. Dafür wird der Aufstieg mit schönen Einblicken in pittoreske Seitengässchen und auf blühende Kakteen, Agaven und Palmen versüßt. Hat man die Feste erst einmal erreicht und ca 2 Euro abgedrückt, lässt sich ein Panorama genießen, das seinesgleichen sucht. Die Stadt mit ihren Bauwerken und den im Hafen schaukelnden Booten wirkt zauberhaft. Schweift der Blick übers

Meer, so bleibt er an den üppig begrünten **Höllen- oder Pechinseln** hängen, und schon ist der nächste Ausflug vorprogrammiert. **Pakleni otoci** heißen die Inselchen in der Landessprache und sind beliebt als Badeziel und FKK-Paradies. Vom Hafen aus verkehren regelmäßig Taxiboote.

Vom eingangs beschriebenen Stellplatz führt eine Stichstraße zum alten Fähranleger Vira, der jetzt verwaist ist und vor sich hin gammelt. Die Fahrt dahin lohnt nicht, doch etwa auf halber Strecke erhält man einen herrlichen Panoramablick auf die vorgelagerten **Hölleninseln**.

Noch bevor es zum Fähranleger hinuntergeht ist rechts die Einfahrt zu einem schöngelegenen und komfortablen Campingplatz. Dieser ist nicht gerade billig, dafür präsentiert er sich aber nach erfolgter Grundsanierung recht fein. „Alle unsere Kunden sind sehr zufrieden!“ so die Dame an der Rezeption im Brustton der Überzeugung.

**(142) WOMO-Campingplatz-Tipp: „Vira“ nahe Hvar**

**GPS**: N 43° 11' 27.4" E 16° 25' 49.1" **Öffnungszeit**: 01.05.-30.09.
**Ausstattung/Lage**: Restaurant, Geschäft, Meerlage, zum Zentrum von Hvar 3,5 km, Schatten/außerorts.
**Zufahrt**: Vom Stellplatz in Hvar in Richtung Vira fahren, noch 3,3 km, gut beschildert.

Zur Zwischeninformation: die Etappe von SUĆURAJ zur Stadt HVAR beträgt inklusive aller Abstecher ca. 90 km.

Wir verlassen - um ein schönes Erlebnis reicher - das nette Städtchen HVAR, turnen den kurzen steilen Anstieg hinauf und rollen zurück durch die weite Insellandschaft. Ein Stück des Weges nach BRUSJE entdecken wir einen Hinweis nach UVALA ZARAĆE. Ein schmaler Weg senkt sich relativ steil hinab zu einer **Kapelle,** in deren Nähe ein kleines Gasthaus steht. Das Sträßlein bekam mittlerweile eine Teerschicht, was sehr zu begrüßen ist. Eine kurze Lagepeilung kann aber trotzdem nicht schaden.

Unten angelangt, erwartet uns ein teilweise schattiger Parkplatz. Ein hübscher Kiesstrand und eine langgestreckte Felsnase, von der aus eine Steintreppe hinab zum Meer führt, laden zum Bade.

**(143) WOMO-Badeplatz: Uvala Zaraće**

**GPS:** N 43° 09' 14.1" E 16° 30' 36.4" **max. WOMOs:** 3-4

**Ausstattung/Lage:** Gaststätte, Stranddusche, Mülltonne/außerorts.

**Zufahrt:** Von der Hauptstraße nach U. Zaraće abbiegen, am Ende der Stichstraße.

Weiter geht es auf der Inselachse zurück nach STARIGRAD und schließlich nach VRBANJ. Einer Empfehlung zufolge fahren wir rechts ab über SVIRCE, VRISNIK, in das sich an den Berg kuschelnde Dörfchen PITVE. Die Straße ist schmal und kurvig, Lavendelstauden glänzen silbern in der Sonne, und aus den Weingärten leuchten bereits die Trauben heraus. Unser Ziel ist ZAVALA - hier soll es schöne, einsame Strände geben. Doch ein unbeleuchteter Tunnel mit einer Höhen- und Seitenbegrenzung von 2,20 m vereitelt die Weiterfahrt. Es darf vom optischen Eindruck her wohl etwas mehr sein, doch mit unseren 3,11 m Höhe trauen wir uns nicht in die dunkle Röhre. Enttäuscht kehren wir um, ein großer Wendeplatz ist dabei sehr hilfreich - ein Hinweis auf diese Einschränkung an der Hauptstraße wäre das auch gewesen!

Wir steuern an JELSA vorbei und beginnen die Rückfahrt über den langgestreckten Rücken des Eilandes. Nachdem wir uns weiter den Berg hinauf gemüht haben, stoßen wir nach ca. 6 km auf die Abzweigung nach HUMAC. Eine Stichstraße von 600 m Länge (zunächst Teer, danach Schotter) führt in das ehemalige **Hirtendorf**, dessen Ursprünge auf das 14. Jahrhundert zurückdatieren. Oben angelangt, finden wir ein lauschiges Stellplätzchen zwischen Zypressen und Kiefern.

**(144) WOMO-Wanderparkplatz: Hirtensiedlung Humac**

**GPS:** N 43° 08' 35.8" E 16° 45' 22.3" **WOMOs:** 4-5

**Ausstattung/Lage:** Gasthaus/außerorts.

**Zufahrt:** Von der Hauptstraße rechts nach Humac abbiegen, noch 600 m.

Hirtensiedlung Humac

Die Siedlung liegt herrlich inmitten der Natur. Die ehemaligen runden **Steinhäuschen** sind vor ca. 300 Jahren rechteckigen gewichen und in dieser Form jetzt zu bestaunen. Besonders interessant sind die Dachkonstruktionen mit den kunstvoll übereinander geschichteten Steinplatten. Einige Stilbrüche muss man allerdings in Kauf nehmen. So manches Dach ist mit durchaus neuzeitlichen Ziegelplatten ausgebessert.

Wir streifen zwischen den Häusern hindurch, werden neugierig von drei Pferden betrachtet und von einem etwas mutigeren Muli beschnüffelt. Darauf begegnet uns ein Mann, der uns in gutem Deutsch mitteilt, im Moment der einzige hier Wohnende zu sein. Dreimal pro Woche mache er eine Führung (Montag, Mittwoch, Samstag, jeweils um 09.00 Uhr), bei der man allerlei Wissenswertes über das frühere Hirtenleben und die Umgebung erfahren könne. Dabei sei auch die **Höhle Grabčeva špilja** zu besichtigen, was im Alleingang nicht möglich ist (Abmarsch erfolgt vom „Zentrum" der Hirtensiedlung, die Dauer beträgt etwa 2-2,5 Stunden, Kostenpunkt ca. 6 Euro pro Person).

Wir brechen wieder auf und lassen uns von dem Sträßchen bis ZASTRAŽIŠĆE tragen und dabei auch etwas durchrütteln. Vor diesem Ort führt links ein Abzweig (VELA STINIVA) in die Landschaft hinaus, die von winzigen Gemüsegärten durchsetzt ist. Der Fahrbahnbelag erstaunt durch seinen guten Zustand, und nach ein paar Kurven und Serpentinen laufen wir in dem Dörfchen ein, das kaum mehr als eine Handvoll Häuser zählt. Der Ort befindet sich am Ende eines mit Weingärten bestandenen Seitentales.

Der Kiesstrand, der die klaren blauen Wellen sanft auffängt, ist beiderseits von hohen, schützenden Felsen eingefasst -

Vela Stiniva, ein kleiner Traum

hier erfüllen sich Urlaubsträume. Unser WOMO bekommt ein Fleckchen auf dem geteerten sonnigen Platz, der an den Strand anschließt.

**(145) WOMO-Badeplatz: Vela Stiniva**

**GPS:** N 43° 09' 21.7" E 16° 48' 50.3" **max. WOMOs:** 4-5

**Ausstattung/Lage:** Gaststätte, Tisch, Bänke/im Ort.

**Zufahrt:** Vor Zastražišće links abbiegen, noch 2,8 km bis zum Stichstraßenende.

Die „Flotte" von Vela Stiniva

Viel zu kurz ist das Vergnügen, doch wir haben noch einiges vor. In weniger als einem Stündchen holpern wir zum **Fährhafen** SUČURAJ und lassen uns schließlich zurück zum Festland schippern. Für die Inselrundfahrt, so wie wir sie vollzogen haben, sind etwa 190 km anzusetzen.

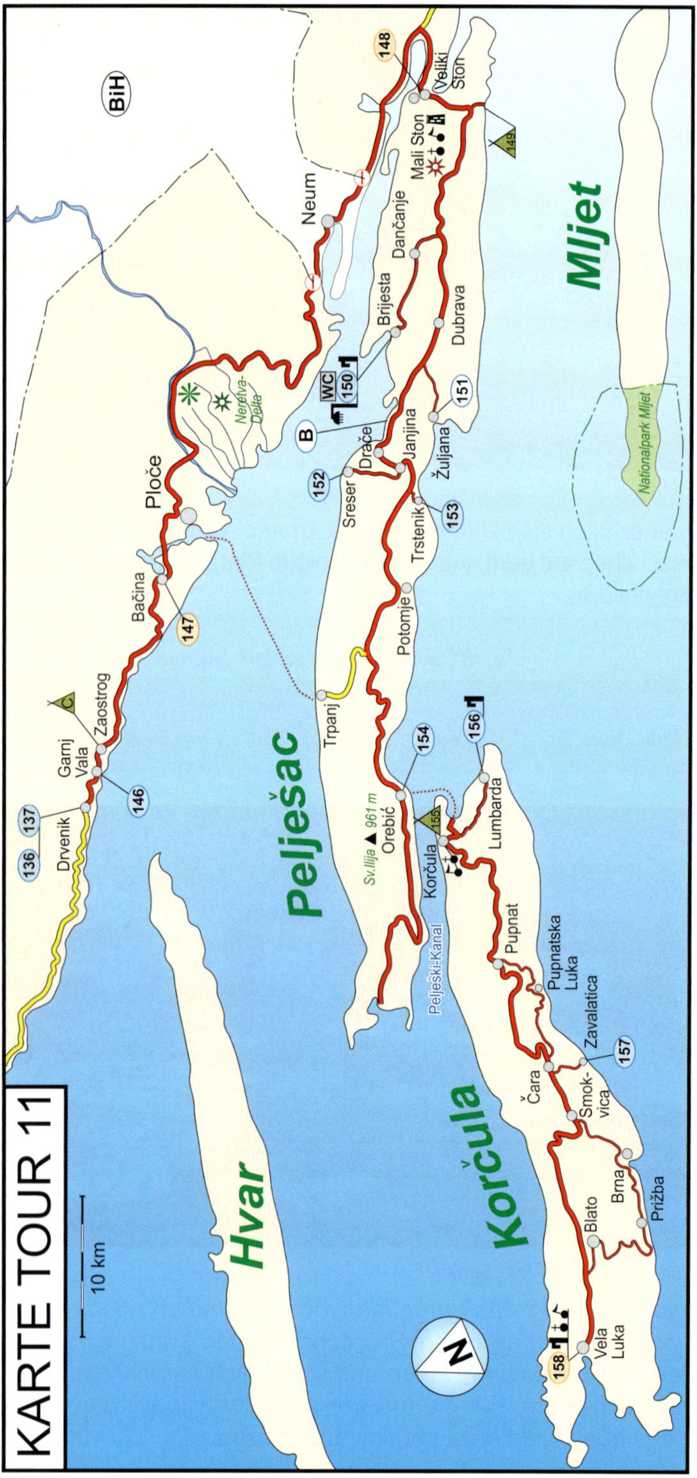
KARTE TOUR 11
10 km
BiH
Neum
Veliki Ston
Mali Ston
Dančanje
Brijesta
Dubrava
Neretva-Delta
Ploče
Bačina
Zaostrog
Gornji Vala
Drvenik
Pelješac
Trpanj
Potomje
Trstenik
Sreser
Drače
Janjina
Žuljana
Orebić
Sv. Ilija ▲ 961 m
Korčula
Lumbarda
Pelješki-Kanal
Pupnat
Pupnatska Luka
Zavalatica
Čara
Smokvica
Brna
Pržba
Blato
Vela Luka
Hvar
Mljet
Nationalpark Mljet
WC
B
C
N
136
137
146
147
148
149
150
151
152
153
154
155
156
157
158

# Tour 11 (390 km / 7 - 8 Tage)

## Drvenik - Ploče - Ston - Dubrava - Trstenik - Potomlje - Orebić - Korčula - Čara - Blato - Vela Luka - und wieder zurück über Korčula, Orebić nach Ston

| | |
|---|---|
| **Freies Übernachten:** | Garnj Vala, Bačina, Veliki Ston, Brijesta, Sreser, Trstenik, Orebić, Lumbarda, Zavalatica, Vela Luka. |
| **Campingplätze:** | „Prapratno“ bei Veliki Ston, „Kalac“ in Korčula, „Mindel“ außerhalb von Vela Luka. |
| **Besichtigen:** | Die Festungsanlagen von Ston, die Altstadt von Korčula, die Ortskerne vieler Gemeinden, Nationalpark auf der Insel Mljet. |
| **Wandern:** | Evtl. auf den Sv. Ilija. |
| **Baden:** | Zahlreiche Möglichkeiten entlang der Küste. |

Vom Hafen in DRVENIK sind es kaum 300 m zur **Jadranska Magistrale,** und hier schwenken wir in südlicher Richtung ein. Weiter geht die Fahrt am Fuße hoher, karstiger Felsen entlang. Schon 2 km später empfängt uns die kleine Gemeinde GARNJ VALA. Biegt man rechts von der Küstenstraße ab, so gelangt man schnell zu einem schönen, von Palmen und Tamarisken bestandenen Strand. Er ist zwar schmal, aber relativ langgezogen und feinkieselig. Ein naturbelassener Platz mit etwas Baumbestand nimmt jenseits des Uferssträßchens die Fahrzeuge der Badegäste auf (in der Saison gebührenpflichtig).

**(146) WOMO-Badeplatz: Garnj Vala**

**GPS**: N 43° 09' 05.1" E 17° 15' 36.4" **max. WOMOs**: 4-5
**Ausstattung/Lage**: Kiosk, Gaststätte, Geschäft in der Nähe, Mülltonne/im Ort.
**Zufahrt**: Von der Küstenstraße nach Garnj Uvala rechts abzweigen, noch 200 m.

Auf der **Magistrale** folgen nette Badeorte, nach ZAOSTROG steht ein schattiger, am Meer gelegener **Campingplatz** zur Verfügung (**Autocamp „Uvala Borova“**).
Bald weicht die Straße ein Stück weit ins Landesinnere aus. Auf der linken Seite glitzern einige Seen in der Sonne. Sie sind allesamt in irgendeiner Form miteinander verbunden und tragen den Namen **Bačinska jezera**, benannt nach der Ortschaft BAČINA. Biegt man hier beim Ortsschild am Ortsanfang links ab, gelangt man gleich zum See. Fährt man dann am rechten Seeufer entlang, so passiert man etliche Wohnhäuser und erreicht schließlich nach 900 m ein kleines Wäldchen, in dem es einige Stellplätze gibt. Traut man sich noch

Seengebiet nahe Ploče

100 m weiter, kann man hier bei einer „Neubauruine“ direkt am Wasser stehen. Auf dem letzten Stück nerven allerdings weit herunterhängende Äste. Zum Bade lädt der verschilfte und sumpfig wirkende See eher nicht ein.

**(147) WOMO-Stellplatz: Bačina**

**GPS**: N 43° 04' 28.1" E 17° 25' 17.9" **max. WOMOs**: 2-3

**Ausstattung/Lage**: keine/Ortsrand.

**Zufahrt**: Im Text beschrieben.

Nach kurzer Fahrt streifen wir die an der Mündung des **Neretva** gelegene Industriestadt PLOČE, die nach 1979 zehn Jahre lang den Namen Kardeljevo trug. Sie ist **Fährhafen** zur **Halb-**

Das Neretva-Delta, von Wasserkanälen durchzogen

**insel Pelješac**. Bis zu sieben Mal täglich verkehren die „Jadroliner" hinüber ins Städtchen TRPANJ. Touristisch gesehen bietet das öde PLOČE kaum etwas - die Fährverbindung natürlich ausgenommen. Wir sind auch neugierig auf die **Pelješac-Halbinsel**, doch wir wählen den südlich gelegeneren Landweg bei STON und bleiben daher zunächst der **Magistrale** treu.

Hinter PLOČE dehnt sich, nach dem wir einige blaugrüne Seen passiert haben, weit und bretteben das fruchtbare **Neretva-Delta** aus. Es ist von Bergen eingerahmt und von zwölf Flussarmen mit unzähligen Nebenkanälen durchzogen. Der Fluss **Neretva** entspringt in den Bosnischen Bergen und bringt es immerhin auf 218 km Länge, bevor er schließlich ins Meer mündet. Das weitläufige Delta wird von vielen Wasservogelarten als Brutrevier geschätzt, Zugvögeln dient es als Zwischenstation auf ihrer Reise. Dieser kleine Garten Eden bringt zudem prächtiges **Obst** und **Gemüse** hervor. Der Vorbeireisende kann sich an zahlreichen Ständen damit eindecken.

Kurz darauf erreichen wir ein Kuriosum. Mitten in Kroatien treffen wir auf einen 8 km langen und am Meer gelegenen Korridor, der dem Land Bosnien den gewünschten Seezugang verschafft. Die Grenzposten sind zwar besetzt, doch die Passage wirft keinerlei Probleme auf. Etwa in der Hälfte dieses Korridors liegt das Touristenstädtchen NEUM, wo auch die kroatische Kuna akzeptiert wird.

Im folgenden Streckenverlauf fallen uns die vielen Fischzuchten auf. Die Gegend ist bekannt für ihre **Muscheln-** und **Austernproduktion**. Bald zweigt rechts eine Straße ab, **Korčula**

steht auf dem Hinweisschild. Bevor man jedoch vor die Tore dieser Insel gelangt, muss man erst fast den ganzen **Pelješac** durchmessen.
Die **„Insel der Weine und der Kapitäne“** - so wird dieser gern bezeichnet. Streng gesehen, stimmt dies nicht ganz, denn eine Abtrennung vom Festland gibt es nicht. Schon vor Jahrhunderten trug man sich mit dem Gedanken, aus verteidigungstaktischen Gründen einen Kanal zu bauen, um potentiellen Angreifern das Leben schwer zu machen. Verwirklicht wurde diese Idee allerdings nie, und dadurch blieb der **Pelješac** was er schon immer war - eine Halbinsel. Aus einer Länge von nahezu 70 km und einer Breite von 3 bis 7 km errechnet sich eine Flächenausdehnung von rund 355 $km^2$. Der höchste Berg ist der **Sv. Ilija**, an dessen steilen Hängen prächtige Rebstöcke gedeihen. Hat man erstmal den 961 m hohen Gipfel erklommen, offenbaren sich grandiose Ausblikke. Bei klarer Sicht zeichnen sich in der Ferne sogar die Konturen des italienischen Stiefels ab. Ein einfaches Unterfangen ist die Besteigung aber nicht, denn markierte Wanderwege sucht man vergebens. Wagt man es trotzdem, so muss man schon ungefähr 4 bis 5 Stunden dafür veranschlagen.
Viele Touristen durcheilen den **Pelješac** nur, um schnell zur Traum-Urlaubsinsel **Korčula** zu gelangen. Vielleicht ist das ein Grund dafür, dass die Halbinsel ihre Ursprünglichkeit weitgehend bewahrt hat. Man sollte nicht versäumen, die karstigen Berglandschaften ein wenig zu erforschen oder an den hübschen Kies- und Sandstränden ein erfrischendes Bad zu nehmen. Übrigens durchstreifen in entlegeneren Gegenden noch Schakale die Wälder. Es sind die letzten freilebenden

Burgruine bei Mali Ston

Vertreter ihrer Gattung in Europa. Fürchten muss man diese wilden Gesellen aber nicht, sie sind sehr scheu und meiden die Menschen.
Die Bewohner der Region wurden arg vom Schicksal gebeutelt. Im letzten Krieg sahen sie sich oft unter Beschuss und in kriegerische Handlungen verwickelt. 1996, im September, bebte die Erde. Das Epizentrum dieses schweren Bebens lag in STON und erreichte die Stärke 6 auf der Richterskala. Erneut brach Leid über die Bewohner herein. Mauern stürzten ein, Risse taten sich auf, und der obere Teil des **Kirchturms** von **Sv. Blasius** stürzte herab. Durch die Vorbeben gewarnt, flüchteten die Leute und brachten sich in Sicherheit. Diesem Umstand ist es zu verdanken, dass es lediglich Verletzte und keine Toten gab. Mittlerweile sind fast alle betroffenen Gebäude restauriert und erstrahlen im neuen Glanz.

Die Befestigungsmauern um Ston

STON ist das Tor zum **Pelješac** und war eine äußerst sorgfältig bewachte Pforte, denn in den Jahren von 1333 bis 1808 gehörte die Halbinsel zur Republik Dubrovnik und war damit ein wichtiger Grenzposten. Die beiden Ortsteile VELIKI STON und MALI STON liegen an zwei verschiedenen Buchten, sind durch einen Berg getrennt, doch durch die mächtigen Mauern eines ausgeklügelten **Befestigungssystems** miteinander verbunden. Die massiven **Steinwälle** klettern über den ganzen Höhenrücken und erreichen eine Länge von fast 6 km. Von den ehemals 40 **Wehrtürmen** sind immerhin noch 20 erhalten. MALI STON ist der erste Ort an der Route, und gleich fällt der Blick auf die wuchtige **Burgruine**, die das gemütliche Dörfchen dominiert. Ein kurzer verwunschener Weg, vorbei an einer kleinen **Kapelle**, führt zu ihr hinauf. Die Aussicht über die Dächer der Häuser, die vorgelagerten Inseln im glitzernden Meer und die hohen Berge im Hintergrund, ist atemberaubend. Unten, an der kurzen Hafenpromenade, erhebt sich ein gedrungener **Rundturm,** und ein paar hübsche Restaurants laden zum Speisen ein.

Lauschiges Gässchen in Ston

Um nach VELIKI STON zu kommen, lohnt sich fast das Einsteigen nicht. Am Ortsanfang links nimmt ein sonniger Parkplatz die Touristenfahrzeuge auf. Als Ausgangspunkt für einen Erkundungsrundgang ist er ideal, wenngleich nicht sonderlich idyllisch (schräg gegenüber gibt es einen schattigen Parkplatz bei der Burg, der allerdings stark frequentiert ist - ein freies Plätzchen ist daher nicht unbedingt gewährleistet).

**(148) WOMO-Stellplatz: Veliki Ston**
**GPS**: N 42° 50' 16.2" E 17° 41' 52.5" **max. WOMOs**: > 5
**Ausstattung/Lage**: Geschäfte, Restaurants, Spielplatz/im Ort.
**Zufahrt**: Ca. 400 m nach dem Ortsanfang links.

Nahe dem Platz kann man über eine Treppe die **Befestigungsmauer** erklimmen. In luftiger Höhe lässt es sich nun auf ihr um weite Teile des Ortes herumspazieren und so auch einen Blick auf die jenseits gelegenen **Salinenanlagen** erheischen. Nach dem Treppenaufgang sprudelt ein Wasserhahn oben (!) auf der Mauer. Im Zentrum des Städtchens gibt es einige Sehenswürdigkeiten, etwa die **Blasiuskathedrale,** den **Rektorenpalast** am Hauptplatz oder einen **Renaissancebrunnen**.
Ca. 4 km nach VELIKI STON, nahe dem neuen Fähranleger zur **Insel Mljet**, gibt es einen schönen Campingplatz, der die bessere Wahl als der zuvor erwähnte Stellplatz sein dürfte.

**(149) WOMO-Campingplatz-Tipp: „Prapratno“ nahe Veliki Ston**
**GPS**: N 42° 48' 52.2" E 17° 40' 45.4" **Öffnungszeit**: 25.05.-30.09.
**Ausstattung/Lage**: Meerlage mit Sandstrand, Geschäft, Restaurant, teilweise Schatten, ca. 4 km nach Ston/außerorts.
**Zufahrt**: Den Hinweisen zum Fähranleger folgen, kurz zuvor rechts, beschildert.

Die Straße zieht hinauf in ursprüngliches Bergland. Die Besiedlung ist gering. Gepflegte Weingärten zeugen von den Bemühungen der Menschen, hier zu überleben. Der Tourismus stellt nur ein Zubrot dar, für das Auskommen reicht es nicht. Ärgerte uns beim letzten Besuch noch der holprige Fahrbahnbelag, so freuen wir uns jetzt über die neue Teerschicht, die man der Straße spendiert hat.
Etwa 15 km nach STON geht rechts eine gute Straße nach BRIJESTA ab. Dieser Abstecher ist wirklich empfehlenswert. Zunächst bummeln wir gemächlich die mit einigen Kurven und Kehren garnierte Strecke entlang. Bald ist der Bergkamm überwunden, und die Straße zieht wieder hinunter, der Küste entgegen. Die Aussicht auf das Meer mit den darin schwimmenden grünen Inseln ist schlicht grandios. Nach gut 8 km errei-

Auf dem Weg nach Brijesta

chen wir das verschlafene Nest BRIJESTA und entdecken hier ein schnuckliges privates Camp. Die wenigen Stellplätze befinden sich in zwei Gartenteilen. Der Strand liegt nur ein paar Meter vor der WOMO-Tür und einige Tamarisken spenden etwas Schatten. Man kann sich sein Lieblingsplätzchen aussuchen - ab und zu taucht der Besitzer auf und fordert seinen (bescheidenen) Obolus ein.

**(150) WOMO-Badeplatz: Vrela und Zakona**

**GPS**: N 42° 54' 14.3" E 17° 31' 57.0" **max. WOMOs**: > 5

**Ausstattung/Lage**: Dusche, WC, Wasser, Strom, Gaststätte und Geschäft ca. 0,5 km/Ortsrand.

**Zufahrt**: In Brijesta links abbiegen, noch 400 m (beschildert).

Ca. 20 km nach STON (nach der Ortschaft DUBRAVA) führt links ein Abzweig hinunter ins etwa 5 km entfernte ŽULJANA. Links am Ortsbeginn wartet das kleine **Camp „Sunce"** auf Gäste. Durch tiefhängende Äste und eine beengte Zufahrt ist es für Wohnmobile nicht gerade der Idealfall (max. 2-3 kleinere WOMOs). Wir fahren noch ein Stückchen weiter und biegen danach - noch vor der engen Durchfahrt ins kleine Zentrum - links auf einen gebührenpflichtigen Wiesen-Parkplatz mit schönen Olivenbäumen ab (beachten Sie bitte auch das blaue Parkplatzschild). Leider ist mittlerweile die Übernachtung auf dem netten Plätzchen verboten, doch eine Rast ist (noch?) gestattet.

**(151) WOMO-Badeplatz: Žuljana**

**GPS**: N 42° 53' 31.5" E 17° 27' 19.9" **max. WOMOs**: 3-4
**Ausstattung/Lage**: Restaurant ca. 300 m/im Ort.
**Zufahrt**: Im Text beschrieben.

Nur wenige Meter trennen uns jetzt von der herrlichen Bucht des Dörfchens. Am langen, aber nicht allzu breiten Kiesstrand ist es kein Problem, ein Plätzchen zu finden. Das Wasser erweist sich als klar und schimmert in allen Blautönen.
Wir turnen zur Hauptstraße zurück und nehmen Kurs auf OREBIĆ. Nach kurzem Anstieg senkt sich das graue Asphaltband meerwärts ab, und es eröffnen sich spektakuläre Ausblicke auf eine in der blauen See ruhende Inselwelt. Das Dörfchen DRAČE taucht auf, hier kann man einen erfrischenden Badestopp in Betracht ziehen.

Am Badestrand von Sreser

In JANJINA zweigt rechts eine Straße nach SRESER ab, das schon nach kurzer Fahrt erreicht ist. Nach einem Sportplatz bei einigen Appartementhäusern gibt es auch ein bisschen „Luft“ für ein oder zwei Wohnmobile. Das Meer liegt direkt vor der WOMO-Tür.

**(152) WOMO-Badeplatz: Sreser**

**GPS**: N 42° 56' 40.1" E 17° 26' 48.5" **max. WOMOs**: 1-2

**Ausstattung/Lage**: Spielplatz, Pizzeria und Geschäft ca. 400 m/Ortsrand.

**Zufahrt**: 400 m nach dem Ortsschild am Ortsanfang bei einem Geschäft bzw. Pizzeria rechts abbiegen, nach 400 m links.

Einige Kilometer weiter verleitet uns das tief unten in einer geschützten Bucht liegende TRSTENIK zu einem Abstecher.

Blick auf Trstenik

Das smaragdgrüne Wasser zieht uns förmlich magisch an. TRSTENIK war früher der Fährhafen für den Verkehr zur **Insel Mljet**. Die Linie wurde eingestellt, doch jetzt nahm man den Fährbetrieb wieder auf. Obwohl die Schiffe nicht oft verkehren, wurde es in dem ohnehin schon beengten Ort wieder lebhafter. Doch zumindest in der Nebensaison lassen sich ein oder zwei Plätzchen auf dem Parkplatz bei den wenigen Häusern ergattern.

**(153) WOMO-Badeplatz: Trstenik**

**GPS**: N 42° 54' 55.8" E 17° 23' 55.6" **max. WOMOs**: 1-2

**Ausstattung/Lage**: Restaurants, Geschäft/im Ort.

**Zufahrt**: Entlang dem Hafenbecken in Trstenik.

Ganz in der Nähe befindet sich eine weitere schöne Bucht, die auf einer Schotterstraße zu Fuß oder mit dem Mountainbike erreichbar ist. Die eleganteste Lösung ist, mit dem Boot dahin zu schippern - so fern man eines hat!
POTOMLJE ist unser nächster Anlaufpunkt. Die 250-Seelen-Gemeinde hat sich ganz dem Wein verschrieben. Hier und in

Von der Sonne verwöhnt, von der Blattlaus verpönt

der Umgebung keltern die Winzer um die Wette, und es geht um Klasse, nicht um Masse. Vor allem die Trauben für zwei Weine reifen in diesem Landstrich. Zum einen für den hervorragenden „Postup“, zum anderen für den absoluten Spitzentropfen „Dingač“. Das Anbaugebiet letzteren Weines ist beschränkt, oft findet man die Rebstöcke an sonnigen Steilhängen mit bis 70% Steigung. Stellenweise kann die Bearbeitung nur mit dem Steigeisen erfolgen. Bedingt durch die niedrige Luftfeuchtigkeit brauchen weder Pestizide noch Fungizide verwendet werden, was sonst allerorts notwendig ist. Der Verbraucher erhält schließlich ein wunderbares, gehaltvolles „Biotröpfchen“, denn die Trauben werden erst im angetrockneten Zustand von der Rebe genommen. Das steigert den Zuckergehalt und ergibt letztendlich einen Alkoholgehalt bis zu 15%. Eine Verkostung und der Erwerb der Weine ist fast in jedem Haus in POTOMLJE möglich.
Die Straße schlingt sich weiter durch die karstigen Berge des **Pelješac** und wendet sich schließlich dem Meer zu. Wir werden durch ein herrliches Panorama verwöhnt. In den Weiten der blauen See dümpeln einige dunkle Inselchen, dahinter erhebt sich **Korčula** majestätisch aus den Fluten.
An der Küste erkennen wir den **Fährhafen** OREBIĆ, den wir als nächstes ansteuern. Wir biegen von der Hauptstraße links

Korčula grüßt aus der Ferne

in Richtung Hafen ab. Schon nach ca. 100 m entdecken wir links die Einfahrt zu einem relativ großen Wohnmobilparkplatz (70 Cent pro Stunde). Alle anderen Parkplätze entlang dem Hafenbecken sind mittlerweile für WOMOs passé. Um zum Kiesstrand zu gelangen bedarf es nur weniger Schritte und auch die Fußgängerzone von OREBIĆ erreicht man in nur wenigen Minuten. Grabesruhe darf man allerdings nicht erwarten. Musik schallt aus den nahen Lokalen und schwarzgelockte Jünglinge zelebrieren vor den angebeteten Mädchen ihren Balzritus. Dazu gehört auch - kühn mit Sonnenbrille geschmückt - mit dem Motorroller die Hafenstraße rauf- und runterzutoben.

Orebić, Ruhesitz der Kapitäne

**(154) WOMO-Badeplatz: Orebić**

**GPS**: N 42° 58' 30.7" E 17° 10' 09.4" **max. WOMOs**: > 5

**Ausstattung/Lage**: Stranddusche, Restaurants und Geschäfte ca. 05 km/im Ort.

**Zufahrt**: Von der Hauptstraße zum Hafen (Fähranleger) abzweigen, nach 100 m links.

Mehr Ruhe zu vergleichsweise günstigen Konditionen bieten verschiedene **Campingplätze** in der nahen Umgebung. Hinweise dazu findet man entlang der Hauptstraße. Nicht schlecht bedient ist man mit dem „Kamp Palme". Fahren Sie aber nach dem Platz nicht auf der Küstenstraße weiter - diese wird teilweise sehr schmal und bietet kaum Wendemöglichkeiten.

Die **„Stadt der Kapitäne"** haben wir uns etwas anders vorgestellt. Es ist kein Ort mit einem soliden Kern, der vielleicht auch noch von einer trutzigen Mauer umgeben ist, vielmehr ist es eine lockere Gartensiedlung, in der sich teils prächtige Villen im geradezu verschwenderischen Grün verstecken. Exotische Blütenpracht sorgt für malerische Farbtupfer und das eine oder andere Café für das leibliche Wohl. Man könnte noch die **Pfarrkirche** erwähnen und natürlich das **Schifffahrtsmuseum** mit allerlei Gerätschaften, Bildern und Seekarten, aber das war es dann auch schon! Das Museum ist täglich von 09.00-12.00 Uhr und von 18.00-20.00 Uhr geöffnet, Eintritt ca. 2 Euro.

Zur Zwischeninfo: Die Entfernung von DRVENIK bis OREBIĆ beträgt inklusive aller Abstecher ca. 153 km.

Durch den **Pelješki-Kanal** ist die **Halbinsel Pelješac** von der **Insel Korčula** getrennt. Bis zu 14 mal täglich setzt die Fähre über und bildet eine schwimmende Brücke zwischen OREBIĆ und DOMINĆE, welches nahe der Inselhauptstadt

Inselhauptstadt Korčula

KORČULA liegt. Die Überfahrt dauert rund 20 Minuten und erleichtert den Geldbeutel um etwa 21 Euro.
Das Eiland präsentiert sich lieblich mit schönen Buchten und grünen Hügeln. Auf 276 km² leben rund 17.000 Menschen. 47 km misst die Insel in der Länge, die Breite schwankt zwischen 6 und 8 km. Ein Höhenzug, dessen höchste Erhebung der **Berg Klupca** (568 m) ist, bietet zudem beste Voraussetzungen für den Wein- und Gemüsebau. Nicht nur „Otto Normaltourist" pflegt hier Urlaub zu machen, sondern auch die Prominenz gibt sich da gern ein Stelldichein. Beliebt ist vor allem die Metropole KORČULA, ein **Museumsstädtchen** wie aus dem Bilderbuch, das auch der Geburtsort Marco Polos sein soll. Viele Kreuzfahrtschiffe legen hier an und entlassen ihre Passagiere zu einer Sightseeing-Tour, auch die großen Fähren der Italienroute gehen für einen Zwischenstopp vor Anker. Bis weit über Kroatiens Grenzen hinaus bekannt und berühmt ist der **Säbeltanz Moreška**. Er erinnert an die Zeit der Kämpfe gegen die Araber im 16. Jahrhundert. Hierbei kämpfen symbolisch der weiße (gute) und der schwarze (böse) König gegeneinander. Ein weiterer Schwerttanz, der in Tracht zu Dudelsackklängen durchgeführt wird, heißt **Kumpanija** und zielt eher auf den Freiheitskampf allgemein.
Wir rumpeln von Bord der Fähre, und nach nur 0,6 km beziehen wir Quartier auf dem Campingplatz „Kalac", der zum Hotel Bon Repos gehört. Der Platz liegt lauschig im Grünen, im oberen Teil finden auch Dickschiffe genügend Raum. Fast jeder Camper bekommt sein eigenes Séparée im Gebüsch. Oft steht ein Grill zur Verfügung, und auch die verschiedenen Sportanlagen des Hotels können mitbenutzt werden. Am Strand gibt es betonierte Flächen und ein bisschen Sand. Insgesamt konnte bei unserem letzten Besuch der Pflegezustand leider nicht überzeugen.

**(155) WOMO-Campingplatz-Tipp: „Kalac" nahe Korčula**

**GPS**: N 42° 57' 03.0" E 17° 08' 41.3" **Öffnungszeit**: 15.05.-30.09.
**Ausstattung/Lage**: Geschäft, Imbiss, Restaurant, zum Zentrum von Korčula ca. 2 km, viel Schatten/außerorts.
**Zufahrt**: 0,6 km nach dem Fährhafen rechts, neben dem Hotel Bon Repos.

Ein Spaziergang von gut zwanzig Minuten um eine schmale Bucht und über einen Hügel bringt uns in die Stadt KORČULA. Wegen ihrer Kirchen und anmutigen Häuser wird sie auch „**Klein-Dubrovnik**" genannt. Malerisch liegt der Altstadtkern auf einer Halbinsel. Über eine **Freitreppe**, die nahe des Marktes zum **Landtor** hinaufführt, betreten wir dieses historische Schatzkästchen. Gleich links steht das **Rathaus**, daneben die **Kapelle der Schneemadonna** und gegenüber ein weiteres

Korčula, Landtor mit Freitreppe

kleines **Kirchlein** (Sveti Mihovila). In gerader Linie stapfen wir weiter über ein paar Stufen zum Domplatz. Am höchsten Punkt des Ortes reckt die dreischiffige **Kathedrale Sv. Marko** ihren Turm in den fast wolkenlosen Himmel und beeindruckt mit einem von zwei Löwen bewachten Portal. Ihr gegenüber steht der **Bischofspalast**, der den **Domschatz** beherbergt. Im **Stadtmuseum** (Gradski muzej) ist ein **Lapidarium** mit interessanten Fundstücken untergebracht, ebenso wie Abteilungen, die der Seefahrt und dem Schiffsbau gewidmet sind. Geöffnet täglich von 09.00-13.00 Uhr und von 19.00-21.00 Uhr, ca. 2 Euro. Ein weiteres **Museum** lockt mit **sakralen Gegenständen,** und unweit des Landtores erwartet das **Ikonenmuseum** seine Besucher.

Museumsstücke in Korčula

Ein paar Schritte von der Kathedrale entfernt steht eingezwängt zwischen anderen Gebäuden das (angebliche) **Geburtshaus Marco Polos**. Für einen Obolus darf man sich die enge Holztreppe, die unter jedem Schritt schrecklich aufstöhnt, hinaufhangeln und von einem Turm den schönen Blick über die Dächer und das Meer genießen.

Nach dem 12. Jahrhundert wurde das Städtchen komplett umgestaltet. Dabei bewiesen die ehemaligen Baumeister Geschick. Die Anordnung der Gassen erfolgte dergestalt, dass die kalte Bora abgehalten wird, der warme und angenehme Maestral hingegen ungehindert einströmen kann. Fast schon eine antike Klimaanlage!

Sollte Ihnen der Sinn nach einer kleinen Seefahrt stehen, so bietet sich die Möglichkeit, von KORČULA einen Tagesausflug auf die **Insel Mljet** zu unternehmen und dort den **Nationalpark** zu besuchen (**zwei Salzseen**, im größeren der beiden eine Insel mit einem ehemaligen **Benediktinerkloster**). Näheres erfahren Sie in der Touristeninformation. Die Ausflugsboote verkehren täglich (außer Sonntag und Montag), Abfahrt ist jeweils um 09.00 Uhr, Rückkunft um 16.00 Uhr. Der Preis pro Person beträgt ca. 30 Euro - inclusive des Parkeintrittes.

Noch ein Wort zur Parkplatzsituation. Das Städtchen wird stark frequentiert, dementsprechend lebhaft - bisweilen chaotisch - geht es zu. Rund um den Hafen bzw. den Altstadtkern gibt es einige Parkflächen, die Aussicht auf ein freies Plätzchen ist aber relativ gering.

Wir begeben uns auf Inselrundfahrt. Ein kurzes Wegstück nach dem Campingplatz „Kalac" zweigt links die Straße nach LUMBARDA ab. Schnell erreicht man das erste von zwei Hafenbecken (Privatcamp rechter Hand). Fährt man schließlich nach dem zweiten Hafenbecken des hübsch gelegenen, kleinen Ortes links ab, so gelangt man zu einem sonnigen Parkplatz, an den ein Kies-Badestrand anschließt (Parkfläche neuerdings leider eingeschränkt).

**(156) WOMO-Badeplatz: Lumbarda**

**GPS**: N 42° 55' 27.4" E 17° 10' 22.1" **max. WOMOs**: 2-3

**Ausstattung/Lage**: Wasserstellen und Kiosk, Geschäfte, Restaurants in der Nähe/ im Ort.

**Zufahrt**: Im Text beschrieben.

Zurückgekehrt an die Hauptstraße, orientieren wir uns in Großrichtung VELA LUKA. Zunächst etwas schmal, doch stetig breiter werdend, schlängelt sich das Asphaltband in die sanfte Bergwelt hinein. Wie grüne Finger ragen unzählige schlanke Zypressen in den Sommerhimmel, und zwischen aufgeschichteten Mauern gedeihen prächtige Rebstöcke. In der Region sind noch viele alte **Steinhäuser** mit den kunstvoll geschichteten Dach-Steinplatten erhalten. Malerisch schmiegen sich die Häuschen an die Hänge, oft eingebettet in üppiges Grün. Wir streifen das Bergdörfchen PUPNAT. Nach dem Ort zweigt links ein

zunächst anständiges Sträßchen ab, das letztendlich zur **Pupnatska Luka-Bucht** führt. Diese Bucht gilt als die schönste der Insel. Das anständige Sträßchen verliert seinen Anstand sehr bald und gründlich. Im Teerbelag sind Löcher, die ausreichend wären um kleine Bäume anzupflanzen. Mit 10% Gefälle, schmal aber mit Ausweichen, geht es hinab. Das letzte Stück besteht aus grobem Schotter, und schließlich gelangt man schwitzend zur paradiesischen Bucht, in der man auch übernachten kann. Des öfteren legen hier (Segel)schiffe an, um im Schutz des Naturhafens die Nacht zu verbringen. Kehrt man auf der Schotterpiste zum löchrigen Teerweg zurück, lässt sich der anstrengende Abstecher in Richtung ČARA fortsetzen. Der Zustand ist genauso grottenschlecht, es ist ein Stückchen weiter, aber dafür verläuft der „Highway" relativ eben. Nahe ČARA erreichen wir bei schönen Weingärten wieder die Insel-Hauptachse.

Die malerische Pupnatska Luka-Bucht

Kleiner Tipp: Wenn Sie Ihr WOMO auch nur ein bisschen lieben, dann ersparen Sie ihm den Ausflug. Greifen Sie lieber auf Roller oder Mountainbikes zurück.
Von ČARA führt eine kurze gute(!) Teerstraße in die Ortschaft ZAVALATICA. Die gepflegten Häuschen, die sich rund um eine kleine Bucht angesiedelt haben, strahlen einen Hauch Mondänes aus. An der Kaimauer am Ende des Hafens finden wir

ein nettes sonniges Plätzchen für unser Mobil und gleich daneben einen felsigen Strand für dessen Besatzung. Auf den abgeschrägten Felsplatten lässt es sich relativ gut liegen und dem süßen Nichtstun frönen.

### (157) WOMO-Badeplatz: Zavalatica

**GPS**: N 42° 54' 48.4" E 16° 56' 04.6" **max. WOMOs**: 1-2
**Ausstattung/Lage**: kleine Bar, zum Restaurant ca. 200 m/im Ort.
**Zufahrt**: In Čara links abbiegen, noch 3,4 km bis zum Ende der Stichstraße im Hafen (das letzte Stück der Ortsdurchfahrt ist schmal und nur für kleinere WOMOs geeignet).

Der Felsstrand von Zavalatica

Nach einem erholsamen Zwischenaufenthalt kurven wir nach ČARA zurück.
Bereits in SMOKVICA verlassen wir die Hauptstraße wieder, um ein wenig an der Südküste entlang zu bummeln. Pittoresk und etwas verschlafen präsentiert sich BRNA, dessen Häuschen um den Hafen herumgruppiert sind. Dem Küstensaum folgend, mit schönen Ausblicken auf bewaldete Inselchen, rollen wir PRIŽBA zu. Eine Feuersbrunst muss sich vor kurzem über die Hügel gefressen haben. Nur die stärkeren Stämme haben den Flammen getrotzt und mahnen jetzt wie erhobene Finger die Leichtfertigkeit einer vielleicht achtlos weggeworfenen Kippe an. Nach PRIŽBA entfernt sich das Sträßchen wieder vom Meer und hält in etlichen Kehren und Kurven Kurs auf BLATO zu, die ehemals größte Stadt **Korčulas**. Die touristische Bedeutung des Städtchens ist gering, wenn auch die Bewohner behaupten, es sei - wie Rom - auf sieben Hügeln erbaut. So recht nachvollziehen lässt sich dieser Umstand allerdings nicht. Wie dem auch sei - der Ort wirkt gefällig! Die

Hauptstraße führt durch eine lange Baumallee, deren Kronen oben zusammenschlagen. Das Blätterdach lässt nur wenige Sonnenstrahlen hindurch, der Durchreisende sieht sich einem heimeligen Spiel aus Licht und Schatten ausgesetzt. Nach BLATO treffen wir wieder auf die Inselachse. Wir schwenken links ein und peilen die westlich gelegene Stadt VELA LUKA an. Flott geht es voran. Nach einer Kurve rettet nur die beherzte Bremsung des Fahrers einem Schwarm Rebhühnern das Leben, die sich zur Rast auf der Fahrbahn niedergelassen haben. Ohne körperlichen Schaden zu nehmen, flattern die Tierchen aufgeregt davon. Noch bevor wir in VELA LUKA einlaufen, zweigt rechts eine Straße ab, auf der man nach 7 km den **Campingplatz „Mindel"** erreicht. Schließlich lässt uns ein Schild wissen, dass wir im größten Ort der Insel VELA LUKA angelangt sind.
Der erste Eindruck ist nicht gerade berauschend. Zur Linken dehnt sich ein wenig ansprechendes Industriegelände aus. Es folgt der Fähranleger. Hinter diesem erstreckt sich - deutlich ansehnlicher - eine lange blumengeschmückte Uferpromenade, die letztendlich in den Stadtkern mündet. Hier bzw. im Hafen lässt es sich gut verweilen. Wir gesellen uns zu einigen WOMOs, die sich hier bereits ein Plätzchen gesucht haben (gebührenpflichtig von 08.00-22.00Uhr).

**(158) WOMO-Stellplatz: Vela Luka**

**GPS**: N 42° 57' 37.5" E 16° 42' 50.0" **max. WOMOs**: > 5
**Ausstattung/Lage**: Wasserstellen, Geschäfte und Restaurants nahebei/im Ort.
**Zufahrt**: Ca. 200 m nach dem Fähranleger in Vela Luka.

Im Hafen von Vela Luka

Die Stadt taugt nicht unbedingt für den ultimativen Urlaubskick, doch so „ganz ohne“, wie sie oft dargestellt wird, ist sie wahrlich nicht. Das Hafenbecken ist hübsch, und es gibt nette Cafés und Restaurants. Der Kulturhungrige wird sich an der **Kirche Sveti Josip** und einer ehemaligen **Festung** aus dem 15. Jahrhundert erfreuen.

In direkter Linie brausen wir nun nach KORČULA (Stadt) bzw. dem Fährhafen DOMINCE zurück und sind erstaunt, wie schnell man die Insel durchmessen kann - so man will. Nach der **Korčula-Rundfahrt** zeigt der Tachometer 145 km mehr. Verzichtet man auf den Pistenausflug nach **Pupnatska Luka**, kann man geschätzte 20 km davon abziehen. Wir setzen mit der Fähre über den **Pelješki-Kanal** nach OREBIĆ, fahren die **Halbinsel Pelješac** noch einmal in umgekehrter Richtung ab, und gut 65 km später nehmen wir nahe STON die Spur der **Adria magistrale** wieder auf.

KARTE TOUR 12
10 km
BiH
BiH
Dalmatinisches Küstengebirge
Dalmatinisches Küstengebirge
Cavtat
162
Kupari
Dubrovnik
Dubac
Komolac
Mokošica
161
Koločep
Lopud
Šipan
Jakljan
Olipa
Orašac
160
Trsteno
Arboretum
WC
159
Brečine
Slano
Banja
Banici
Ploča
Veliki Ston
148

# Tour 12 (85 km / 4 Tage)

## Ston - Slano - Trsteno - Orašac - Dubrovnik - Kupari - Cavtat

| | |
|---|---|
| **Freies Übernachten:** | In Trsteno und in Cavtat. |
| **Campingplätze:** | „Pod Maslinom“ in Orašac, „Solitudo“ in Dubrovnik. |
| **Besichtigen:** | Das Arboretum in Trsteno, die Altstadt von Dubrovnik mit ihren unzähligen Kulturschätzen, Cavtat und Umgebung. |
| **Baden:** | Mehrere Gelegenheiten entlang der Küste, vor allem in und um Cavtat. |

In unserer zwölften und letzten Tour stoßen wir in süddalmatinische Gefilde vor und widmen uns vor allem auch dem herrlichen DUBROVNIK. Auf dieser relativ kurzen Strecke sind freie Stellplätze echte Mangelware, doch man kann auf private Campingplätze ausweichen - und deren gibt es etliche.
Zunächst schwingen wir uns um die Kurven der gut ausgebauten Küstenstraße herum und bewundern den phantastischen Ausblick auf die vorgelagerte Inselwelt. Sonne und Wolken wechseln sich heute ab. Das Zwielicht lässt die Inseln dunkelgrün, fast schwarz erscheinen; wie kleine geheimnisvolle Gebirge erheben sie sich aus dem glitzernden ebenen Wasserspiegel der blauen **Adria**. Bald erreichen wir SLANO. Bis dato schlummerte der Ort vor sich hin und bot WOMO-Fahrern einen hübschen Stellplatz. In jüngster Vergangenheit klatschte ein Investor einen riesigen und modernen Hotelkomplex mitten in den Dorfkern - somit ist ein Besuch für Wohnmobilisten nicht mehr erstrebenswert.
Rund 40 km nach STON laufen wir in TRSTENO ein. Eine gewisse Berühmtheit hat hier das **Arboretum** erlangt. Die Parkmöglichkeiten sind rar und die Zufahrt schmal. Wir stellen unser Mobil an der Durchgangsstraße ab (nur wenige Plätze) und laufen die kaum mehr als 100 m bis zur Pforte des Gartens. Dunkel ist es unter dem Blätterdach. Über einen breiten, recht steilen Weg spazieren wir dem Meer zu. Überall öffnen sich lauschige Nischen und verschwiegene Plätzchen. Exotische Bäume und Pflanzen aus fast aller Herren Länder wurden hier zusammengetragen und mit Namensschildern und Herkunftsangabe versehen. Schließlich müssen die Bäume ja wissen, wo sie ihre „Wurzeln“ haben. In einem düsteren Eck plätschert ein **Brünnlein**, über das steinerne Figuren wachen. Ein Pferd und zwei böse dreinschauende Fische spuken Wasser. Im unteren Teil des Parks steht die prachtvolle

**Renaissance-Villa** der Dubrovniker Gründerfamilie, die auf das Jahr 1502 zurückdatiert. Von der Terrasse aus hat man einen schönen Blick auf einen winzigen Hafen einerseits und einige **antike Ruinen** andererseits. In der Hochsaison ist das Arboretum von 08.00-19.00 Uhr geöffnet, ansonsten von 08.00-15.00 Uhr. Für ca. 4,5 Euro pro Nase (Kinder ca. 2,2 Euro) wird man eingelassen.
In Parknähe gibt es ein Café und unweit davon ein gepflegtes privates Autocamp mit einigen WOMO-tauglichen Stellplätzen.

Im Arboretum von Trsteno

**(159) WOMO-Stellplatz: Trsteno**

**GPS**: N 42° 42' 48.7" E 17° 58' 39.8" **max. WOMOs**: > 5
**Ausstattung/Lage**: Wasser, Dusche, WC, kleines Café/Bar, Restaurant nahebei/im Ort.
**Zufahrt**: An der Hauptstraße beschildert (gut 100 m weiter zweite Einfahrt möglich).

ORAŠAC empfängt uns als nächster Ferienort an der **Magistrale**. Zu unserer Enttäuschung stellen wir fest, dass der schön gelegene und gediegene Campingplatz „Rudine" platt gemacht wurde; für einen Hotelkomplex, der dem zuvor in SLANO gleicht. Der Architekt durfte offensichtlich mehrmals wüten! Alternativ kann man auf das Kamp „Pod Maslinom" zurückgreifen, das zwar durchaus einen netten gepflegten Eindruck macht, doch leider nicht am Meer liegt.

**(160) WOMO-Campingplatz-Tipp: „Pod Maslinom" in Orašac**

**GPS**: N 42° 41' 56.5" E 18° 00' 22.3" **Öffnungszeit**: 15.05.-30.09.
**Ausstattung/Lage**: Geschäft und Restaurant ca. 300 m, Schatten, zum Meer ca. 400 m/im Ort.
**Zufahrt**: Von der Magistrale rechts abbiegen, noch ca. 100 m, beschildert.

Die Öffnungszeiten sind nur als Anhaltspunkt zu sehen - man orientiert sich mehr an der Nachfrage.
Nach DUBROVNIK ist es jetzt nur noch ein Katzensprung. Schon vor den Toren der Stadt heißen uns große Schilder willkommen, und schließlich rollen wir über eine neu erbaute, kühne Brücke in die süddalmatinische Metropole ein. Dieses „Kunstwerk“ erspart die Umfahrung einer tief eingeschnittenen Bucht und ist sogar mit einem Display ausgestattet, welches die aktuelle Windgeschwindigkeit anzeigt. Nach der Brükke biegen wir links ab und arbeiten uns in Richtung Zentrum vor. Der Verkehr steigert sich vehement, man staut sich die Reifen platt, der Kopf wird zornesrot, und das Nervenkostüm knittert. Letztendlich schaffen wir es bis vor die altehrwürdigen Mauern der Innenstadt. Hier gibt es eine stattliche Anzahl von Parkplätzen, doch es ist kein einziger freier dabei - wirklich keiner!

Imposanter Empfang in Dubrovnik

Die bessere Methode ist, bereits am Fährhafen das WOMO zu deponieren. Wir haben ihn bei der Einfahrt bereits gesehen und auch den großen (mit Lücken versehenen!) Parkplatz dazu. Ausgeschildert ist dieser mit dem Schiffssymbol und dem Namen des Stadtteils, in dem er sich befindet: „Cruž“. Nimmt man den Lärm und die wenig ansprechende Gegend in Kauf, kann man hier evtl. auch nächtigen. Reichlich 2 km sind es von hier bis zum Herzen der Stadt. Am besten man nimmt Bus oder Taxi dahin - die Füße werden noch genug strapaziert!
Unserer Meinung nach ist die beste Methode, eine Stadtbe-

sichtigung vom Campingplatz aus zu unternehmen. Vor einigen Jahren öffnete der „**Solitudo**“ seine Pforten.

**(161) WOMO-Campingplatz-Tipp: „Solitudo“ in Dubrovnik**
**GPS**: N 42° 39'43.5" E 18° 04'15.9",Vatrosl. Lisinskog **Öffnungszeit**: 01.04.-01.11.
**Ausstattung/Lage**: Restaurant in der Nähe, Geschäft, teilweise schattig, Strandnähe/im Ort.
**Zufahrt**: Erste Hinweise schon bei der großen Brücke, Richtung Babin Kuk, gut beschildert.

Die **Buslinie Nr. 6** verkehrt alle 10 bis 15 Minuten ins Zentrum (1,5 Euro pro Person für die einfache Fahrt, Tickets gibts im Bus - nicht mehr am Campingplatz). Die Haltestelle ist nur ca. 300 m vom Campingplatz entfernt.
Eine elegante Lösung der Stadtbesichtigung können wir Ihnen auch von CAVTAT aus anbieten (am Ende dieser Tour).
DUBROVNIK schmückt sich mit dem Beinamen „**Perle der Adria**“. Es liegt zu Füßen eines karstigen Kalksteingebirges auf einer Halbinsel und birgt kulturelle Schätze, die ihresglei-

Dubrovnik, Schatzkästchen des Südens

chen suchen. Die Aufnahme ins **Weltkulturerbe** durch die Unesco im Jahre 1980 muss man da schon als fast zwingend ansehen. Annähernd 50.000 Menschen leben heute in diesem dalmatinischen Wirtschaftszentrum, das sommers wie winters die Touristen in Strömen anlockt. Das Hauptaugenmerk liegt dabei auf der von mächtigen Mauern umgebenen und auf drei Seiten vom Meer umspülten Altstadt, in der sich die wichtigsten Sehenswürdigkeiten befinden. Bevor wir Sie dazu einladen, uns auf unserem Bummel zu den kunsthistorischen Juwelen zu begleiten, blicken wir noch kurz in die Vergangenheit.
Einst war das südlich von DUBROVNIK gelegene Epidaurum

wichtigstes regionales Zentrum. Zur Zeit der Völkerwanderung im 7. Jahrhundert wurde es zerstört, und die Bewohner flüchteten nach Ragusium und ließen sich in dem kleinen Fischerdorf nieder. Wenig später gesellten sich, im mit Eichen bestandenen Hinterland, slawische Stämme dazu. Dubrava heißt Eichenwald, was den heutigen Namen DUBROVNIK erklärt, der aber erst ab 1918 zur Verwendung kam. Bis dato sprach man von Ragusa. Die Lage am Schnittpunkt der Religionen und Kulturen war nicht unbedingt ein optimaler Ausgangspunkt für eine aufstrebende Entwicklung. Die neuen Bürger bewiesen aber Fleiß, waren geschäftstüchtig, diplomatisch, und eine strenge Verfassung beugte drohendem „Filz“ vor. Die Siedlung avancierte zur Freien Republik Ragusa und konnte ihren

Dubrovnik, Spaziergang auf der Stadtmauer

Stadtstatus viele Jahrhunderte - wenn auch teilweise mit Einschränkungen - erhalten. Erst 1808 erfolgte die Auflösung durch Napoleon. Vielleicht war das Erfolgsrezept in dem Leitspruch zu suchen, der in den Palast des Großen Rates eingemeißelt wurde. „Obliti privatorum publica curate!“ Zu Deutsch: „Vergesst die Privatangelegenheiten, kümmert euch um die öffentlichen Belange“. Die Aufforderung wurde sehr ernst genommen. Zug um Zug wurden Institutionen wie eine Apotheke, ein Waisenhaus und ein Altersheim eingerichtet. Zwei Ärzte und auch Straßenkehrer agierten zum Wohl der Bürger - Öffentlicher Dienst im wahren Sinne des Wortes!

Wenden wir uns nun der Besichtigung der Altstadt zu. Wir betreten das Schatzkästchen durch das **Westtor** - dem Pile vrata - das mit einer Statue des Stadtheiligen (sveti Vlaho) geschmückt ist. Ganz in der Nähe befindet sich einer der Aufgänge zur **Stadtmauer**. Täglich zwischen 09.00 und 19.00 Uhr

„Eisschlacht“ am Großen Onofriobrunnen

kann man zu ihr emporsteigen (sofern man bereit ist, äußerst unverschämte 10 Euro zu berappen) und auf dem 25 m hohen und bis zu 6 m breiten wuchtigen Mauerwerk nahezu 2 km entlangwandeln. Im milden Licht des Abends oder des Morgens fesselt der herrliche Ausblick über die Stadt und das Meer den Betrachter gänzlich. Praktischer Aspekt der vorgeschlagenen Zeit ist die deutlich geringere Schweißabsonderung auf diesem schattenlosen Rundgang.

Wir bleiben erstmal „bodenständig“ und bewundern das Ensemble phantastischer Bauwerke, das sich uns nach dem **Pile-Tor** eröffnet. Erster Blickfang allerdings ist der gewaltige **Velika Onofrijeva česma** (Großer Onofriobrunnen) mit seinen insgesamt 16 Wasserspielen. Bereits im 15. Jahrhundert wurde er aus einer 12 km langen Wasserleitung gespeist, die seinerzeit die städtische Wasserversorgung gewährleistete. Neben dem Brunnen rechts liegt das **Klarissinenkloster** (Samostan Sveta Klara) aus dem 13. Jahrhundert. Die ehrbaren Schwestern richteten hier 1472 das erste Waisenhaus Europas ein. Zur Linken duckt sich die kleine **Erlöserkirche Sv. Spas**, ein Renaissance-Bau aus dem 16. Jahrhundert, in den Schutz der Stadtmauer. Ihr gegenüber erhebt sich die **Franziskaner-Kirche**, deren Südportal die Kunstfertigkeit der hiesigen Steinmetze verrät. Der schmale Rundgang zwischen den zwei Gotteshäusern führt zum **Franziskanerkloster**. Dieser Ort des Friedens beherbergt einen Kreuzgang mit zierlichen Doppelsäulen. Im solchermaßen eingefriedeten Garten gedeihen Mandarinenbäumchen, und es blühen Oleanderbüsche. Herrlich anzusehen ist auch die **Klosterapotheke**, die zu den ältesten unseres Kontinents zählt.

Wir gehen zurück zum **Onofriobrunnen** und schlendern jetzt die Placa oder **Stradun** genannte Gasse entlang, die geradlinig die Altstadt durchmisst. Einst war sie ein Meereskanal, der nach seiner Verfüllung die beiden Ortsteile **Ragusa** und **Dubrava** vereinte. Wendet man sich etwa in der Mitte der Plaza nach rechts in die Seitengässchen, gelangt man, vorbei an vielen Läden, in denen Gold- und Silberarbeiten angeboten werden, zum **Ikonski muzej**. Das Museum befindet sich neben der **Serbischen Kirche** und stellt wertvolle Bilder verschiedener Epochen aus.

Stradun, die Flaniermeile Dubrovniks

Wir spazieren weiter auf der Placa, bis diese in den **Platz der Loggia** (Luža) mündet. Beherrscht wird diese Piazza von der **Rolandsäule**. Der Ritter Roland symbolisiert, wie auch in anderen europäischen Städten, Marktfreiheit und eigene Gerichtsbarkeit. Im gesamten Umfeld konzentrieren sich die Sehenswürdigkeiten. Nördlich des Platzes finden wir den **Sponza-Palast**, der u.a. auch als **Zollamt** fungierte. In den nicht gerade heimeligen Kellern mussten früher die Gefangenen für ihre Straftaten büßen. Neben hübschen Arkaden und gotischen Fenstern gefällt auch der von Säulen umrandete Innenhof. Dem Sponza-Palast schließt sich nördlich die **Sv. Nikola-Kirche** mit einer barocken Fassade an. Es folgt das wuchtige **Dominikanerkloster**, dessen Ursprünge im 14. Jahrhundert liegen. Neben dem Kreuzgang ist auch das **Museum** mit seinen wertvollen **Kirchenschätzen** (filigraner Gold- und Silberschmuck, Reliquien, Gemälde usw.) sehenswert.
Durch das **Ploče vrata** (Ploče-Tor), bewacht vom **Assimov-Turm**, gelangen wir zur eindrucksvollen **Festung Revelin**. Diese hatte die Aufgabe, den Hafen vom Norden her zu schützen. Heute erfüllt die mächtige Bastion friedlichere Zwecke - auf der Freiterrasse werden Konzerte und Tanzveranstaltungen abgehalten.
Zurückgekehrt auf den **Luža-Platz**, widmen wir uns nun den Sehenswürdigkeiten südlich des „kriegerischen Roland“. Hier

Junges Glück in Dubrovnik

rückt zunächst die **Kirche Sv. Vlaho** ins Visier. Im Inneren des Gotteshauses entdecken wir auf dem Hochaltar eine Statue des **Schutzpatrons** der Stadt, **St. Blasius**. Dieses Meisterwerk heimischer Goldschmiedekunst besteht aus vergoldetem Silber. Gegenüber Sv. Vlaho erhebt sich der **Palast des Großen Rates**, der heute als Theater genutzt wird. Das **Gradska kavana** (Stadtcafé) grenzt an. Wir finden zwei freie Stühlchen und erholen uns erstmal nach so viel Kultur bei einem kühlen Bier. Der Blick über den bunten Hafen und die Festungsanlagen ist schlicht wundervoll.

Nur ein paar Schritte weiter entdecken wir den **Knežev dvor**, den Rektorenpalast. Das in den Jahren um 1440 von Onofrio Giordano errichtete Gebäude wurde mehrmals durch Brand und Erdbeben beschädigt, die jetzige Form datiert auf das Jahr 1739 zurück. Der Bau klotzt nicht mit Pracht und Prunk, sondern gefällt eher durch schlichte „leise" Schönheit. Jeweils für einen Monat führte ein Adeliger die Regierungsgeschäfte und verbrachte diese Zeit - getrennt von der Außenwelt - in diesem Palast. Durch den schnellen Wechsel versuchte man, Vetternwirtschaft und Klüngelei vorzubeugen - mit Erfolg bleibt anzumerken! Der **Knežev dvor** beherbergt jetzt das **Stadtmuseum,** in dem man Mobiliar, Gemälde, Waffen, Münzen usw. bewundern kann (geöffnet von Montag bis Samstag von 09.00-13.00 Uhr, Eintritt ca. 2 Euro - sonntags geschlossen). Ganz in der Nähe befindet sich der große, lebhafte Markt. Täglich lässt sich hier knackiges Gemüse, Obst und frischer Fisch erwerben. In der Mitte des Platzes wacht eine **Bronzestatue** des **Dichters Gundulič** über das Geschehen. Am Südostende des **Gundulićeva poljana** genannten Marktes erhebt sich

Na, Lust auf einen Bootsausflug?

die **Kathedrale Velika Gospa** (Maria Himmelfahrt) und besticht vor allem mit einer in Gold und Silber schwelgenden Schatzkammer und einem Tizian-Gemälde, das die Himmelfahrt Mariens zeigt.

Schließlich stiefeln wir entlang der **Ulica Kneza** zur **Festung Sveti Ivan**, die über die Südostseite des Hafens wacht. Neben dem **Ethnographischen Museum** (Trachten, Handwerksgeräte) und dem **Schifffahrtsmuseum** (Modelle, nautische Geräte) gibt es auch das **Aquarium** zu bestaunen. Letzteres gibt interessante Einblicke in die Tier- und Pflanzenwelt der Adria.

Wir spazieren zurück zur **Kathedrale Velika Gospa** und steigen anschließend über eine Barocktreppe in südlicher Richtung zur **Jesuitenkirche** empor. Das Gotteshaus gehört zu den größten Barockkirchen Dalmatiens und ist einschiffig, mit seitlich angelegten Kapellen konzipiert. In gerader Linie geht es auf der **Ulica Strosmajerova** zur „Kornkammer" der Stadt. In 15 in den Fels gehauenen Löchern wurde hier im 16. Jahrhundert Getreide eingelagert, um im Fall einer Hungersnot gewappnet zu sein. Eine gleichbleibende Temperatur von 17°C begünstigte die Lagerhaltung. Diese Vorratsspeicher bezeichnet man als **Rupe**. Heute werden hier in einem **Museum** archäologische Funde gezeigt.

Wir beschließen nun unsere Exkursion durch das alte DUBROVNIK und hoffen, Sie ein wenig animiert zu haben. Das wahre Flair offenbart sich allerdings erst, wenn man selbst durch die schmalen Gassen mit den vielen malerischen Winkeln und unzähligen Treppen streift. Sie werden den Atem der Geschichte spüren - lassen Sie sich Zeit dazu!

Cavtat, südlichster Punkt unserer Reise

Jetzt nehmen wir den letzten Abschnitt dieser Tour unter die Räder und steuern das etwa 20 km südlich von DUBROVNIK gelegene CAVTAT an. Bei dem entsprechenden Hinweisschild biegen wir rechts von der Küstenstraße ab. Kurz darauf nehmen wir an einer unklar ausgeschilderten Gabelung den linken Abzweig (rechts geht es nur zu einigen Hotelburgen) und landen alsobald in dem lebhaften Ort, der durchaus mondäne Züge trägt. Am Ende der Stichstraße münden wir in einen großen Parkplatz (gebührenpflichtig, ca. 1,4 Euro pro Stunde) ein, der ein wenig Schatten bietet. Es ist ein hübsches Übernachtungsplätzchen und prima geeignet, um das Städtchen zu sondieren. Der in manchen Reiseführern angegebene Campingplatz hat schon vor mehreren Jahren seinen Betrieb eingestellt. Eine Neu- bzw. Wiedereröffnung ist derzeit nicht geplant.

Das Mausoleum in Cavtat

**(162) WOMO-Badeplatz: Cavtat**

**GPS**: N 42° 35' 00.1" E 18° 13' 09.5" **max. WOMOs**: > 5

**Ausstattung/Lage**: Beleuchtung, Restaurant 150 m, Zentrumsnähe/im Ort.

**Zufahrt**: Von der Küstenstraße rechts abfahren, noch 2,8 km.

Vom Ende des Parkplatzes aus führt ein schöner Spazierweg um eine bewaldete Halbinsel herum. Bänke laden zum Verweilen ein, und ein langer, schmaler und felsiger Strand lockt zur Abkühlung im klaren Wasser. Etwa 150 m nach Beginn des Promenadenweges lässt es sich in einer stilvollen Konoba gut speisen, als Attribut gibt es einen herrlichen Fernblick über das Meer und die Berge. Direkt bei der Gaststätte kann man über eine langgezogene Treppe zu einem **Mausoleum** aufsteigen, von dem die Aussicht bis nach DUBROVNIK reicht. Über mindestens genauso viele Stufen vollzieht sich der Abstieg auf der anderen Seite hinab zum palmenbestandenen und blumengeschmückten Hafenkai des netten Ortes, wo einige stolze Jachten vor Anker liegen. Gepflegte Restaurants reihen sich aneinander und werben mit zivilen Preisen um die Gunst der Gäste.

Ohne sich den Stress im Verkehrsgewimmel und die kaum von Erfolg gekrönte Parkplatzsuche antun zu müssen, lässt sich von CAVTAT aus bequem das schöne DUBROVNIK erkunden. Mehrmals täglich verkehren Taxiboote dahin, die an der Hafenmole auf Kunden warten (Fahrpreis pro Person, hin und zurück, 12 Euro). Nicht ganz so reizvoll, doch ebenso praktisch, ist die Busverbindung. Der Linienbus pendelt mehrmals täglich, das Retourticket kostet gut 5 Euro pro Person.

Einen Wermutstropfen wollen wir Ihnen aber nicht vorenthalten. Das ansonsten eher ruhige CAVTAT liegt in der Einflugschneise des Flughafens DUBROVNIK. Mit „Unterhaltung“ durch startende und landende Flieger muss daher gerechnet werden.

Unsere Reise endet hier im südlichen Dalmatien. Vielleicht treten Sie - so wie wir - nun den Rückweg an. Möglicherweise haben Sie aber noch jede Menge Zeit im Gepäck und viele sonnige Tage in Kroatien vor sich. Wir wünschen es Ihnen!

## Ausrüstung

**Boot, Surfbrett**

Sind Sie ein Freizeitkapitän? Dann sind Sie an der schönen blauen Adria goldrichtig! Viele kleine und große Inseln wollen erforscht werden, und das Festland erscheint vom Wasser aus in einer ganz anderen Perspektive. So manche einsame Badebucht lässt sich zudem nur von der Meerseite her erreichen. Es lohnt sich also Kanu, Kajak, Schlauch- oder gar ein Motorboot mit auf die Reise zu nehmen. Beachten Sie bitte, dass alle Wasserfahrzeuge über 3 m Länge und über 4 KW Leistung vor ihrer Benutzung beim jeweiligen Hafenamt angemeldet werden müssen. Mit der Entrichtung einer Gebühr sind Sie dann berechtigt, ein Jahr lang (ab Tag der Ausstellung) durch die Wellen zu „pflügen".

Auch Surfer werden ein weites Betätigungsfeld vorfinden. Für den notwendigen Schub sorgt (zumeist) ein kräftiger Wind, der allerdings Spitzen erreichen kann, die sogar standfesten Profis gefährlich werden können. Vorsicht ist also angebracht (siehe Bora)!

Falls es die Kapazität Ihres WOMOs nicht zulässt oder Sie den Transport genannter sperriger Sportartikel scheuen, besteht die Möglichkeit, diese bei zahlreichen Verleihern anzumieten.

**Fahrrad**

Ein ausgesprochenes Biker-Territorium ist unser Reisegebiet sicher nicht. Ausgewiesene Radwege sieht man selten und eine grundlegende Änderung ist auch auf Grund der geographischen Verhältnisse kaum zu erwarten. Trotzdem kann der Drahtesel recht hilfreich beim Brötchenholen oder kleineren Einkäufen sein. Manch einer nutzt das Zweirad auch zur „schnellen Sondierung des Umfeldes" nach der Ankunft an einem neuen Übernachtungsplatz oder für den Restaurantbesuch am Abend. Das WOMO bleibt stehen und man darf sich ruhigen Gewissens ein Gläschen Wein gönnen. Man sieht schon, es ist eine Entscheidung, die jeder für sich abwägen muss. Mountainbikern, die ihrem Hobby frönen wollen, sei das bergige, von der Küste meist schnell erreichbare Hinterland zu empfehlen. Diese Nebenstrecken sind oft wenig befahren und bieten daher die entsprechenden Voraussetzungen für sportliche Ambitionen. Spezielle markierte Strecken, womöglich sogar noch in unterschiedliche Schwierigkeitsgrade aufgeteilt, wird man aber vergebens suchen.

**Angelausrüstung**

Für das Angeln im Meer bedarf es keines Angelscheines. Verboten ist aber das Harpunieren der Fische. Petrijünger, die ihr Glück in Seen oder Flüssen versuchen wollen, benötigen hierzu eine Lizenz. Informationen diesbezüglich erhalten Sie in der jeweiligen örtlichen Touristenauskunft.

**Tauch-, Schnorchelausrüstung**

Die Küsten sind ein wahres Dorado für Taucher. Kaum ein anderes Reisegebiet in Europa bietet ähnlich traumhafte Bedingungen. Das Wasser ist von bestechender Klarheit, die Tier- und Pflanzenwelt rund um die Felsenriffe zeigt sich in atemberaubender Schönheit und Vielfalt.

Taucher müssen unbedingt einigen Dingen Beachtung schenken! Nur wer im Besitz eines Taucherscheines ist, darf seinem schönen Hobby frönen. Ausgegeben wird dieser vom Kroatischen Taucherverband, und man kann ihn in

Tauchclubs für weniger als 20 Euro käuflich erwerben. Bedingung dafür ist ein Zeugnis einer international anerkannten Taucherschule (gültig 365 Tage vom Tag der Ausstellung). Nicht überall ist das Tauchen erlaubt. Es gibt Tauchverbotszonen und die sog. Zonen des kontrollierten Tauchens.
Nähere Informationen erhalten Sie in Kroatien unter folgender Telefonnummer: 0161 16848 (Fax: 0161 16849) oder in der Konservatorischen Abteilung Split, Porinova 2 in 21 000 Split, Tel.: 021 305 430

## Auskunftstellen

Möchten Sie sich noch zu Hause über Ihr Urlaubsziel informieren?
Die Kroatische Zentrale für Tourismus unterhält Büros in:

Rumfordstr. 7
D-80469 München
Tel.: (089) 22 33 44, Fax 22 33 77 E-mail: kroatien-tourismus@t-online.de

Hochstr. 43
D-603 13 Frankfurt
Tel.: (069) 23 85 35-0, Fax 23 85 35-20 E-mail: info@visitkroatien.de

Am Hof 13
A-1010 Wien
Tel.: (01) 585 3884, Fax 585 388 420 E-mail: office@kroatien.at

Auskünfte erteilt auch:

Auswärtiges Amt/Bürgerservice
Arbeitseinheit 040
D-11 013 Berlin
Tel.: (03018) 172 000, Fax: (03018) 175 1000

Eine Infostelle für Istrien erreichen Sie unter:

Istrien-Info
Bayerstr. 35
D-80335 München
Tel.: (089) 5437 0480, Fax 5437 0481

Infos direkt aus dem Urlaubsland erhalten Sie von:

Kroatische Zentrale für Tourismus
Turistička Zajednica (TZ)
Ilica 1a
HR-10 000 Zagreb
Tel.: (00 385 1) 4556 455, Fax 4816 756
E-mail: info@htz.hr Internet: http://www.htz.hr

Allgemeine Informationen im Internet:

www.kroatien.hr

Kroatien wirbt um die Gunst der Touristen und gibt sich dabei redlich Mühe. Das Netz der staatlichen Touristenbüros ist engmaschig und wie folgt aufgegliedert. Die TZ-Stellen (Turistička Zajednica = Touristeninfobüro) unterteilen sich in TZŽ-Büros (zuständig für die gesamte Region), die TZG-Geschäftsstellen (hier gibt es Stadtinfos) und schließlich in die TZO-Büros (Erteilung von Auskünften über kleinere Orte und Inseln).
Das in vielen Ländern gebräuchliche **„i“** Schild wird Sie nicht unbedingt

zum gewünschten Ziel führen, denn viele private Reisebüros, Hotels usw. nutzen dieses Symbol für Ihre Zwecke.

Sollten Sie die Hilfe der Diplomatischen Vertretungen suchen, wenden Sie sich bitte an:

Deutsche Botschaft
Ul. grada Vukovar 64
10 000 Zagreb
Tel.: (01) 6158 105, Fax 6158 103
Deutsches Generalkonsulat
Obala Hrvatskog Narodnog Prepodora 10
21 000 Split
Tel.: (021) 362 114

Österreichische Botschaft
Jabukovac 39
10 000 Zagreb
Tel.: (01) 273 392, Fax 424 065

Schweizer Botschaft
Bogovićeva ul. 3
10 000 Zagreb
Tel.: (01) 4810 891, Fax 4810 890

## Ärztliche Hilfe

Natürlich möchte kein Mensch im Urlaub krank werden, das ist so ziemlich das Letzte, was man sich wünscht. Tritt aber der Fall des Falles ein, sollte man gewappnet sein. Grundsätzlich ist zu sagen, der Standard bei medizinischen Behandlungen entspricht dem allgemeinen südeuropäischen Niveau. Zwischen Deutschland (sowie Österreich) und Kroatien besteht ein Abkommen, d.h. Auslandskrankenscheine (HR/D111 für Deutschland und HR3 für Österreich) werden akzeptiert. In der Praxis kann es aber durchaus vorkommen, dass dies nicht der Fall ist und die ärztlichen Rechnungen bar beglichen werden müssen. Reichen Sie aber besagte Rechnung nach Ihrer Rückkehr bei Ihrer heimischen Krankenkasse ein, so werden Sie den aufgewendeten Betrag in der Regel erstattet bekommen, wenn auch nicht immer in voller Höhe.
Dringend zu empfehlen ist der Abschluss einer Auslandskrankenversicherung, eine Investition von nur wenigen Euros, die aber Gold wert sein kann. Wenden Sie sich an Ihre Versicherung oder einen Automobilklub. Bestens abgesichert ist man bei ganz schlimmen Fällen mit einem Auslandsschutzbrief. Sie, Ihre Familie und auch das WOMO werden kostenlos nach Hause transportiert. Den Schutzbrief bekommen Sie beim ADAC oder auch bei Ihrer Assekuranz.
In fast allen größeren Städten und Touristenzentren findet man ein Krankenhaus (Bolnica) oder zumindest eine Krankenstation (Dom zdravlja). Viele Ärzte sprechen deutsch bzw. englisch. Nicht ganz so gut um die medizinische Versorgung bestellt ist es auf den Inseln. Oft erstreckt sich der Zuständigkeitsbereich eines Arztes über ein ganzes Archipel.
Der **Rettungsdienst** heißt auf kroatisch „**Hitna pomoć**“ und ist unter der Nummer **94** telefonisch zu erreichen.

## Autounfall, Panne

Bei jedem Unfall (Bagatellschäden ausgenommen) muss die **Polizei** (**policija, Tel.: 92 oder 112**) gerufen werden, von der man sich ein Protokoll (potvrda) anfertigen lassen sollte. Weist das Fahrzeug gravierende Schä-

den auf und es fehlt bei der Ausreise dieses Protokoll, so wird man die Grenze nicht passieren dürfen. Verständigen Sie auch umgehend Ihre Versicherungsgesellschaft! Vergessen Sie nicht, mehrere Fotos aus verschiedenen Perspektiven vom Unfallort zu machen.
Aus unserer Sicht sind zwei prophylaktische Maßnahmen unbedingt erforderlich: der Abschluss einer Vollkasko - sowie einer Rechtsschutzversicherung.
Nicht so schlimm wie ein Unfall, aber dennoch sehr ärgerlich kann eine Panne sein. Hilfe bekommt man durch den **Kroatischen Automobilklub HAK** (Hrvatski Autoklub), der landesweit unter der **Notrufnummer 987** erreichbar ist.

Der Hauptsitz des Automobilklubs ist in:

Draškovićeva 25
HR - 10 000 Zagreb
Tel.: (01) 4554 433, Fax (01) 448 630

Ein deutschsprachiger **ADAC-Notrufdienst** ist in Zagreb eingerichtet. Erreichbar - auch außerhalb der Saisonzeiten - ist dieser unter der **Telefonnummer (01) 3440 666** (aus Zagreb ohne die 01), aus Slowenien **(003 851) 3440 650**, aus Bosnien und Herzegowina **(003 851) 3440 660**.
Selbstverständlich sollte vor einer Urlaubsreise eine Durchsicht bzw. ein Kundendienst am WOMO durchgeführt werden. Die Mitnahme einiger Ersatzteile kann beruhigend und sehr hilfreich sein. Technisch versierte Leute wissen, welche Teile für Ihr Fahrzeug in Frage kommen. Technische Laien (so wie wir) sollten sich in ihrer Fachwerkstatt beraten und ein Ersatzteilpaket zusammenstellen lassen - nach Möglichkeit mit Rückgaberecht bei Nichtgebrauch.

## Bora

Von den verschiedenen Winden, die dem Touristen in Kroatien um die Nase wehen können, ist die Bora am heftigsten und damit am gefährlichsten. Dieser kalte Fallwind bricht meist plötzlich über das Gebirge auf die Küste herein und kann eine Intensität erreichen, die Wohnmobilen, Wohnwagen und leichteren LKWs mit großer Angriffsfläche zum Verhängnis werden kann. Es soll schon vorgekommen sein, dass solche Fahrzeuge von der Küstenstraße in den Abgrund geweht wurden. Deshalb ergeht der Rat: bei Einsetzen starken Windes den nächsten Parkplatz anzulaufen und sein Mobil hier abzustellen. Dabei ist es natürlich sinnvoll, dem Wind die geringste Angriffsfläche (Front-Heckseite) zu bieten - das Fahrzeug muss also entsprechend ausgerichtet werden! Im Bedarfsfall werden auch ganze Straßenstriche gesperrt!
In Bedrängnis bringen kann die Bora freilich auch diverse Wasserfahrzeuge. So schnell wie möglich sollte man das schützende Ufer anpeilen und hier Boot o.ä. gut verstauen. Eine besondere Heimtücke dieses Windes ist der Umstand, ablandig zu blasen, d.h. potentielle „Opfer“ werden auf das offene Meer hinausgedrückt!

## Campingplätze

Das „Campingleben“ blickt in Kroatien auf eine lange Tradition zurück. Es gibt viele Campingplätze (die Angaben schwanken zwischen 160 und 240), und die meisten davon liegen an der Küste, oft an schönen Buchten. Die Ausstattung entspricht dem südeuropäischen Standard. Vor allem in den letzten Jahren wurden hohe Beträge in die Renovierung maroder oder nicht mehr zeitgemäßer Einrichtungen investiert. Auffällig bei den Plätzen ist das Nord-Süd-Gefälle. Auf der Halbinsel Istrien befindet sich eine Vielzahl (sehr)

großer und gut ausgestatteter Areale, und auch die Kvarner Inseln sind reichlich bestückt. Bewegt man sich weiter in südlicher Richtung, so wird man feststellen, dass sowohl die Anzahl als auch die Güte der Campingplätze stetig nachlässt. Nicht überall kann man einen hohen Standard erwarten, leider mangelt es bisweilen auch an Sauberkeit.
Etwa 30 Campingplätze sind als **FKK-Plätze** ausgewiesen - die Nudisten wird das freuen! Beachten Sie aber bitte: Jeder Besucher eines solchen Platzes muss sich freimachen, die Blöße ist also vorgeschrieben.
Die Preise bewegen sich von 15 bis maximal 30 Euro für zwei Personen und ein Wohnmobil. Mittlerweile sind vor allem in Istrien einige Plätze unter italienischer Leitung, leider auch mit italienischen Preisen. Ab und zu trifft man auch auf kroatische Campingplatzbetreiber, die unverschämt hohe Forderungen stellen. Um böse Überraschungen zu vermeiden, sollte man immer vorher den Preis erfragen. Der Stromanschluss wird oftmals extra berechnet. Mit ca. 2 bis 4,5 Euro liegen die Gebühren recht hoch. Es erklärt sich durch eine hohe Absicherung und die meist fürstliche Ausstattung an Elektrogeräten vieler Dauercamper. Bei pauschaler Abrechnung dürfen (leider) andere Camper diese Kosten mittragen.
Eine nette Alternative sind die „**Privatcamps**". Die Menschen versuchen, ein paar Kuna zu verdienen und stellen ihren Hof oder die Wiese hinter dem Haus zur Verfügung. Meist ist die Sanitärausstattung dürftig, dafür aber die Aufnahme herzlich. Meist wird mit Schildern wie „Autokamp" oder „Kamp privat" geworben, bisweilen kommen Namensbeifügungen hinzu - z.B. „Toni", „Willi" oder Ähnliches. Das klingt zwar kaum kroatisch, soll aber signalisieren, dass man auf Deutschsprachige eingestellt ist.

## Diebstahl

Es wäre doch zu schön, dieses Thema übergehen zu können. Leider ist, wie in so vielen Ländern auch, niemand in Kroatien vor einem Diebstahl gefeit - auch wenn es im Vergleich zu anderen Staaten als recht sicher gilt. Man muss also überlegen, wie man seinerseits den Dieben ins Handwerk pfuschen kann. Zweifelsohne funktioniert das auch, wenn man einigen Dingen Beachtung schenkt.
Gelegenheit macht Diebe. Dieser Spruch hat sich leider schon oft bewahrheitet. Schließen Sie die Fenster, und sperren Sie die Türen ab. Immer! Selbst wenn sie „nur" schnell in der Tankstelle bezahlen oder mal kurz ein Brot in der Bäckerei holen, ist das äußerst ratsam. Einem geübten Dieb reicht diese Zeit locker für den schnellen Griff ins Fahrzeug. Für eine längere Abwesenheit vom WOMO steuern Sie am besten einen bewachten Parkplatz an und schalten Ihre Alarmanlage scharf. Diese Anlage sollte mit einer separaten, lauten Hupe ausgestattet sein. Profis zwicken zuerst das Kabel des Original-Signalhorns durch, deswegen sollte die zweite Hupe unbedingt versteckt platziert werden. Eine Alarmanlage ist kein Allheilmittel, leistet aber gute Dienste. Vielleicht sind Sie noch in der Nähe, um das akustische Signal zu hören, oder andere Leute werden darauf aufmerksam - zumindest der Parkplatzwächter sollte es vernehmen. Stecken Sie ihm ein kleines Trinkgeld zu - das kann enorm die Sinne schärfen!
Der WOMO-Knackerschreck (siehe Bestellseite am Buchende) verhindert zuverlässig das Öffnen der Fahrerhaustüren. Das Gerät ist von außen deutlich durch die Scheiben sichtbar und kann schon dadurch potentiellen Einbrechern die Sinnlosigkeit ihres Unterfangens suggerieren.
Begehrt bei Ganoven sind natürlich die Autoradios. Ist Ihr Gerät mit einer „Quick-out-Halterung" versehen, kann es mit einem Handgriff ausgebaut und mit zum Stadtbummel genommen werden. Diese praktische Vorrichtung erfüllt aber nur ihren Zweck, wenn Sie Ihr Radio wirklich bei sich führen und nicht etwa unter dem Kopfkissen deponieren. Denken Sie daran, dass potentielle Diebe Sie beobachten. Verlassen Sie Ihr Fahrzeug ohne

Radio, Navigationsgerät, Handtasche und Fotoapparat, müssen diese Dinge zwangsläufig im Wagen sein, und das fördert freilich den Ehrgeiz der Bösewichte. Tragen Sie alle Wertsachen dicht am Körper (Bauchtasche, Brustbeutel und Handtaschen auf der straßenabgewandten Seite). Zugegeben - das alles kann recht lästig sein, aber bestohlen zu werden, ist schlimmer. Wer sich mit der Schlepperei partout nicht anfreunden will, der baue sich einen soliden Tresor in die Sitzkonsole oder an anderer geeigneter Stelle ins Fahrzeug. Größere Wertgegenstände verschwinden in einer festgeschraubten Blechkiste (mit Schloss) im Staufach. Diese Sachen gibt es für gutes Geld im Zubehörhandel.

Und noch ein paar Tipps:

Lassen Sie ihren teuren Schmuck daheim, die Rolex tauschen Sie für die Zeit Ihres Urlaubs gegen ein Billigmodell.
Verstecken Sie weder Geld noch Papiere im Wohnmobil. Die vermeintlich so genialen Verstecke, z.B. zwischen dem Geschirr, im Kühlschrank, hinter dem Duschvorhang usw., sind auch den bösen Buben bekannt. Wir wissen von einem Fall, da hatten sich die Leute fünf tolle Möglichkeiten ausgedacht, um Geld, Pässe und Kreditkarten „unauffindbar" zu verstauen. Nach nur einer viertel Stunde Abwesenheit kehrten sie zurück und standen vor dem Nichts. Die Diebe haben in dieser kurzen Zeit restlos alles gefunden und mitgehen lassen (passiert ist diese wenig erquickliche Geschichte nicht in Kroatien, sondern in Italien).
Seien Sie an Autobahn-Raststätten bzw. Parkplätzen besonders vorsichtig. Lassen Sie sich nicht in Gespräche verwickeln, es können Ablenkungsmanöver sein, währenddessen ein zweiter Mann die Zeit nutzt und „zuschlägt"!
Last but not least:
Sollte Sie das Schicksal doch einmal ereilt haben, werden Sie froh sein um die Fotokopien, die Sie von allen wichtigen Papieren gemacht und natürlich getrennt aufbewahrt haben.

## Einreiseformalitäten

Schon seit einigen Jahren gibt es nun die „grenzenlose" EU , und wir sind es gewöhnt, von einem Territorium ins andere zu wechseln, ohne anhalten zu müssen oder überprüft zu werden - mal abgesehen von einer eventuellen mobilen Kontrolle.
Kroatien ist kein EU-Land, daher erfolgen natürlich auch die entsprechenden Überprüfungen. Die Grenzbeamten zeigen sich jetzt aber deutlich freundlicher als in früheren Jahren, als sie noch ihren berüchtigten „Ostcharme" an den Tag legten. Mit Schikanen wie zu sozialistischen Zeiten ist nicht mehr zu rechnen. In der Regel geht die Abfertigung flott vonstatten, trotzdem können sich aber, besonders in der Saison, größere Stauungen bilden. In den Nacht- bzw. Morgenstunden ist die Chance, einer längeren Schlange zu entgehen, am höchsten.
Falls Sie über Österreich anreisen, schalten Sie Ihr Bordradio an. Staus an den Zufahrtsstrecken und mögliche Wartezeiten werden regelmäßig durchgegeben.
Deutsche Staatsbürger benötigen zur Einreise einen **gültigen Personalausweis** oder einen **gültigen Reisepass** (die Neuausstellung eines Reisepasses kostet mittlerweile 58 Euro!). Visumpflicht besteht bis zu einem Aufenthalt von 90 Tagen nicht. Der deutsche Kinderausweis wird anerkannt. Die Eintragung von Kindern in den Reisepass eines Elternteils ist ebenfalls möglich. Das jeweilige Einreisedokument muss drei Monate über den Aufenthalt hinaus gültig sein.
Notwendig sind des weiteren der **Fahrzeugschein**, der **nationale Führerschein** und die **Internationale Grüne Versicherungskarte.**

Das Fahrzeug muss das **Nationalitätskennzeichen** tragen - also den D-Aufkleber (bzw. A oder CH). Das in den neueren deutschen Kennzeichen vermerkte „D" ist allein nicht ausreichend!
Schutzimpfungen jedwelcher Art sind nicht mehr vorgeschrieben. Vorsichtige Leute konsultieren trotzdem ihren Arzt.
Reisebedarf für den persönlichen Gebrauch sowie Reiseproviant sind nach unseren Erfahrungen kein Beanstandungspunkt. Hochwertige elektronische Geräte sollten deklariert werden, u.U. erspart man sich damit Ärger beim Verlassen des Landes.
Deutsche, österreichische und Schweizer Staatsbürger benötigen kein Visum, und es ist natürlich auch kein Pflichtumtausch notwendig.

## Fähren

Nur auf wenige der vielen besuchenswerten Inseln führen Brücken. Das macht natürlich den Einsatz von Fährdiensten notwendig. Zu kleineren Inseln verkehren oft nur Personenschiffe, die größeren werden von Autofähren angelaufen. Das geschieht nach einem Fahrplan, der aber nicht immer todernst zu nehmen ist.

Für die Überfahrten sind Zeiten etwa zwischen 20-80 Minuten anzusetzen, eine Vorbuchung ist nicht möglich. In der Saison kann es durchaus zu längeren Wartezeiten kommen. Für ein Wohnmobil (Länge 5 - 7 m) inklusiv zweier Personen sind, je nach Streckenlänge, ungefähr 20-35 Euro anzusetzen. Sehen Sie aber bitte den Preis nur als Anhaltspunkt, Abweichungen sind möglich (die Preise in den Tourentexten beziehen sich auf eine WOMO-Länge bis 5 m). Abfahrtszeiten und Preise lassen sich aus Prospekten entnehmen, die in den Hafenbüros der einzelnen Orte ausliegen.
Die Auffahrtsrampen mancher Fähren können recht steil sein. WOMOs mit längerem Überhang laufen Gefahr aufzusetzen. Im Zweifelsfall fahren Sie die Rampe schräg an, bzw. bitten Sie das Personal, die dafür vorgesehenen Matten oder Schienen unterzulegen. Verlassen Sie sich nicht nur auf die Einweisungskünste der zuständigen Herren. Vertrauen ist gut, Kontrolle ist besser! Bisweilen kann auch das südländische Temperament der Besatzung durchgehen. Meist äußert sich dies durch kräftiges Erheben der Stimme mit einhergehenden hektischen Handbewegungen. Lassen Sie sich davon nicht anstecken und bewahren Sie die Ruhe. Die Nervosität führt schnell zu einem Kratzer oder sogar schlimmeren Schäden am WOMO.
Neben den vielen regionalen Verbindungen bestehen auch zwei überregionale bzw. internationale Linien. Zum einen kann man auf die Route

ZADAR - ANCONA - SPLIT - HVAR - KORČULA - DUBROVNIK - BARI

zurückgreifen und zum anderen sich der Strecke

RIJEKA - ZADAR - SPLIT- HVAR - KORČULA - MLJET - DUBROVNIK - BARI

bedienen. Als praktisch erweist sich der Teilabschnitt letztgenannter Verbindung von RIJEKA nach DUBROVNIK oder umgekehrt. Eine Fahrt mit dem WOMO entlang dieser Küstenetappe entfällt dadurch!

Praktisch alle vorhandenen Verbindungen obliegen der staatlichen Gesellschaft **Jadrolinija**.

Auskünfte erteilen:

Jadrolinija - Zentrale
HR - 51 000 Rijeka
Riva 16
Tel.: 00 385 51-666 111, Fax: 00 385 51-213 116
Internet: www.jadrolinija.hr, E-mail: passenger-dept@jadrolinija.tel.hr

DERTRAFFIC
Emil-von-Behring-Straße 6
D-60 424 Frankfurt am Main
Tel.: 069 -9588-5800, Fax: 069-9588-5822
E-mail: service.dertraffic@dertour.de

Österreichisches Verkehrsbüro AG
Bahn und Fähren Center
Friedrichstr. 7
A-1043 Wien
Tel.: 01-58800-540, Fax: 01-588 00-570
E-mail: bahn.faehren@verkehrsbuero.at

Cosulich AG
Stampfenbachstr. 151
CH-8042 Zürich
Tel.: 044-363-5255, Fax: 044-3626-782
E-mail: cosulich@active.ch

Im Kleingedruckten der Jadrolinija liest man u.a., Gasflaschen werden nicht transportiert, da sie als Gefahrengut eingestuft werden. Diese Regelung gilt für die „großen Linien“ und wurde auf Nachfrage bei der Reederei in RIJEKA nochmals bestätigt. Für sehr viele Wohnmobile wäre das mit einem Beförderungsaus gleichzusetzen. Von einigen WOMO-Piloten wissen wir aber, dass es diesbezüglich keine Kontrollen gab.

## Fauna

Die Tierwelt ist recht artenreich vertreten. Überall an der Küste und auch auf den Inseln gibt es Unmengen von Eidechsen, die, wenn sie sich entdeckt glauben, pfeilschnell in irgendwelchen Ritzen verschwinden. Die größte dieser Echsen (Smaragdeidechse) wird bis zu 50 cm lang und ist dabei genauso harmlos wie der kleine Mauergecko, der auf den furchterregenden Namen Tarantula hört. Als harmlos erweisen sich auch die meisten Kriechtiere, die sich in der Macchia oder auf warmen Steinen sonnen. Trotz der Bezeichnungen Leopard-, Katzen- oder Zornnatter zeigen sie sich vollkommen ungiftig, so wie Blindschleichen oder Ringelnattern. Fürchten vor ihnen müssen sich nur die vielen bunten Käfer und andere Kleintiere. In acht nehmen sollte man sich aber vor der Hornviper (dreieckiger Kopf) und der Kreuzotter (Zickzack-Zeichnung). Die Giftschlangen greifen aber nicht aus freien Stücken an, sondern nur wenn sie sich bedroht fühlen.
(Hobby)-Ornithologen werden erfreut sein über den großen Bestand an Sing- und Greifvögeln (Sperber, Habicht, Wanderfalken, Eulen usw.), vor allem aber über die Existenz von Adlern und Königsgeiern, die in den Gebirgen leben. Auf der Insel CRES hat man sogar die Chance, ein Exemplar der seltenen Gänsegeier zu sichten.
Selbst die Gattung der „Pelzträger“ ist zahlreich vertreten. Da hoppeln Hasen und Kaninchen durchs Gehölz, mit einem bisschen Glück entdecken

Sie auch eines der scheuen Erdhörnchen. Die Bekanntschaft mit den putzigen Steinmardern wünschen wir Ihnen nur, wenn diese sich nicht Ihr WOMO als Delikatesse auserkoren haben. Des weiteren gibt es reichlich Damwild sowie Gemsen, Mufflons und in entlegenen Regionen Raubkatzen - sogar der eine oder andere Wolf soll noch durch die Wälder schleichen!
Im Gegensatz zu anderen Mittelmeergebieten überraschen Bestand und Vielfalt der Meeresbewohner. Im sauberen Wasser der Adria tummeln sich Aal, Sardine, Tintenfisch, Seezunge, Makrele, Seebarsch, Steinbutt und vieles mehr. In tieferen Gewässern springen verspielte Delfine, und selbst kleine Haie jagen ihre Beute. Bei der Insel PAG lebt eine Mini-Population von Mittelmeer-Mönchsrobben. Diese vom Aussterben bedrohten Gesellen zählen zu den seltensten Tierarten Europas!

## Feiertage

Manchmal steht man vor verschlossenen Türen, ohne zu wissen warum. Möglicherweise ist ein Feiertag, den man vielleicht in der Urlaubseuphorie vergessen oder von dem man keine Kenntnis hat, die Ursache.

1. Januar/ 6. Januar .......... Neujahr/ Heilige Drei Könige
Ostermontag ..................... Ramadan Bajram - wechselnde Termine
1. Mai.................................Tag der Arbeit
30. Mai ............................... Staatsgründungstag der Rep. Kroatien
22. Juni .............................. Tag des antifaschistischen Kampfes
5. August ........................... Tag des vaterländischen Dankes
15. August ......................... Mariä Himmelfahrt
8. Oktober...........................Tag der Unabhängigkeit
1. November ...................... Allerheiligen
25./26. Dezember ............. Weihnachten

## Flora

In Kroatien findet man ein umfangreiches Spektrum südländischer Vegetation. Durch die vielseitigen Einflüsse und Handelsbeziehungen gelangten Pflanzen aus fast aller Herren Länder auf den Balkan. Vor allem in Küstennähe sind die klimatischen Bedingungen ideal, um Oliven-, Feigen- und Granatapfelbäume prächtig gedeihen zu lassen, ebenso wie Zitrusgewächse, Bougainvillea- und Oleanderbüsche. Vielerorts wippen auch die elegant geschwungenen Blätter hoher Palmen im Wind, und Agaven recken ihre oft meterhohen Blüten in den Himmel. Dies bedeutet allerdings auch den Tod der Pflanzen, denn nach der Blüte sterben sie ab. Wirklich keine Seltenheit sind die anspruchslosen Feigenkakteen, ihre Hitzeverträglichkeit und die Fähigkeit, monatelang ohne Wasser auszukommen, sichern ihnen beste Überlebenschancen.
Über weite Teile des Landes erstreckt sich die Macchia, ein dichtes Gestrüpp aus verschiedenen Sträuchern, das kaum zu durchdringen ist. Am schönsten zeigt sie sich im Frühjahr, der Zeit der Hauptblüte. Zum bunten Meer der Farben gesellen sich die Düfte, und dann avanciert die Macchia zum Fest der Sinne. Wer ihr zu nahe kommt, wird allerdings einen weiteren Sinn erleben

können. Neben Büschen mit zarten oder ledrigen Blättern gibt es auch solche mit Dornen bzw. Stacheln. Ungebetene Eindringlinge werden dies schnell zu spüren bekommen.
Die ursprünglich ausgedehnten Wälder früherer Zeiten fielen dem Raubbau zum Opfer. Mittlerweile haben sich aber wieder größere Baumbestände etabliert. Die einstige Artenvielfalt wurde leider nicht mehr erreicht. Am stärksten vertreten ist jetzt die Aleppokiefer, in geringerem Maße auch Steineichen, Buchen, Schwarzkiefern sowie Lorbeer- und Johannisbrotbäume.

## Fotografieren

Wer möchte nicht gerne seine Urlaubserinnerungen festhalten? Nennen Sie eine Digitalkamera Ihr eigen, so verfügen Sie in der Regel über Speicherplatz für mehrere hundert Bilder - vor allem, wenn Sie noch eine weitere Speicherkarte im Gepäck haben. Fotografieren Sie analog, nehmen Sie reichlich Filmmaterial von zu Hause mit. Das ist meist günstiger, die Auswahl oft größer und es gibt keine Verständigungsprobleme. Sollten sie doch einmal in Verlegenheit kommen, wenden Sie sich an ein Fachgeschäft. Das in den Kiosken angebotene Material ist oft der prallen Sonne ausgesetzt, und davon werden Ihre Bilder auch nicht besser! Ansonsten gilt wie vielerorts: Fotografieren Sie in Morgen- oder frühen Abendstunden. Mittags geschossene Bilder können milchig werden. Belichtete Filme gehören ebenso wie unbelichtete an einen kühlen Ort, am besten in den Kühlschrank. Und noch eins: In den dunklen Gebäuden und Kirchen benötigen Blitz und Belichtungssteuerung viel Energie. Denken Sie daran, wenn Sie ihren Batterievorrat kaufen.

Das Fotografierverbot für militärische Anlagen kann man heutzutage im Gegensatz zu früher recht locker sehen. Lichten Sie aber bitte keine Kasernen oder Grenzstationen ab - das könnte, wie woanders auch, zu Schwierigkeiten führen. Ehemals furchtbar geheime Dinge wie Brücken oder Bahnhöfe hingegen dürfen sie jetzt hemmungslos auf Zelluloid bannen.

## Freies Übernachten

Grundsätzlich ist in Kroatien das „Freie Übernachten“ untersagt. Bisher wurde es aber weitgehend geduldet. Das birgt allerdings keine Garantie, dass dies immer und überall so ist. Die Stellungnahmen verschiedener offizieller Einrichtungen wie z.B. Fremdenverkehrsamt, Botschaft und einzelne Touristenbüros vor Ort lesen Sie nachstehend. Das Ergebnis kann man am ehesten in die Worte „Wo kein Kläger, da kein Richter“ fassen. Trotz klarer Formulierung der Übernachtungsfrage bekamen wir Antworten wie diese: „Wir begrüßen Sie herzlich auf unseren schönen Campingplätzen“ oder „Wildes Zelten ist wegen starker Waldbrandgefahr streng verboten“. Das Fremdenverkehrsamt FRANKFURT teilte uns definitiv telefonisch mit „Freies Campen ist untersagt“. Ein fernmündliches Gespräch mit dem Fremdenverkehrsamt MÜNCHEN ließ die Geschichte wieder in einem anderen Licht erstrahlen. „Niemand hat etwas dagegen, wenn Sie in Ihrem Wohnmobil auf Parkplätzen übernachten“, war die entsprechende Antwort von dieser Stelle. Positiv waren auch die Aussagen der Touristenbüros in den einzelnen Ortschaften. Der Bitte, beispielsweise im Hafen oder auf einem geeigneten Parkplatz nächtigen zu wollen, folgte stets eine Einladung. Leider werden mittlerweile WOMO-Fahrer teilweise regelrecht abgezockt - in Einzelfällen

bis zu 5 Euro/Stunde. Aufpassen tut also Not! Da aber zur Zeit Kroatien voll im Trend liegt, sind in der Hauptsaison viele der Plätze stark frequentiert. Etliche Kommunen versehen daher - zumindest im Juli und August - ihre Parkplätze mit Verbotsschildern oder Höhenbalken. Laut Lesermitteilungen sind auch WOMO-Fahrer in der Regel höflich, aber bestimmt weggeschickt worden. Zu vorgerückter Stunde kann das sehr ärgerlich sein!
**In letzter Zeit wurden leider in Einzelfällen auch Strafgebühren** (ca. 35 bis 140 Euro) **verlangt**. Anscheinend obliegen diese Aktionen dem Gusto der diensthabenden Beamten, denn während die einen unbehelligt nächtigten, wurden andere vertrieben. So geschehen zwar nicht am gleichen Tag, wohl aber im gleichen Zeitraum! Plätze, von denen wir wissen, dass dort abkassiert wurde bzw. die mit Übernachtungsverbotsschildern ausgestattet wurden, haben wir in den Tourentexten weiß belassen. Das heißt, all diese Orte kann man tagsüber anfahren, für eine Rast oder ein Schläfchen nutzen - Übernachten ist allerdings nicht zu empfehlen!
In unserem Buch haben wir eine Vielzahl an Übernachtungsmöglichkeiten aufgeführt und den Weg zu diesen genau beschrieben. Wir haben für Sie Plätze in Stadtnähe, die ideal für Besichtigungen sind, ebenso wie ruhige Schlafplätze außerhalb gefunden. Wir zeigen Ihnen Nächtigungsgelegenheiten bei Gaststätten oder Hotels. Natürlich gebietet es der Anstand, will man letztgenannte Örtlichkeiten in Anspruch nehmen, eine Erlaubnis einzuholen. Selbstverständlich sollte hier auch zumindest eine Mahlzeit eingenommen werden. Wir lotsen Sie auf Badeplätze, von denen aus Sie ein erfrischendes Bad nehmen können. Wegen der zerklüfteten Küste finden sich deren leider nicht allzu viele.
Sie können all diese Plätze anfahren - natürlich müssen Sie es nicht. Für den Fall, dass Sie sich selbst auf die Suche machen, dürfen wir Ihnen vielleicht ein wenig Hilfestellung leisten. Fündig wird man meist auch bei Sportplätzen, an Aussichtspunkten, bei Kapellen oder Kirchen, wenn diese etwas außerhalb liegen, und - sofern man da keine Vorbehalte hat - bei Friedhöfen. An allen genannten Orten steht in der Regel auch ein Parkplatz zur Verfügung.
Eine nicht zu verachtende Möglichkeit ist folgende: Sprechen Sie bei Privatleuten vor, die einen zweckdienlichen Hof ihr Eigen nennen. Bringen Sie Ihr Anliegen vor, also dass Sie hier übernachten wollen, und sichern Sie Ihren potentiellen Gastgebern zu, keine weiteren Umstände zu machen. Vielleicht ernten Sie zunächst Erstaunen, anschließend aber meist freundliches Wohlwollen. Die Menschen sind oft froh um ein bisschen Abwechslung. Wir sind bei solchen Aktionen schon zum Essen eingeladen worden, und zum Frühstück fanden wir Eier oder ein Glas selbst produzierten Honig vor der WOMO-Tür. Natürlich haben wir uns entsprechend revanchiert.
Nach Informationen des Fremdenverkehrsamtes ist für die Zukunft die Einrichtung sogenannter Rastcampingplätze (Kamp Odmoriste) geplant. Dabei handelt es sich um Unterkunftsobjekte an den Verkehrsachsen, in denen die Möglichkeit von Übernachtung / kurzfristigem Aufenthalt geboten wird - bis zu welchem Zeitpunkt diese allerdings realisiert werden, steht derzeit noch in den Sternen.
Machen Sie sich zum Grundsatz, Ihre Übernachtungsplätze rechtzeitig zu suchen. Das soll heißen: nicht erst, wenn Sie vor Müdigkeit schon halbtot sind, und nicht im Dunkeln! Fahren Sie in diesem Fall einen Campingplatz an, fast überall gibt es deren reichlich.
Ausführlich behandelt wird das Thema Stellplätze / Stellplatzsuche im „**Allgemeinen Wohnmobilhandbuch**" im **Band 5** des **WOMO-Verlages**.

## Gas

Die meisten Wohnmobile sind mit zwei Flaschen á 11 kg versehen, oder gar mit einem Gastank höherer Kapazität bestückt. Sorgt man bereits zu

Hause für eine frische Füllung der Behältnisse, so wird man im Urlaub kaum in Verlegenheit kommen. Ist man nicht gerade im zeitigen Frühjahr unterwegs, dürfte die Heizung in Kroatien in der Regel kalt bleiben, denn ab Ende April/Anfang Mai wird es warm, und das ändert sich zumeist nicht bis weit in den Herbst hinein. Oft lässt es sich auch am Strand duschen bzw. man nimmt im WOMO eine kalte Dusche. Das reduziert die Warmwasseraufbereitung drastisch und kommt bei gehobenen Temperaturen auch keiner Selbstkasteiung gleich. Die WOMO-Küche unterliegt auch nicht unbedingt größter Strapazierung, denn die kroatischen Restaurants locken mit köstlichen Speisen bei moderaten Preisen. De facto beschränkt sich der Energieverbrauch auf das Erhitzen des Kaffee- oder Teewassers und die Nutzung des Kühlschranks. Ersteres kann man getrost als „peanuts" bezeichnen, doch der Luxus gekühlter Lebensmittel schlägt schon etwas mehr zu Buche. Ca. 2 kg Gasverbrauch sind pro Woche zu veranschlagen.
Sollte wirklich einmal Not am Mann sein, so kann man seine Gasflaschen bei den sog. **INA-Stationen** (Tankstellen) füllen lassen, und auch auf einigen **Campingplätzen** gibt es Füllmöglichkeiten. Zumindest aber erfahren Sie von der Platzleitung, wo Ihnen weitergeholfen wird.
Lesertipps: Einige Kilometer südlich von **Basko-Polje**, kurz vor **Makarska**, füllt eine LPG-Station ihre Gasflaschen auf.
**Insel Brac**: An der Straße von Supetar nach Postira, kurz nach dem Kreisverkehr links, gibt es eine günstige **TiN-Gastankstelle**.
**Dubrovnik**: Auf der alten Straße am Hafen vorbei, dem „Fjord" entlang nach Kamolac (ca. 4 km) hier 400 m nach der **INA-Tankstelle** rechts durch ein schmales Sträßchen. Angeblich werden alle Flaschengrößen aufgefüllt.

## Geld, Geldumtausch

Die Landeswährung in **Kroatien** stellt die „**Kuna**" dar. Eine Kuna ist in 100 **Lipa** unterteilt. Die Bedeutung der kleineren Geldeinheit ist nur noch gering. Gewechselt werden kann in Banken, Postämtern, Hotel- und Campingplatzrezeptionen, Wechselstuben und in manchen Touristenbüros. Der Kurs ist staatlich festgelegt und unterliegt nur geringen Schwankungen - 1 Euro entspricht etwa 7,1 Kuna (KN). Aufpassen tut trotzdem not, denn die einzelnen Institutionen erheben Wechselgebühren in Höhe von 0-5 %. In Grenznähe sind die Konditionen meist etwas schlechter!
Fremdwährungen dürfen in unbegrenzter Höhe ein - bzw. ausgeführt werden, bei der Kuna ist die Ein- oder Ausfuhr auf 2000 KN beschränkt.
Wichtig: Bitte denken Sie daran, dass Kuna in heimischen Gefilden nicht zurückgetauscht werden können!
Zumindest in den touristisch erschlossenen Gebieten trifft man häufig auf Geldautomaten, an denen man mit der EC-Karte abheben kann. Nicht immer, aber immer öfter werden ebenso Kreditkarten wie z.B. Visa, Eurocard oder American Express akzeptiert. Mit etwas Barem ist man aber stets auf der sicheren Seite!

## Geschichte

Kaum ein anderes Gebiet in Europa blickt auf eine derart bewegte Geschichte zurück wie die Balkanhalbinsel. Schon seit jeher war sie ein Schnittpunkt verschiedener Kulturen. Stets war der Balkan Ziel rivalisierender, sich bekriegender Völker und er unterlag mannigfaltigen Einflüssen.
Illyrer, Griechen, Römer, Slawen und Germanen hinterließen ihre Spuren, und die Türken brachten orientalische Akzente ein. Auf Grund dieser großen Vielfalt an Ereignissen, die sich daraus ergibt, können wir an dieser Stelle nur einen äußerst unvollständigen geschichtlichen Überblick geben. Die ersten Zeugnisse menschlicher Besiedlung reichen bis in die Steinzeit zurück. In Krapina fand man Überreste von Steinzeitmenschen, die sich

denen „unserer“ Neandertaler weitgehend gleichen. Unsere folgende Übersicht setzt aber erst in der jüngeren Vergangenheit ein.

<u>1200 vor Christus</u>
Illyrer und Delmaten lassen sich als Siedler in Dalmatien und teilweise auch in Istrien nieder.

<u>700 - 300 vor Christus</u>
In diesen Jahrhunderten dringen die Griechen vor und gründen etliche Kolonien und Handelsniederlassungen. Um 500 v. Chr. fallen die Kelten auf der Halbinsel Istrien ein und führen Raubzüge durch.

<u>200 vor Christus bis 600 nach Christus</u>
Die Römer erobern Istrien und Dalmatien. Konsul Gaius Fabius Buteon bezwingt mit seinen Legionen die Kelten. Der letzte Krieg (177 v.Chr.) kostet die istrischen Kelten fast 20.000 Mann. Ab dem 1. Jahrhundert verbreitet sich das Christentum. Ab dem 6. Jahrhundert wandern verschiedene Slawenstämme ein und lassen sich nieder.

<u>800 - 1100 nach Christus</u>
Um 850 lassen sich Serben im Süden Dalmatiens nieder. Kroaten besiedeln die Region um Split und bilden einen Staat. 925 krönt der Papst Fürst Tomislav zum König der Kroaten. Ab 1102 steht das kroatische Königreich für 800 Jahre mit Ungarn in Personalunion.

<u>1400 - 1800 nach Christus</u>
Dalmatien wird ab 1409 venezianisch. Vom Süden her dringen die Türken auf den Balkan. Einzig die Freie Republik Ragusa (Dubrovnik) bewahrt ihre Selbstständigkeit durch die Anerkennung der türkischen Oberhoheit.

<u>1797 - 1918 nach Christus</u>
Napoleon beendet die venezianische Herrschaft, das Gleiche widerfährt auch Ragusa im Jahre 1908.

<u>1918 nach Christus</u>
Slowenen, Kroaten und Serben gründen nach dem Ersten Weltkrieg das Königreich Jugoslawien. Nach dessen Kapitulation 1941 Aufteilung durch Deutsche und Italiener. Dalmatien bildet mit Kroatien eine Verwaltungseinheit.

<u>1939 - 1945 nach Christus</u>
Kroatien wird eigenständiger nationalfaschistischer Staat, die Italiener annektieren Dalmatien.

<u>1946 - 1948 nach Christus</u>
Nach der Abschaffung des Königtums 1945 wird Jugoslawien zu einer sozialistischen Republik, der sog. Föderativen Volksrepublik Jugoslawien. Nach dem Bruch mit der Sowjetunion betreibt der Staat, mit Präsident und Parteichef Tito an der Spitze, eine Politik der Blockfreiheit.

<u>1980 nach Christus</u>
Tito stirbt, das Land steuert in eine heftige Wirtschaftskrise. Unruhen entstehen durch die Ausbreitung von Nationalismus im Vielvölkerstaat.

<u>1991 - 1999 nach Christus</u>
Kroatien ruft im Juni 91 seine staatliche Souveränität aus. Die serbisch orientierte Jugoslawische Volksarmee reagiert mit kriegerischen Maßnahmen darauf. Im Friedensabkommen von Dayton, unterzeichnet von Serben, Kroaten und Bosniern, erfolgt eine Anerkennung bzw. Sicherung der kroatischen Grenzen.

2000 nach Christus und später
Das Leben verläuft wieder in „normalen" Bahnen, das Land legt wirtschaftlich stark zu, was es wohl nicht zuletzt den kräftig steigenden Touristenströme zu verdanken hat.

## Haustiere

„Bello" oder „Maunzi" dürfen mit auf Reisen gehen. Quarantänezeiten, die oft eine unüberwindliche Hürde darstellen, sind nicht einzuhalten. Vorzuweisen ist allerdings der internationale Impfpass mit eingetragenem Tollwut-Impfzeugnis. Die Impfung darf nicht länger als 6 Monate zurückliegen, aber auch nicht frischer als 15 Tage sein.

## Kartenmaterial

Für stressfreies Reisen ist eine klar gegliederte und übersichtliche Straßenkarte unverzichtbar. Um Ärgernisse auszuschließen, sollte man sich des öfteren eine neue gönnen, denn meist ändert sich - selbst in nur kurzer Zeit - relativ viel. Für das Grobe leistet eine Übersichtskarte gute Dienste, ist man aber schließlich in der gewünschten Urlaubsregion, so freut man sich über eine „große" und detaillierte Orientierungshilfe.
Als sehr angenehm erweisen sich die Marco Polo Großblatt Generalkarten. Diese sind erhältlich für die Gebiete Istrien und Dalmatinische Küste sowie für „Nord" und „Mitte" und werden von Mairs Geographischem Verlag im Maßstab 1:200.000 gedruckt. Der Preis beträgt 6,95 Euro.
Nicht schlecht bedient ist man mit der Autokarte aus dem Hause Freytag und Berndt, bei der auch Augenmerk auf die Fährverbindungen gelegt wurde. Der Maßstab ist 1:500.000, Preis 7,95 Euro.
Genau und gut kontrastiert präsentiert sich die Kroatienkarte vom Reise Know-How Verlag Rump GmbH im Maßstab 1:325.000 für 7,90 Euro. Es ist unsere „Lieblingskarte", leider müssen aber bei der Papierqualität Abstriche gemacht werden - an den Falzen reißt sie leicht ein.
Übersichtlich und kontrastreich präsentieren sich die diversen ADAC-Karten: Istrien (1:150.000), Dalmatien-Nord, Dalmatien-Süd(1:200.000), Preis pro Karte ca. 8 Euro.
Zur Übersicht eignet sich die Shell Eurokarte Slowenien/Kroatien von Mairs Geographischem Verlag (1:750.000, 7,50 Euro), auf der auch Bosnien-Herzegowina, Jugoslawien, Makedonien und Albanien verzeichnet sind.
Wanderkarten (empfehlenswert Kompass) besorgt man sich am besten gezielt in den einschlägigen Geschäften vor Ort. Bisweilen erhält man auch durchaus brauchbares Material in den jeweiligen Touristenbüros oder an den Rezeptionen der Campingplätze.
Noch ein Tipp: Markieren Sie auf Ihren Karten alles Wissenswerte (z.B. schöne Aussichtspunkte, besondere Sehenswürdigkeiten usw.) sofort nach der Entdeckung. Das erleichtert das Wiederauffinden und ist hilfreich beim Erfahrungsaustausch mit anderen WOMO-Kollegen.

## (Klein)kinder

Mit einem Baby oder (Klein)kind in den WOMO-Urlaub zu fahren, birgt in der Regel weniger Probleme, als man erwarten würde. Kinder ändern ihr Verhalten im Urlaub wesentlich weniger als Erwachsene; sie kämen z. B. nie auf die Idee, sich wie Fleisch in der Sonne braten zu lassen. Vorsicht ist stets bei Sonnenschein, speziell im Gebirge und am Meer, angeraten. Magen- und Darmkomplikationen bleiben meist aus, wenn man noch Babykost füttert.
Tipps: Schon vor der Reise mit Sonnenbaden und Eincremen anfangen. Ein Hütchen oder ähnliches und ein baumwollenes T-Shirt sind Pflicht, der

Rest des Körpers ist wesentlich unempfindlicher.
Nach dem Baden sofort abtrocknen, sowie erneut mit Sonnenschutzcreme einreiben.
Babykost, Windeln und spez. Medikamente (Kinderarzt fragen!) von zu Hause mitbringen. Selbstverständlich erhält man alles auch in Kroatien, aber Vertrautes erspart Ärger.
Buggy oder Babyrückentrage sind für Besichtigungen unentbehrlich. Kein noch so geduldiges Kleinkind tippelt freiwillig durch Gegenden, denen es kein Interesse abgewinnen kann.
Getränkewünsche unbedingt erfüllen und zwar mit schwach gesüßtem Tee (als Pulver mitnehmen). Gekaufte Getränke sind oft zu zuckerhaltig, um erfrischend zu wirken.
Wasser unbedingt entkeimen (siehe „Trinkwasser").
Wichtigste Urlaubsutensilien für Ihr Kind sind: Lieblingsschmusetier, Sandspielsachen, Schwimmflügel, Schwimmreif, Malsachen und Märchenkassetten für die Fahrt.

## Klima

Unser Reisegebiet erstreckt sich vorwiegend entlang der Küste, von einigen Abstechern ins Hinterland einmal abgesehen. Wir haben es also mit Mittelmeerklima zu tun, und das ist schnell beschrieben. Von März bis Mai lässt der Frühling sein „blaues Band" flattern, mit angenehmer Wärme, aber auch einigen Regenfällen. Im Sommer wird es heiß, fast regenlos, doch die meistens wehende Seebrise sorgt für Erträglichkeit der Temperaturen. Der Herbst präsentiert sich nur kurz - sein Stelldichein dauert von Anfang Oktober bis Anfang November. In dieser Zeit weinen die Wolken schon öfter, und in der folgenden Winterzeit häufen sich die Güsse, doch es bleibt relativ mild.
Im März und April darf man schon 15-20°C erwarten, im Sommer steigen die Temperaturen auf ca. 30°C (selten mehr), und selbst im Oktober sind Tage mit deutlich über 20°C keine Seltenheit.
Der **Maestral** ist ein kühlender Wind, der aus dem Nordwesten bläst. Er tritt regelmäßig auf und wird von schönem Wetter begleitet. Seine „Lieblingsstunden" sind die von 09.00-15.00 Uhr, am Abend legt er sich.
Der **Jugo** pustet aus südöstlicher Richtung und bringt warme und feuchte Luft. Seine Intensität steigert sich binnen ein, zwei Tagen, zumeist folgt danach kräftiger Regen.
Die **Bora** ist ein ganz besonderer und vor allem gefährlicher Wind, deswegen haben wir ihr eine eigene Rubrik gewidmet (siehe unter Bora)!

## Küche/Restaurants

Die geographische Lage Kroatiens prägt natürlich auch die Speisekarte. Österreichische und italienische Einflüsse machen sich bemerkbar, man findet die verschiedenen Balkanspezialitäten und bekommt selbst orientalische Gerichte serviert. Neben den zahlreichen regionalen Schmankerln wird sehr häufig auch Fisch in abwechslungsreichen Variationen angeboten. In vielen Touristenzentren werben die Restaurants mit internationaler Küche. Leider beschränkt sich die Palette oft auf paniertes Fleisch, mit wenig Raffinesse gegrillte Steaks und Pommes frites aus dem „Fettbad". Für nicht wenige Urlauber scheinen allerdings Wienerschnitzel und triefende Kartoffelstäbchen die Erfüllung zu sein, denn auch dieses Geschäft brummt! Weit verbreitet und sehr schmackhaft zeigt sich die Pizza. Meist wird sie mit den uns gewohnten Zutaten im Holzkohlenofen frisch zubereitet (allerdings sind wir auch auf abenteuerliche Variationen gestoßen). Die kleine Aufzählung beweist eine gewisse Vielseitigkeit, so dass wohl für jeden Geschmack etwas dabei sein dürfte. Wir wenden uns jetzt aber den typischen und ursprünglichen Speisen zu.

Gerne wird als Vorspeise luftgetrockneter Schinken (pršut) gereicht. Ebenso erfreut sich Käse (sir) großer Beliebtheit. Besonders der paski sir, das ist Käse von der Insel Pag, gilt als Spezialität und verwöhnt den Gaumen mit einem kräftigen, würzigen Aroma. Hergestellt wird der Käse aus Schafsmilch, bisweilen auch aus Ziegenmilch. Dazu isst man Brot, Zwiebeln und Oliven. Fein schmeckt auch der gesalzte Fisch (usoljena riba). Dazu werden in der Regel Sardinen in Essig, Öl und Gewürzen eingelegt und mindestens drei Wochen ziehen gelassen. Eine weitere Fischvariante ist marinirana riba. Sardinen oder Makrelen werden gebraten und anschließend einige Tage in Zwiebeln, Essig und Öl eingelegt. Oft wird als Vorspeise auch Tintenfischsalat oder ein Krabben-Cocktail genommen.

In unseren Breiten sind Suppen in den letzten Jahren leider ein bisschen ins Hintertreffen geraten, hierzulande gehören sie zu einem vollständigen Essen. Im Angebot ist Rindfleischsuppe, Hühnerbrühe, aber auch Gemüse- und oft Tomatensuppe. Abgerundet wird das Programm mit Fischsuppe, wobei sich die aus Istrien (brodet istarska) als recht interessant erweist. Weitere Zutaten neben Fisch sind Rotwein, Öl, Pfeffer und Zucker sowie getoastete Brotscheiben.

Wählt man eine Fleischspeise als Hauptgericht, so wird man kaum an einer Grillplatte (Mixed Grill) vorbeikommen. Sie wird schon fast als das Nationalgericht schlechthin gehandelt. Meist besteht diese aus verschiedenen Fleischarten wie z.B. čevapčići (Hackfleischröllchen), pljeskovica (dem Fleischpflanzerl bzw. der Bulette ähnlich), ražnjiči (Fleischspieß), Schweine- oder Lammkotelett und meist auch Leber. Beliebte Beilagen sind der Djuveč-Reis (Reis mit Gemüse) sowie Pommes frites und manchmal Gnocchi. Stets findet man auch geschnittene, rohe Zwiebel und einen Klecks Ajvar (würzige Tomaten/Paprikapaste) auf dem Teller. Die jeweiligen Gerichte, die zum Mixed Grill vereint werden, lassen sich natürlich auch einzeln ordern. Bisweilen steht auch Wild auf der Speisekarte - am häufigsten im Herbst zur Jagdsaison. Angeboten wird in der Regel Reh bzw. Hirsch, Hase, Wildschwein und Fasan.

Eine Spezialität aus Istrien stellt das Istrische Schnitzel dar. Paniertes Kalbsschnitzel wird mit Schinken und (Schafs)käse gefüllt und mit Gemüse serviert. Wohl am häufigsten wird in ganz Kroatien Mangold gereicht, der mit Knoblauch und Olivenöl zubereitet ist. Ansonsten gibt es reichlich Möhren und Erbsen, welche nach unseren Erfahrungen leider oft aus der Gefriertruhe stammen.

Ganz bestimmt auf ihre Kosten werden Fischliebhaber kommen. Die Palette der Meeresbewohner ist groß und reich deren Vorkommen, zumindest gemessen an anderen Mittelmeerländern. Fangfrisch auf den Tisch kommen Gold- und Zahnbrasse, Drachenkopf, Barsch, Äsche sowie Makrelen, Sardinen, Tintenfische und vieles mehr. Nicht zu verachten sind natürlich Schalentiere, wie etwa Scampi, Langusten, Muscheln, Austern und allen voran der Hummer! Die Zubereitungsarten sind mannigfaltig und raffiniert. Unter Beigabe von Kräutern, Knoblauch, Lorbeerblättern und Ähnlichem lassen die Köche manchmal kleine Wunderwerke und Gaumenfreuden entstehen.

Wichtig: Es ist landesüblich, auf den Speisekarten den Kilo-Preis der jeweiligen Fische anzugeben. Das Gewicht der zu erwartenden Portion ist schwer vorstellbar und noch weniger nachzuvollziehen, wenn erst einmal das fertige Produkt auf dem Teller liegt. Fragen Sie gleich bei der Bestellung nach, wieviel der Fisch auf die Waage bringt, oder vereinbaren Sie einen Festpreis! Unerwartet (und unliebsam) hohe Rechnungen bleiben Ihnen dann erspart.

Die Nachspeisen lassen deutlich den österreichischen Einfluss erkennen. Angeboten werden Palatschinken mit allerlei Füllungen, Apfel- oder Topfenstrudel, Cremeschnitten und natürlich Eis- und Obstbecher. Nicht selten

reicht man zum Dessert Caramelcreme oder ein Hefegebäck (fritule), welches in Öl ausgebacken und mit Zucker bestreut wird.
Last but not least folgen einige Begriffe, die der kulinarischen Orientierung zweckdienlich sind:

| | |
|---|---|
| Gostiono/Gostio/Taverna | gutbürgerliche Gaststätte |
| (Riblji)Restorans | gehobenes (Fisch)Restaurant |
| Konoba | Weinlokal (kleiner Imbiss möglich) |
| Kavana | einfaches günstiges Café |
| Slastićarna | Konditorei, Eisdiele |

Um den kleinen Hunger zwischendurch zu bekämpfen, kann man auf das Angebot zahlreicher Imbiss-Stände zurückgreifen. Mit der Qualität ist es aber nicht immer zum besten bestellt!
Schließlich noch ein Wort zu den Preisen. Regelrechte Schnäppchen sind kaum zu erwarten, wenn auch manches günstiger als in unseren Breiten ist. Selbst Fisch - man wähnt sich ja an der Quelle - kostet nicht viel weniger als gewohnt! Nach wie vor etwas preiswerter bekommt man seine Getränke zum Essen.

## Kühlschrank

Die ELEKTROLUX-Kühlschränke mit den Anschlüssen für 220V/12V/Gas, die in den meisten Wohnmobilen eingebaut sind, haben eine robuste Natur ohne bewegliche Verschleißteile. Trotzdem sind sie ein Sorgenkind für jeden Camper, denn ohne Kühlung kommt ein WOMO-Haushalt kaum noch aus.
Tipps: Schon bei geringer Schräglage des Fahrzeugs sinkt die Kühlleistung stark. **Abhilfe:** Mit Wasserwaage oder voll gefülltem Wasserglas waagerechten Stand des WOMOs kontrollieren, durch Aufbocken, Eingraben eines Rades oder Platzwechsel verbessern.
Seit einiger Zeit gibt es Geräte, die auch bei stärkerer Neigung des WOMOs gut kühlen. Achten Sie darauf beim Neukauf.
Während der Fahrt, vor allem aber beim Tanken, ist der Betrieb mit Gas gefährlich, außerdem geht das Flämmchen oft im Fahrtwind aus. Schaltet man auf 12 V und vergisst nach Ankunft das Ab- bzw. Umstellen, so ist eine vollgeladene 50-A-Batterie nach ca. 5 Stunden leer und oft auch kaputt. Ein separates Kühlschrankrelais (meist bereits eingebaut, sonst im Campinghandel) hilft das zu verhindern.
Ist die Kühlleistung bei Gasbetrieb nicht zufriedenstellend, sind folgende Punkte zu überprüfen:
Liegen die Zu- und Abluftgitter möglichst nach Norden, also nicht im Sonnenschein?
Ist der Kühlschrank nicht zu vollgestopft?
Ist überhaupt ein Abluftkanal montiert?
Liegt überall, vor allem an der Unterseite der Tür, das Dichtgummi an?
Ist das Flämmchen überhaupt noch an (von außen kann man das Zischen hören, im Inneren des Kühlschranks ist meist ein Guckloch, wenn er keine elektronische Nachzündung besitzt!)?
Ist die Kühlleistung bei Gasbetrieb nicht zufriedenstellend, kann man 1-2 Gebläselüfter an der Kühlschrankrückseite installieren (lassen), die idealerweise mit einem kleinen Solarpaneel betrieben werden sollten.
Steigt man auf einen Kompressor-Kühlschrank (vielleicht auch in Verbindung mit einer Solaranlage) um, wird man kaum noch Kühlprobleme haben.
Öffnen Sie Ihren Kühlschrank nur gezielt und schließen Sie ihn schnellstmöglich wieder. Lange Grübeleien vor sperrangelweit geöffneter Tür (was wollte ich denn eigentlich?), führen zu einer drastischen Erhöhung der In-

nenraumtemperatur! Besonders bei hohen Außentemperaturen muss das Gerät anschließend kräftig „ackern", bis die Differenz wieder kompensiert ist. Das wirkt sich natürlich auch auf den Energieverbrauch aus.

## Kurioses

In der nachstehenden Auflistung werden Sie Erstaunliches, Interessantes und Amüsantes zum Thema Kroatien erfahren. Es gibt da einige Dinge, die Ihnen möglicherweise bisher verborgen geblieben sind und die wir Ihnen natürlich nicht vorenthalten wollen!

Wussten Sie schon...

...dass die Überführung unzähliger Verbrecher einem Kroaten zu verdanken ist? Ivan Vučetić, geboren auf der Insel Hvar, gilt als der Erfinder der Daktyloskopie. An Hand der „Identifizierung durch Fingerabdrücke" verschaffte er so manch bösen Buben einen Sonderurlaub hinter schwedischen Gardinen!

...dass James Joyce seine kühle irische Heimat verließ und längere Zeit in Istrien lebte, um hier in den Jahren 1904 und 1905 die englische Sprache zu lehren.

...dass 1635 ein kroatisches Regiment nach Paris zog, welches durch „modische Accessoires" auffiel? Die einfachen Soldaten trugen speziell geknotete Tücher aus grobem Leinen, bei den Offizieren durfte es auch Seide sein.
Die Franzosen fanden Gefallen daran und kleideten sich auch im zivilen Leben mit diesen, ab diesem Zeitpunkt „Krawatten", getauften Tüchern. Das Wort Krawatte ist eine Ableitung von Kroate.

...dass Liz Taylor und Richard Burton häufig ihren Urlaub in Dubrovnik verbrachten,

...dass die berühmte englische Krimi-Autorin Agatha Christie diese schöne Stadt sogar für Ihre Flitterwochen auserkoren hatte?

...dass die segensreiche Erfindung des Kugelschreibers seine Ursprünge in Kroatien hat?

...dass der Dalmatiner-Hund tatsächlich aus Dalmatien stammt? Das anmutige, gefleckte Tier wird zum ersten Mal auf einem Bild aus dem Jahre 1724 dargestellt, das im Franziskaner-Kloster in der Ortschaft Zaostrog hängt.
...dass Odysseus bei der Insel Mljet auf einen Felsen aufgelaufen ist, strandete und so die Bekanntschaft der Nymphe Kalypso machte? Er verliebte sich in diese Dame und verbrachte mit ihr heiße und atemberaubende Nächte - so sagt man zumindest...

...dass die begründete Annahme umgeht, der berühmte Weltreisende Marco Polo sei ein Kind der Insel Korčula? Im Jahre 1254 soll er auf diesem Eiland geboren worden sein. Noch heute ist der Nachname „Polo" bei den Bewohnern zu finden und - zumindest mit einem Schmunzeln - weist man auf seinen Ahnen Marco Polo hin.

## Lebensmittel, Getränke

Bestimmt ist es nicht notwendig, sein WOMO vollzufrachten und alles, was Aldi, Lidl und Co. zu bieten haben, mit auf die Reise zu nehmen. Die Geschäfte in Kroatien sind zahlreich, und die Produktpalette erweist sich als recht breit. Die heimischen Erzeugnisse sind häufig zu relativ günstigen Konditionen zu bekommen, für ausländische Waren muss man etwas tiefer in die Tasche greifen - ein bekanntes Schema!

Wenn wir auf Reisen gehen - dabei spielt es keine Rolle, welches Land wir besuchen - haben wir stets eine gewisse Grundausstattung an Bord (Dosen, Teigwaren, Reis, Kaffee, Gewürze usw.). So ist man autark, falls wirklich einmal keine Einkaufsmöglichkeit in der Nähe sein sollte. Ausgerechnet im Urlaub den Gürtel enger zu schnallen, ist ja nicht unbedingt gerade die Verheißung! Nicht immer passt auch ein Einkauf ins Tagesprogramm, und bisweilen sind wir schlicht zu faul dazu.
Oft sind es ganz banale Dinge, die in den schönsten Wochen des Jahres Glücksgefühle auslösen. Das kann der Genuss einer bestimmten Kaffeesorte oder eine dicke Schicht Nutella auf dem Frühstücksbrötchen sein. Im Supermarkt nebenan erhält man Kaffee aus mindestens acht Ländern, doch leider nicht seine eigene „Wunschbohne“, ebenso fehlt die bevorzugte Nuss-Nougat-Creme bzw. ist sie nur für horrendes Geld zu erwerben. Die Folge ist, das Launenbarometer sinkt. Ersparen Sie sich dieses Leid! Gehen Sie zu Hause in sich und überlegen Sie, welche Dinge Ihnen unverzichtbar erscheinen. Besorgen Sie sich diese „Juwelen“ und vergessen Sie anschließend nicht, sie auch mitzunehmen.
Das Getränkeangebot hierzulande gestaltet sich recht umfangreich. Trotzdem gehen bei uns immer einige Bier- und Limodosen mit auf die Reise, ebenso wie ein paar Safttüten. Der Saft kann beliebig mit Wasser verlängert werden, dadurch ist er weniger süß und ein vorzüglicher Durstlöscher. Wir verwenden dazu normales, unbehandeltes Leitungswasser und sind bisher von Montezumas Rache und anderen Unpässlichkeiten verschont geblieben. Vorsichtige Naturen entkeimen aber das Wasser vor dem Genuss mit Certisil oder Micropur.
Bewährt hat sich, besonders bei Wanderungen, Zitronentee- oder Limopulver. Das Getränk wird erst dann angerührt, wenn man vom Durst übermannt wird. Das spart Gewicht ein, das man sonst tragen müsste. Das Limopulver kann auch leicht selbst hergestellt werden. Man nehme ein Kilo Zucker, ein halbes Kilo Traubenzucker und je nach Gusto 4-8 Esslöffel Zitronensäure (Drogeriemarkt) - vermischen - fertig!
Günstig und sehr schmackhaft zeigt sich das kroatische Weißbrot. Man bekommt es jeden Tag (auch sonntags) frisch, doch selbst am zweiten Tag kommt es keiner „Selbstkasteiung“ gleich, es noch zu essen. Nicht jeder allerdings liebt das helle Brot - über Geschmack lässt sich bekanntlich ja (nicht) streiten. Misch- und Schwarzbrot sind weitgehend unbekannt. Am ehesten findet sich noch in Istrien ein Bäcker, der versucht, diese touristische Marktlücke zu füllen. Wie wir von einigen Urlaubern wissen, hält es aber einem Vergleich mit deutschen oder österreichischen Produkten nicht stand. Sollten Sie also auch unserer heimischen Backkunst huldigen, nehmen Sie haltbares Vollkornbrot, Mestemacher Brot oder Ähnliches von zu Hause mit.
Obst, Salat, Gemüse, aber auch Fleisch- und Wurstwaren bekommt man in der Regel in guter Qualität. Bekannt ist Kroatien für seinen hervorragenden Schinken und den würzigen Schaf- und Ziegenkäse. Das wunderbare Aroma dieser Käsesorten rührt nicht zuletzt von den vielen verschiedenen Kräutern her, die sich die Tiere in „freier Wildbahn“ einverleiben.
Zur Verdauung empfiehlt sich ein Slibowitz. Die Qualität dieses bekannten Pflaumenschnapses ist unterschiedlich - nur wer fleißig probiert, kann seinen persönlichen Testsieger bestimmen! Als weitere Spezialitäten gelten der Travarica (Kräuterschnaps, der kräftig nach Rosmarin schmeckt) und der Lozovača (Traubenschnaps). Zum Wohl!

## Literatur

Wir hoffen Ihnen mit unserem Büchlein auf Ihren Fahrten hilfreich beiseite stehen zu können. Natürlich können wir nicht mit umfassenden Informationen auf allen Gebieten dienen, dafür ist das Spektrum der verschiedenen

Interessen zu groß und die Vorlieben der einzelnen Reisenden zu vielschichtig. Nachstehend haben wir Ihnen einige Bücher bzw. Bildbände aufgeführt, in die es sich hineinzuschauen lohnt.

- Merian Kroatien, interessante Geschichten, ansprechende Bilder. Merian-Heft in gewohnter Aufmachung, Preis 7,50 Euro.
- Polyglott Kroatien, Der kleine Polyglott-Reiseführer mit den nötigsten Infos, Preis 7,95 Euro.
- Kroatien. Richtig reisen, Autor Dietrich Höllhuber, Verlag Du Mont, 368 Seiten, Preis 22,95 Euro.
- Dalmatien und seine Inseln, Autor Werner Lips, Verlag Reise Know How Rump GmbH, 300 Seiten, Preis 14,90 Euro.
- Istrien, Kvarner Bucht, von Darja Peitz, Reiseführer vom Karl Baedeker-Verlag, Preis 17,95 Euro.
- Kroatische Inseln und Küstenstädte, Autorin Lore Marr-Bieger, M. Müller Verlag, 600 Seiten, Preis 20,90 Euro.
- Nordkroatien, Kvarner Bucht, Autorin Lore Marr-Bieger, M. Müller Verlag, 256 Seiten, Preis 15,90 Euro.

### Empfehlenswerte Bildbände:

- Reise durch Kroatien, von Andreas Braun, Stuertz H Verlag, Preis 16,95 Euro.
- Kroatien, Küsten aus der Luft, Delius Klasing Verlag, Preis 34,90 Euro.
- Kroatien, Bücher C. J., Preis 15,95 Euro.

Nachhaltige Informationen darf man freilich von einem Bildband nicht erwarten, doch zum Träumen und Einstimmen auf den Urlaub kann ein solches Buch etwas Herrliches sein.

Noch ein Tipp: Kaufen Sie keines der Bücher ungesehen. Eine gute Buchhandlung öffnet Ihnen in Folie verschweißte Bücher ohne Kaufzwang bzw. bestellt Ihnen das gewünschte Objekt unverbindlich zur Ansicht. Was dem einen gefällt, kann sich für einen anderen eventuell negativ darstellen. Das trifft in besonderem Maße für Bildbände zu. Die gewonnenen Eindrücke sind eben subjektiv.

## Medikamente

Böse Zungen behaupten, man braucht immer das, was man nicht dabei hat. Ein bisschen ist schon daran an dieser Aussage - das Spektrum der Widrigkeiten, mit denen man sich eventuell auseinandersetzen muss, ist groß. Und wie der Teufel es will - hat man Kohletabletten dabei - leidet man vielleicht dann gerade unter Verstopfung. Aber allzuviel mitzuschleppen macht keinen Sinn.

Die Apotheken (Ljekarna) in Kroatien haben meist von 07.00 bis 19.00 Uhr geöffnet. Steht man einmal vor verschlossenen Türen, so ist die nächste geöffnete Apotheke angeschrieben, und man wird im Notfall immer relativ schnell an das gewünschte Arzneimittel kommen. Diese Aussage gilt vor allem für das Festland, auf den Inseln ist nicht immer eine umfassende Versorgung gewährleistet. Ausgelegte Gebühren für ärztlich verschriebene Medikamente ersetzen in der Regel - gegen Vorlage einer Quittung - die Krankenkassen.

Ein gewisser Grundstock an Medikamenten sollte aber trotzdem immer an Bord sein. Dazu gehören unserer Meinung nach neben einem komplett gefüllten Erste-Hilfe-Koffer auch zwei (besser vier) elastische Binden bei Prellungen und Stauchungen. Mobilat- oder auch Voltarensalbe lindert die Schmerzen.

Ein Mittel gegen die fast klassische Reisekrankheit Durchfall darf nicht fehlen. Neben Kohletabletten helfen hier auch Salzstangen und Cola. Bei schlimmen Fällen leistet Immodium gute Dienste. Sprechen Sie mit Ihrem Arzt darüber.

Nehmen Sie etwas mit gegen Insektenstiche, z.B. Soventol, das lindert auch den Sonnenbrand. Ganz wichtig sind auch Schmerzmittel, Kopfweh oder Zahnschmerzen können schwer zu schaffen machen.
Das Wund-Desinfektionsmittel Merfen-Orange eignet sich gut für kleinere Schürfwunden. Es brennt nicht, und wegen des spektakulären Aussehens ist es bei Kindern sehr beliebt.
Vergessen Sie vor allem nicht Ihre persönlichen Medikamente. Da diese sehr individuell sein können, ist vermutlich nicht immer eine problemlose Versorgung gewährleistet.

## Mitbringsel

Sie möchten das Herz Ihrer Verwandten oder Freunde mit einem Souvenir oder Geschenk aus Ihrem Urlaubsland beglücken? Nichts leichter als das, die Palette der Möglichkeiten ist groß!
Damit meinen wir nicht unbedingt den farbenfrohen Kitsch und Tand (auch das kann manchmal schön sein), der an den unzähligen Ständen rund um die Touristenorte angeboten wird, sondern eher die anspruchsvolleren, landestypischen Produkte. Entlang der ganzen Küste trifft man immer wieder auf filigranen Gold- und Silberschmuck. Die Qualität der Ware ist gut - sie ist oft aufwendig und kunstvoll gearbeitet, zeigt mitunter orientalische Züge, und in der Regel zahlt man für die wertvollen Stücke deutlich weniger als in heimischen Gefilden.
Berühmt bis weit über die Landesgrenzen hinaus sind die Pager Spitzen (Reticella). Dieses Produkt fleißiger und fertiger Finger stammt - wie der Name schon sagt - von der Insel Pag. Sollte dieses Ziel nicht im Urlaubsprogramm stehen, so ist das kein Beinbruch. Die hübschen Spitzdecken sind auch anderenorts käuflich erwerbbar.
Fast überall werden Leder- und Töpferwaren ebenso wie allerlei Gegenstände aus Holz oder Messing angeboten. Die Preise und die Qualität unterliegen relativ großen Schwankungen. Prüfen Sie also das Objekt Ihrer Begierde vor dem Kauf und vergleichen Sie.
„Düfte“ sind Mitbringsel etwas anderer Art. Besonders in Dalmatien werden Rosmarin, Lavendel, Salbei und andere Kräuter zu Ölen verarbeitet oder im getrockneten Zustand in kleine Säckchen verpackt und verkauft.
Manche der Lieben daheim freuen sich zwar über mitgebrachte Geschenke, doch vielleicht mangelt es an Kapazitäten, diese in der Wohnung auch unterzubringen. Warum also nicht etwas „Aufbrauchbares“ mitbringen? Es gibt Weine, die zur Spitzenklasse zählen (siehe auch unter Wein), oder Spirituosen wie beispielsweise den Travarica (Kräuterschnaps) oder den Maraschino (Kirschlikör). Vor allem in Istrien bieten Privatleute an Ständen am Straßenrand selbstgemachte Schnäpse und Liköre, aber auch eingelegte Früchte an. Angst, die Katze im Sack zu kaufen, muss man keine haben. Fast immer besteht die Möglichkeit, die Produkte zu probieren!
Am besten erst gegen Ende Ihrer Reise sollten Sie Souvenirs wie etwa Schafskäse oder luftgetrockneten Schinken erstehen. So retten Sie ein bisschen kroatisches Flair aus dem Urlaub mit herüber, und die leckeren Dinge kommen frisch auf den Tisch. Und im übrigen - man muss ja nicht alles verschenken...

## Nacktbaden

Unter der Rubrik „Campingplätze“ erwähnten wir bereits, dass es ca. 30 reine FKK-Plätze gibt. Bereits seit den 50er Jahren hat die Freikörperkultur in Kroatien (bzw. vormals Jugoslawien) Tradition. Doch nicht nur in den ausgewiesenen Nudisten-Camps kann man sich hüllenlos sonnen oder nackt zum Schwimmen gehen, oft wird es auch anderenorts akzeptiert. „Oben ohne“ stellt selten ein Problem dar. Bei aller Freizügigkeit sollte man aber

stets Fingerspitzengefühl walten lassen, nicht immer und überall ist nackte Haut auch angebracht. Seien Sie also bitte taktvoll!
Die Kroatische Zentrale für den Tourismus (TZ) verschickt zu diesem Thema kostenlos eine Broschüre (Platzverzeichnis und Infos).

## Notrufe

Polizei (policija) ............ 92 oder 112
Feuerwehr (vatrogasci) ............ 93 oder 112
Rettungsdienst (hitna pomoć) ............ 94 oder 112
Kroatischer Pannenhilfsdienst HAK ............ 987
Deutschsprachiger Pannenhilfsdienst in Zagreb ............ (01) 36 36 666
und ............ (01) 36 36 000
ADAC Auslandsnotruf ............ 0049/89 222 222

Zur Erinnerung: Landesvorwahl nach Deutschland ist 0049. Bei der Ortsvorwahl die 0 weglassen

## Öffnungszeiten

**Geschäfte**
Eine strenge Reglementierung der Ladenschlusszeiten wie in unseren heimischen Gefilden ist den Kroaten unbekannt. Die folgenden Angaben stellen daher nur Anhaltspunkte dar.
Generell lässt sich sagen, dass in der Hauptsaison die Öffnungszeiten länger als in der Nebensaison sind.
Viele mittlere und große Geschäfte öffnen von 08.00-20.00 Uhr, samstags von 08.00-14.00 Uhr. In der Saison lässt sich der Einkaufsbummel in größeren Städten und Touristenzentren schon mal bis 22.00 Uhr verlängern, und so mancher Verkäufer ist auch am Sonntag für seine Kunden da.
Kleinere Geschäfte halten ihre Türen zu ähnlichen Zeiten geöffnet, gönnen sich aber gern eine (längere) Mittagspause. Grundsätzlich lässt sich sagen, die jeweiligen Pforten öffnen und schließen der Nachfrage entsprechend.
**Banken**
Die Bankschalter sind von Montag bis Freitag von 07.00-18.00 Uhr, bisweilen sogar bis 20.00 Uhr besetzt. Auch bei den Geldinstituten gibt es keine einheitlichen Geschäftszeiten. Samstags ist geschlossen.
**Post**
Die Dienste der Postbeamten können (in der Regel) Montag bis Freitag von 07.00-19.00 Uhr und am Samstag von 08.00-13.00 Uhr beansprucht werden.
**Museen und Sehenswürdigkeiten**
Natürlich ist bei einem derart komplexen Thema eine definitive Angabe nicht möglich. Nur so viel: Einen bestimmten Ruhetag (wie in manchen Ländern der Montag) gibt es nicht, und häufig sind Besucher ab 09.00/10.00 Uhr willkommen. Nach einer längeren mittäglichen Siesta öffnen viele Einrichtungen nochmals für einige Stunden am frühen Abend ihre Tore.
**Wechselstuben**
Bei den Dienststunden dieser Einrichtung gilt oft das Gesetz von Angebot und Nachfrage. Die angeschlagenen Öffnungszeiten werden nach unseren Erfahrungen nicht unbedingt als verbindlich angesehen. An den Grenzen ist (fast) rund um die Uhr geöffnet.

## Post

Das Erkennungszeichen der Postämter ist ein blaugelbes Schild mit der Aufschrift „HPT“. Nur um Briefmarken zu erwerben, brauchen Sie hier aber nicht anzustehen, man bekommt sie auch in Kiosken und Andenkenläden.

Wollen Sie hingegen Geld wechseln, telegrafieren, faxen oder telefonieren (möglich auch mit Telefonkarte), so sind Sie auf einem Postamt goldrichtig.

## Preise

„So billig wie früher ist es nicht mehr" oder „die Preise haben angezogen", lautet die Aussage nicht weniger Touristen. Das mag wohl stimmen, aber dennoch ist es nur die halbe Wahrheit. Diejenigen, die den ehemaligen Billigpreisen nachtrauern, vergessen dabei ganz gerne, dass im ehemaligen Jugoslawien Leistung und Service nicht immer groß geschrieben wurden. Dies hat sich im heutigen Kroatien stark gebessert. In den für Reisende wichtigen Bereichen (Gastronomie, öffentliche Einrichtungen, Campingwesen etc.) fand eine positive Entwicklung statt. Das erklärt und rechtfertigt ein höheres Preisniveau. Nicht ganz unbeteiligt an den allgemeinen Kostenerhöhungen dürfte auch der staatlich festgelegte Wechselkurs der Kuna sein, der beim Tausch nur wenig Spielraum lässt. Vergleicht man allerdings „ehrlich" die Preise Deutschlands, Österreichs oder gar Italiens mit denen Kroatiens, wird man schnell erkennen, dass dieses schöne Urlaubsland zwar nicht unbedingt billig, aber doch preiswert ist - und das im eigentlichen Sinne des Wortes!
Für ca. 30 Euro lässt es sich gut zu zweit im Restaurant speisen, wobei in diesem Betrag jeweils ein Getränk und evtl. auch ein Digestiv oder Kaffee enthalten sein kann.
Je nach Saison und Qualität des Campingplatzes zahlen zwei Personen (inklusive Wohnmobil) zwischen 15 und 35 Euro für die Übernachtung, im Durchschnitt werden es wohl gut 20 Euro sein. Die Unterschiede zwischen Neben- und Hauptsaison können recht hoch ausfallen!
Vergleichsweise moderat gestalten sich die Eintrittsgebühren für Museen und ähnliche Sehenswürdigkeiten. Etwas tiefer in die Tasche greifen muss man, um in die gepflegten Nationalparks eingelassen zu werden.
Bei den Artikeln des täglichen Bedarfs lässt sich keine einheitliche Aussage machen - manches ist billiger, manches teurer.
<u>Noch ein Tipp:</u> Nutzen Sie die Einkaufsmöglichkeiten bei Ein- und Ausreise in den Duty-Free-Shops an den Grenzen. Ein waches Auge ist trotzdem angebracht. Nicht alle Waren, die in den Regalen lagern, sind auch Schnäppchen!

## Straßenverhältnisse, Straßenverkehr

In den vergangenen Jahren wurde einiges in den Straßenbau investiert. Am meisten davon profitiert haben die Hauptverbindungen, vor allem aber die Küstenstraße (Adria magistrale). Sie ist jetzt weitgehend in einem guten Zustand. Die Engpässe, die früher immer wieder nervten und schnell zu zusätzlichen Staus führten, sind praktisch beseitigt. Von den unzähligen Kurven, für die die Adria magistrale eher berüchtigt als berühmt ist, verschwanden durch die Baumaßnahmen leider nur wenige. Mittlerweile lässt sich die Etappe von Zadar bis südlich von Split auf einer gebührenpflichtigen Autobahn abkürzen. Fertigstellung bis Dubrovnik ist bis 2012 geplant. Das gesamte Straßennetz ist geteert, sieht man von ein paar Ausnahmen einmal ab. Was in der Theorie so erfreulich klingt, erweist sich in der Praxis nicht selten als weniger positiv. Zwar kann man die Hauptstraßen meist als akzeptabel ansehen, aber bei den Straßen zweiter Ordnung liegt so manches im argen. Oft sind diese schmal, buckelig und mit Löchern garniert. Doch man kann damit leben, und sonderlich verwöhnt werden wir ja in heimischen Regionen auch nicht gerade...
In Kroatien gelten annähernd die gleichen Vorschriften wie in unseren Breiten. Von einigen Abweichungen der Straßenverkehrsordnung wollen wir Sie aber in Kenntnis setzen.

Während eines **Überholvorganges muss der linke Blinker betätigt werden** - und zwar so lange, bis dieses Manöver abgeschlossen ist!
Haltende **Schulbusse** bzw. haltende Busse, die mit Kindern besetzt sind, dürfen **nicht überholt werden**!
Jeder PKW bzw. jedes WOMO muss einen Satz **Reserve-Glühlampen** mit sich führen!
Am Tag muss mit Abblendlicht gefahren werden!
Während der Fahrt das Handy zu benutzen ist verboten! Im Falle eines Unfalls muss mit Konsequenzen gerechnet werden!

Folgende Tempolimits (in km/h) sind vorgegeben:

| **Ortschaften** | **Landstraßen** | **Schnellstraßen** | **Autobahnen** |
|---|---|---|---|
| 50 | 80 | 100 | 130 |
| mit Anhänger | | | |
| 50 | 80 | 80 | 80 |

Wohnmobile über 3,5 Tonnen zulässiges Gesamtgewicht dürfen eine Höchstgeschwindigkeit von 80 km/h nicht überschreiten.
Das im August 2004 eingeführte **0,0 Promille-Gebot** wurde zugunsten einer **0,5 Promille-Regelung** abgeschafft! Für Fahrzeuglenker bis **24 Jahre** gilt allerdings nach wie vor **0,0 Promille**! Kontrollen (besonders bei Ausländern) sind relativ häufig!
Das **Tankstellennetz** ist gut ausgebaut, großartige Planungen diesbezüglich sind nicht notwendig.
Trotzdem gilt: Tanken Sie immer rechtzeitig und fahren Sie nicht bis zum letzten Tropfen. Verlassen Sie sich nicht auf die Öffnungszeiten (meist von 07.00-18.00 Uhr, in der Saison auch länger), manchmal kann die anvisierte Tankstelle aus unerfindlichen Gründen geschlossen haben! Ein gefüllter Reservekanister verleiht im Übrigen ein beruhigendes Gefühl. Zur Zeit sind Diesel und Benzin in Slowenien und Kroatien günstiger als in unseren Breiten zu haben!
Wichtig: Nach längerer Trockenheit kann bei einsetzendem Regen die Fahrbahn heimtückisch glatt werden! Die Feuchtigkeit vermischt sich mit Straßenstaub, Gummiabrieb etc. und bildet einen regelrechten Schmierfilm, dessen Wirkung sehr gefährlich werden kann. Bitte seien Sie aufmerksam und vorsichtig!

## Telefonieren

Wollen Sie Ihre Lieben zu Hause mit dem Handy erreichen, bzw. Freunde und Verwandte Sie am Urlaubsort anrufen? Das funktioniert problemlos. D1 und D2-Netz ist praktisch flächendeckend, von einigen „Löchern" einmal abgesehen! Wir sind zwar ausgesprochene Telefonmuffel und können nicht mit eigenen Erfahrungen glänzen, doch wir geben hier die Erfahrungen etlicher Touristen wieder, mit denen wir diesbezüglich gesprochen haben.
Das landeseigene Telefonsystem wurde nach den Kriegswirren von Grund auf erneuert und gilt jetzt als sehr leistungsfähig. Tatsächlich findet man überall öffentliche Fernsprecher, von denen aus in Direktwahl internationale Gespräche geführt werden können. Münzapparate gibt es keine mehr, man muss also stets eine **Telefonkarte** (telefonska karta) zur Hand haben. Erhältlich sind diese Karten in Tabakgeschäften, Kiosken und Touristenbüros sowie an den Rezeptionen der Campingplätze und Hotels. Auch auf dem Postamt wird man Ihnen gerne weiterhelfen (siehe Post).
Für die Gesprächsminute nach Deutschland, Österreich oder die Schweiz muss ca. 1 Euro veranschlagt werden. Günstiger telefoniert man nachts zwischen 22.00 und 06.00 Uhr.

Die Landesvorwahlen von Kroatien sind:

nach Deutschland: .................................................................... 0049
nach Österreich: ...................................................................... 0043
in die Schweiz: ........................................................................ 0041

Zur Beachtung:
Die Null bei der Ortsvorwahl nach Deutschland wird weggelassen!
Die Landesvorwahl von Deutschland, Österreich und der Schweiz für Kroatien ist die 00385.
Noch ein Tipp: Von der Rezeption etlicher Campingplätze kann ebenso (nach Hause) telefoniert werden. Fragen Sie unbedingt vor Ihrem Telefonat nach dem Preis der Einheit und nach einer eventuellen Grundgebühr, um einer anschließenden (bösen) Überraschung vorzubeugen.

## Toilette

Auf etlichen unserer genannten Übernachtungsplätze sind WCs vorhanden. Leider befinden sich diese nicht immer in einem wünschenswerten Zustand, doch zur Leerung der Bordtoilette reicht es allemal. Wer täglich sein Klo leert und reinigt, kann ohne weiteres auf chemische Zusätze verzichten. Das erspart dem umweltbewussten Wohnmobilisten ein drückendes, schlechtes Gewissen. Sollte Ihnen in der öffentlichen Toilette ein kleiner Obolus abverlangt werden, so zahlen Sie ihn bitte, es macht Sie nicht ärmer! Verwerfen sie bitte gleich wieder den Gedanken, Ihre Fäkalien vielleicht in die Botanik zu kippen. Das ist zwar wohl kaum schädlich, aber Ihnen nachfolgende Personen werden bestimmt nicht entzückt sein. Oder macht sich bei Ihnen Freude und Begeisterung breit, wenn Sie auf dem gerade angesteuerten idyllischen Platz zwischen glitschigen Haufen und lila Blümchenpapier umherwandeln müssen?!
Nutzen Sie für Ihre „Geschäfte" auch die Möglichkeiten in Restaurants, Strandbädern, Museen usw. Die Sanitäranlagen solcher Einrichtungen sind meist besser in Schuss als die allgemeinen öffentlichen Toiletten. Jede Hinterlassenschaft, die man woanders platzieren kann, schont die Kapazität Ihrer Bordtoilette.
Falls Sie wirklich nicht auf Chemie verzichten wollen, dosieren Sie richtig. Kippt man von vornherein so viel Sanitärflüssigkeit in den Behälter, wie es dessen gesamtem Fassungsvermögen entspricht, und entleert dann eine halbvolle Toilette, ist die Hälfte des Mittels unverbraucht. Das schadet der Umwelt und Ihrem Geldbeutel. Wenn Sie zunächst nur etwas Sanitärflüssigkeit zusetzen und bei Bedarf gezielt weitere hinzufügen, so lässt sich das vermeiden.
Noch ein paar Tipps:
Lästige Gerüche lassen sich gut mit Schmierseife (z. B. von Schlecker) bekämpfen. Zwei Esslöffel je Liter Wasser genügen. Auch das Orangenschalenkonzentrat „Oranex" - erhältlich im Bio-Laden - bringt gute Ergebnisse. Zur Not tut es auch ein Schuss Essig bzw. Essigessenz.
Gut und günstig als Geruchsabzug ist ebenso ein „Schornstein". Man bohrt im Toilettenunterteil ein Loch, schließt einen gewinkelten Schlauchstutzen (evtl. mit Absperrhahn) und einen Schlauch, der durch den Fahrzeugboden führt, an, und schon nimmt der Fahrtwind die Düfte mit. Die Wirkung des Schornsteins wird noch effektiver, wenn sie durch einen Ventilator unterstützt wird. Hierbei kann Ihnen die Fa. SOG-Dahmann Tel.: 026 05 - 952 762 (www.sog-dahmann.de) weiterhelfen.
Last but not least: Ent- bzw. Versorgungsstationen gibt es in Kroatien nur sehr wenige, zumindest aber bieten die meisten Campingplätze den entsprechenden Service. Selbst wenn Sie kein Camping-Gast sind, können Sie hier häufig entsorgen, nachdem Sie eine Gebühr entrichtet haben.

## Trinkgeld

Eine kleine Zuwendung als Anerkennung für eine erbrachte Leistung wird in der Regel gern genommen. Bei nicht wenigen gilt Trinkgeld als wichtiges zusätzliches Standbein. Allerdings sollte man mit Fingerspitzengefühl agieren, um nicht den Stolz des Empfängers zu verletzen. Das Einkommen in den Dienstleistungsberufen ist nicht üppig, ergo freuen sich Kellner, Tankwarte, Friseure usw. über ein paar „Groschen“ nebenbei. Vergessen Sie auch nicht, bei Führungen usw. dem Personal etwas zuzustecken.
Ist ein Parkplatz bewacht und Sie geben dem Parkplatzwächter ein kleines Trinkgeld, so wird er Ihr WOMO im Auge behalten. Freilich sollten Sie dies gleich bei der Ankunft tun - das beflügelt die Motivation!
Kennen Sie so Situationen, wo rein gar nichts mehr geht? Versuchen Sie es mal mit einer „Spende“ - so manches Problem wird sich dabei in Luft auflösen!

## Verständigung

Schon vor Jahrzehnten kamen Kroaten als Gastarbeiter zu uns. Viele gingen später wieder nach Hause zurück und hatten dann zum Teil recht ordentliche Deutschkenntnisse im „Gepäck“. Das kommt jetzt natürlich auch den Touristen zugute. Relativ oft trifft man auf Menschen, die unserer Sprache - zumindest teilweise - mächtig sind. Auf jeden Fall sollte man sich einige wichtige Redewendungen bzw. Wörter verinnerlichen. Denken Sie bitte dabei nicht nur an den eigenen Nutzen, denn es zeugt auch von Respekt und Höflichkeit, sich in einem Gastland in der Landessprache verständigen zu wollen. Nicht das Können ist es - der Wille ist ausschlaggebend. Wir haben Ihnen nachfolgend einige Begriffe zusammengestellt. Den würdigen Abschluss einer Dolmetscherprüfung können wir Ihnen damit nicht in Aussicht stellen, doch so manche Situation wird sich dadurch besser meistern lassen.
Im Kroatischen wird vieles so ausgesprochen, wie es geschrieben wird.
<u>Die markantesten Abweichungen sind nachfolgend aufgelistet:</u>

aj ........................... wird gesprochen wie unser ........................................ ai
c ........................... wird gesprochen wie unser ........................................ z
č ........................... wird gesprochen wie unser .................................. tsch
ć ........................... wird gesprochen wie unser ......................... hartes tsch
e ........................... wird gesprochen wie unser ........................................ ä
h ........................... wird gesprochen wie unser ....................................... ch
š ........................... wird gesprochen wie unser ..................................... sch
v ........................... wird gesprochen wie unser ........................................ w
z ........................... wird gesprochen wie unser .......................... weiches s
ž ........................... wird gesprochen wie unser ..................................... sch

<u>Allgemeines:</u>

Guten Morgen .................................................................... dobro jutro
Guten Tag ........................................................................... dobar dan
Guten Abend ...................................................................... dobra večer
Gute Nacht ............................................................................ laku noč
Auf Wiedersehen ................................................................... dovidenja
Tschüss ................................................................................... zdravo
Danke, bitte ................................................................... hvala, molim
Gern geschehen ........................................................................ vrlo rado
Entschuldigung ........................................................... oprostite, pardon
Ich verstehe Sie/Dich nicht ........................................... ne razumijem vas/te
Ich spreche nicht viel ................................................ govorim samo malo
Ich möchte ....................................................... htio (htjela fem.) bih

Das gefällt mir (nicht) .................................................. to mi se (ne) svida
Haben Sie? ........................................................................... imate li?
Wie viel kostet das? ........................................... kolikko stoji (ugs. košta)?
Geöffnet, geschlossen ................................................ otvoreno, zatvoreno
Links, rechts, geradeaus ............................................ lijevo, desno, ravno

Essen, Trinken:

Schwarzer Kaffee, Kaffee mit Milch ........................ crna kava, bijela kava
Tee mit Milch, Tee mit Zitrone .................... čaj s mlijekom, čaj s limunom
Wasser, Mineralwasser ............................................ voda, mineralna voda
Brot, Eier, Butter, Käse ............................................ kruh, jaja, maslac, sir
Schinken, Rohschinken, Fleisch ................................ šunka, pršut, meso
Rindfleisch, Kalbfleisch .................................................. govedina, teletina
Schweinefleisch, Lammfleisch .................................... svinjetina, janjetina
Ente, Hühnchen, Truthahn ................................................ patka, pile, tuka
Wild, Fisch .......................................................................... divljač, riba
Kartoffeln, Reis, Nudeln ............................................ krumpir, riza, rezanci
Salat, Obst, Gemüse ............................................ salato, voće, zelenjava
süß, sauer, scharf, salzig ........................... slatko, kiselo, pikantno, slano
Wein - rot, weiß, rose .......................................... vino - crno, bijelo, ruzica
Bier, Schnaps, Weinbrand ............................................... pivo, rakija, vinjak
Kuchen, Eis, Schokoladencreme .......... kolač, sladoled, čokoladna crema

Praktische Auskünfte, Hilfe, Unfall:

Wo finde ich eine Apotheke? .............................. gdje mogu naći apoteku?
Wo finde ich eine Polizeiwache? ......................... gdje mogu naći policiju?
Wie weit ist das? ......................................................... koliko je to daleko?
Wo ist hier bitte eine Bank? .................. molin vas gdje je tu neka banka?
Wo finde ich hier Trinkwasser? ............................... gdje mogu naći voda?
Wo finde ich einen guten Arzt? ............. gdje mogu naći dobrog liječnika?
Ich habe Fieber/Halsschmerzen ............... imam temperaturu/boli me grlo
Ich habe (starke) Zahnschmerzen .......................... imam (jaku) zubobolju
Es ist ein Unfall passiert ................................ dogodila se nesreća pomoći
Bitte rufen Sie schnell einen Krankenwagen ..............................................
........................................................ molim vas pozovite brzo vo zilohitne

Wohnmobil:

Wo ist bitte die nächste Tankstelle? ..........................................................
............................................ molim vas gdje je najbliža benzinska stanica?
Ich habe ein Problem ............................................ ja imam jedan problem
Reparatur-Werkstatt .................................... automehaničar ska radionica
Ich habe eine Panne ............................................ imam kvar (ugs. defekt)
Öl, Batterie, Reifen, Kühler .................. ulje, boterija, autoguma, hladnjak
Dürfen wir hier im Wohnmobil übernachten? ...............................................
................................................ možemo li ordje sa kampkućian prenoćiti?

## Wasserversorgung

Die Suche nach dem Lebenselixier kann lästig und zeitraubend sein. Sowohl in unseren Tourenbeschreibungen als auch in den dazugehörenden Karten haben wir Wasserstellen und Brunnen vermerkt. Auf diese Weise wissen Sie, wo die nächste „Oase“ zu erwarten ist und können sich darauf einstellen. In manchen Reiseregionen rund ums Mittelmeer kann - zumindest im Hochsommer - schon mal eine Wasserknappheit eintreten, die gewisse Reglementierungen nach sich zieht. Auf unseren Reisen durch Kroatien hatten wir niemals derartige Probleme.

Um Wasser zu bunkern, empfiehlt es sich, einen Schlauch von etwa 5-8 m Länge mitzuführen. Nicht jeder Hahn ist direkt anzufahren, und nicht immer passen die üblichen Anschlüsse. Behelfen kann man sich mit der Konstruktion von Reinhard Schulz, dem sog. WOMO-Zapfschlauch. Auf der einen Seite stülpt man ein Stück Fahrradschlauch handelsübliche Größe über, dessen anderes Ende sich um jeden Hahn schmiegt. An der anderen Schlauchseite befestigt man einen Karabinerhaken, den man in eine Öse am Einfüllstutzen hängt. Das erspart das lästige Halten! Mehr zu diesem Thema lesen Sie im „**Allgemeinen Wohnmobil Handbuch**", im Band 5 der WOMO-Reihe.
Wer den Eigenbau scheut, wird im Gartencenter fündig. Die Fa. Gardena bietet einen Adapter für fast alle Wasserhähne an. Ergänzend bekommt man dazu einen raumsparenden Faltschlauch.
Einfach und effektiv ist die Methode mit der Plastik-Gießkanne. 10 Liter Inhalt sollten es schon sein und nach Gebrauch ist sie in einer Tüte oder Ähnlichem bestens vor Verschmutzung geschützt. Der Vorteil gegenüber einem normalen Wasserkanister ist: man braucht keinen Trichter, und die Klamotten bleiben wohl eher trocken!
Neben dem üblichen Wasservorrat im Tank verwenden wir einen Plastikkanister für den direkten Verbrauch, z.B. zum Mischen mit Saft oder Sirup. So ist das Wasser stets frisch, und ein nicht zu unterschätzender Vorteil ist die bequeme Reinigung im Freien.
H2O, welches in Kroatien aus dem offiziellen Leitungssystem plätschert, ist als Trinkwasser deklariert. Wir haben das Wasser bisher immer unbehandelt getrunken und auch nicht abgekocht, zumal es dadurch geschmacklich stark verliert. Probleme irgendwelcher Art haben wir uns damit noch nie eingehandelt.
Will man ganz sicher gehen, so kann man auch auf keimtötende Mittel wie Certisil combina oder Micropur zurückgreifen. Nebenwirkungen oder Geschmacksbeeinträchtigungen sind nicht zu befürchten. Schon wenige Minuten nach Beigabe genannter Mittel ist das Wasser entkeimt und trinkfertig, eine weitere Nachverkeimung wird für viele Wochen unterbunden.

## Wein

Wein darf man getrost als Nationalgetränk der Kroaten bezeichnen. Zu fast allen Gelegenheiten wird er gern getrunken, und selbst einfache Tafelweine erfreuen bereits den Gaumen mit guter Qualität. Im Gegensatz zum alten Jugoslawien setzt man jetzt mehr auf Klasse denn als Masse und verzichtet zudem auf die Verschnitte, die früher Usus waren. Die Bodenverhältnisse und die klimatischen Bedingungen bieten beste Voraussetzungen, um einen edlen Tropfen in den Fässern und Flaschen reifen zu lassen, und die handwerkliche Kunst der Winzer tut ein übriges dazu.
Je nach Gusto und der Art der Mahlzeit, die man zu sich nimmt, wird man die Wahl des Weines treffen. Zum Fisch empfehlen sich natürlich Weißweine. Ein äußerst feines Tröpfchen ist hierbei der istrische Malvazija, schwer und goldgelb in der Farbe. Leichter hingegen zeigt sich der weiße Pinot, der Bijeli Pinot.
Hervorragende Weine bringen einige Inseln hervor. Von der Insel KRK stammt der goldfarbene Žlahtina, auf PAG keltert man den ebenfalls goldgelben Žutica. KORČULA bringt die berühmte Grk-Traube hervor, aus der ein heller leichter Wein, aber auch ein schwerer hochprozentiger Wein (über 12%) gekeltert wird.
Die Palette der Rotweine präsentiert sich umfangreich, doch wenigstens einige der bekanntesten wollen wir Ihnen nicht vorenthalten. Von guter Qualität zeigt sich der Plavac (Insel KORČULA) und der Faros (Insel HVAR). Vollmundig schmeckt der Babić aus PRIMOŠTEN, der von dem schweren körperreichen Postup (Halbinsel PELJEŠAC) noch getoppt wird. Als bester

kroatischer Wein gilt der gehaltvolle, schwere und rubinrote Dingač. Das Anbaugebiet - nur auserwählte Lagen auf der PELJEŠAC - ist begrenzt. Daraus resultiert natürlich die relativ geringe Menge dieses edlen Tröpfchens, die in den Verkauf gelangt. 10 Euro pro Flasche sind das Minimum, will man das „rote Gold" vor Ort erwerben. Gern getrunken werden auch istrische Rotweine, sehr verbreitet ist der süffige Teran und der ebenfalls süffige, aber etwas leichtere Merlot.
Rosé-Weine spielen eine eher untergeordnete Rolle.
Schon die alten Römer schätzten den „vinum sanctum", den heiligen Wein als Digestiv nach dem Essen. In unseren Tagen trägt er den Namen „prošek". Der Dessertwein schmeckt süß und ist mit 16% Alkoholgehalt recht kräftig.

## Zeit

In Kroatien lebt man nach der mitteleuropäischen Zeit. Die Umstellung auf Sommerzeit bzw. zurück auf Normalzeit erfolgt zum gleichen Termin wie etwa in Deutschland und Österreich oder aber auch in der Schweiz.

## Zoll

Das persönliche Gepäck, Reiseproviant sowie Wertgegenstände (Foto- bzw. Filmausrüstung, Schmuck etc.) dürfen zollfrei in das Land eingeführt werden. Ebenso zollfrei gehen für den Eigenbedarf 200 Zigaretten oder 250 Gramm Tabak, 0,05 Liter Parfüm, 0,25 Liter Eau de Toilette, 1 Liter Spirituosen und 1 Liter Wein. Für die Wiedereinreise in ein EU-Land gelten folgende Beschränkungen: 200 Zigaretten oder 100 Zigarillos oder 50 Zigarren oder 250 Gramm Tabak, 1 Liter Spirituosen über 22% oder 2 Liter Spirituosen unter 22%, 4 Liter nicht schäumende Weine und 16 Liter Bier, 0,05 Liter Parfüm oder 0,25 Liter Eau de Toilette.
Möchte man größere Mengen exportieren, so gilt als Faustregel: Zollgebühren werden etwa in Höhe von 50% des Einkaufspreises erhoben.
Für eine teure und exklusive Elektronikausrüstung (Videokamera und Ähnliches) oder wertvolles Sportgerät empfiehlt es sich, eine Zollerklärung auszufüllen, um eine problemlose Wiederausführung zu gewährleisten. Führt man ein Funksprechgerät mit sich, so wird eine spezielle Betriebsgenehmigung verlangt, die vor der Reise bei der kroatischen Botschaft bzw. beim Konsulat beantragt werden muss.
Die kroatischen Preise beinhalten eine Mehrwertsteuer von 22%. Ab einem Kaufpreis von 500 Kn können sich ausländische Reisende diese zurückerstatten lassen. Hierzu muss man sich seinen Einkauf im ETS-Geschäft (Europe Taxfree Shop) auf einem entsprechendem Formular (Tax Cheque) quittieren lassen. An der Grenze gibt es dann ein Stempelchen auf dieses Papier, und Sie erhalten die bezahlte Mehrwertsteuer zurück. Leider sind von dieser Regelung Tabak-, Alkohol- und Erdölprodukte ausgenommen.

## Zwischenübernachtung

Übernachtungsplätze an der Tauernautobahnroute:

**Ü1:** WOMO-Stellplatz Untersbergbahn in Grödig (nahe Salzburg)
Zufahrt: Von der Autobahn auf die Berchtesgadener Straße B160 in Richtung Grödig abfahren, die Seilbahn zum Untersberg ist ausgeschildert (zwei Parkplätze - einer vor und einer hinter dem Gebäude).
GPS: N 47° 43' 33.8" E 13° 02' 31.2" max. WOMOs: 4-5

**Ü2:** WOMO-Stellplatz Märchenmeile Trebesing (nahe Gmünd)
Zufahrt: Trebesing durchfahren, im Kreisverkehr links abbiegen, danach kommt auf der rechten Seite ein Parkplatz.
GPS: N 46° 52' 51.5" E 13° 30' 36.9" max. WOMOs: 3-4

**Ü3:** WOMO-Stellplatz Rosegg Schloss (nache Velden)
Zufahrt: Von der Rosegger Landstraße L52 nach links in die alte Allee einbiegen, gut beschildert.
GPS: N 46° 35' 31.0" E 14° 01' 30.0" max. WOMOs: 2

**Ü4:** WOMO-Stellplatz Rosegger Wildpark (nahe Velden)
Zufahrt: Die Einfahrt befindet sich ca. 250 m nach der Schlosszufahrt, gut beschildert (siehe unter Ü3).
GPS: N 46° 35' 12.2" E 14° 01' 36.5" max. WOMOs: 3-4

Übernachtungsplätze an der Brennerroute:

**Ü5:** WOMO-Stellplatz Füssen
Zufahrt: Von der A7 nach Füssen abbiegen. Im Gewerbegebiet am Ortsanfang befindet sich der offizielle Stellplatz der Stadt.
GPS: N 47° 34' 55.7" E 10° 42' 02.9" max. WOMOs: >5

**Ü6:** WOMO-Stellplatz Bichlbach
Zufahrt: Neun Kilometer südlich von Reutte (Fernpassstrecke) an der Almkopfbahn.
GPS: N 47° 25' 40.4" E 10° 46' 36.6" max. WOMOs: >5

**Ü7:** WOMO-Stellplatz Sterzing
Zufahrt: Großer befestigter Parkplatz bei der Gondelbahn am Ortseingang.
GPS: N 46° 54` 10.8“ E 11° 25` 47.9“ max. WOMOs: >5

Übernachtungsplatz in Slowenien:

**Ü8:** WOMO-Stellplatz „Hotel Kanu“ bei Smlednik
Zufahrt: Von der Autobahn bei Vodice auf die 413 in Richtung Medvode abbiegen (ca. 4 km), in Smlednik beschildert (auch Camp vorhanden).
GPS: N 46° 10' 10.1" E 14° 25' 17.6" max. WOMOs: >5

Idyllisches Badeplätzchen für „Kraxler“

**Zum Schluss:**

## In eigener Sache - oder der Sache aller!?

Urlaub mit dem Wohnmobil ist etwas ganz besonderes. Man kann die Freiheit genießen, ist ungebunden, dennoch immer zu Hause, lebt mitten in der Natur - wo man für sein Verhalten völlig selbst verantwortlich ist!

Seit mehr als 25 Jahren geben wir Ihnen mit unseren Reiseführern eine Anleitung für diese Art Urlaub mit auf den Weg. Außer den umfangreich recherchierten Touren haben wir viele Tipps allgemeiner Art zusammengestellt, unter ihnen auch solche, die einen WOMO-Urlauber eigentlich selbstverständlich sein sollten. Weil wir als Wohnmobiler die Natur in ihrer ganzen Schönheit und Vielfalt hautnah erleben dürfen, haben wir auch besondere Pflichten ihr gegenüber, die wir nicht auf andere abwälzen können.

Jährlich erhalten wir viele Zuschriften, Grüße von Lesern, die mit unseren Reiseführern einen schönen Urlaub verbracht haben und sich herzlich bei uns bedanken. Wir erhalten Hinweise über Veränderungen an den beschriebenen Touren, die von uns bei der Aktualisierung der Reiseführer Berücksichtigung finden.

**Aber:** Wir erhalten auch Zuschriften, über das Verhalten von Wohnmobilurlaubern, die sich egoistisch, rücksichts- und verantwortungslos der Natur und ihren Mitmenschen - nachfolgenden Urlaubern und Einheimischen - gegenüber verhalten.

In diesen Briefen geht es um die Themen Müllbeseitigung, Abwasser- und Toilettenentsorgung. Es soll immer noch Wohnmobilurlauber geben, die ihre Campingtoilette nicht benutzen, dafür lieber den nächsten Busch mit Häufchen und Toilettenpapier „schmücken", die den Abwassertank nicht als Tank benutzen, sondern das Abwasser unter das WOMO laufen lassen, die ihren Müll neben dem Wohnmobil liegenlassen und davondüsen, alles frei nach dem Motto: „Nach mir die Sintflut!"

## Liebe Leser!

Wir möchten Sie im Namen der gesamten WOMO-Familie bitten:
**Helfen Sie aktiv mit, diese Schweinereien zu unterbinden!**
Jeder Wohnmobilurlauber trägt eine große Verantwortung, und sein Verhalten muss dieser Verantwortung gerecht werden. Bestimmt hat mancher, dem Sie auf Ihrer Tour begegnen und der sich unwürdig verhält, das gleiche Büchlein in der Hand wie Sie. Er weiß zumindest jetzt, worum es geht. Sprechen Sie ihn an und weisen Sie ihn auf sein Fehlverhalten hin.

Der nächste freut sich, wenn er den Stellplatz sauber vorfindet, denn auch er hat sich seinen Urlaub verdient!

Vor allem aber: Wir erhöhen damit die Chance, dass uns unsere über alles geliebte Wohnmobil-Freiheit noch lange erhalten bleibt. Helfen Sie mit, den Ruf der Sippe zu retten! Verhindern Sie, dass einzelne ihn noch weiter in den Schmutz ziehen!

Wir danken Ihnen im Namen aller WOMO-Freunde

**Ihr WOMO-Verlag**

# Packliste

**Brieftasche/Handtasche/Geheimfach**
**Pässe**, Personal-, Kinderausweis (gültig!)
**Führerscheine**, Vollmacht
Grüne Karte (gültig!)
**KFZ-Schein**
Impfbücher/Impfpass Haustier
Fotokopien aller dieser Papiere
Bargeld/Brustbeutel
Devisen/Reiseschecks
Euroscheckkarte
Kreditkarte (z.B. Visa)
Auslandskrankenscheine
Zusatzversicherungen/Schutzbrief
Vignette

____________________

____________________

**Wohnmobilhaushalt**
Wecker
Einkaufstasche groß
Kaffee-, Teekanne
Filtertüten/Filter
Geschirr/Gläser
Brotzeitbrettchen/Bestecke
Brotmesser/Kartoffelschäler
Schöpflöffel/Schneebesen
Töpfe/Dampftopf
Pfannen/Sieb
Topflappen
Butterdose/Plastikdöschen mit Deckel
Flaschentrage
Thermoskanne
Eierbehälter
Küchenpapier/Alufolie
Nähzeug/Schere
Klebstoff/Klebeband
Wäscheleine/Klammern
Waschpulver
Plastikschüssel
Abtreter
Schuhputzzeug
Kabeltrommel
Verbindungskabel CEE-Schuko
Stecker (Ausland)
Doppelstecker
Gasflaschen (voll?)
Handfeger/Kehrschaufel
Putzlappen
Klappspaten
Hammer/Nägel/Axt
Zündhölzer/Feuerzeug
Gasanzünder
Taschenlampen
Kerzen
Petroleumlampe/Petroleum
Ersatzbirnen 12 V/230 V
Ersatzsicherungen für jedes Gerät
Ersatzwasserpumpe
5 m passender Wasserschlauch
Feuerlöscher
Insektenspray/Insektenlampe
Moskitogaze für Fenster und Tür
Toilette/Klopapier
Toilettenchemikalien (oder Schmierseife)
Dosen-, Flaschenöffner, Korkenzieher
Spülmittel/Bürste
Scheuerpulver
Geschirrtücher
Leim/5 m Schnur
5 m Schwachstromkabel zweiadrig
Wasserschlauch mit Passstück
für verschiedene Wasserhähne
Trichter
Wasserentkeimungsmittel
Müllbeutel

____________________

____________________

**Reiseapotheke**
Mittel gegen Seekrankheit
Soventol (lindert Insektenstiche usw.)
Husten-, Schnupfenmittel
Fieberzäpfchen
Kohletabletten
Mittel gegen Durchfall
Mittel gegen Verstopfung
Mittel gegen Kopfschmerzen
Nasen-, Ohrentropfen
Halsschmerztabletten
Wundsalbe/Brandsalbe
Wunddesinfektionsmittel (Merfen-Orange)
Sprühpflaster
Elastikbinden
Salbe gegen Prellungen
Fieberthermometer
Pinzette
Autoverbandskasten o.k.?
Persönliche Medikamente

____________________

____________________

**Auto**
Allgemeines Wohnmobil-Handbuch
Bedienungsanleitungen
Bordbuch/Wörterbücher
Reiseführer/Campingführer
Straßenkarten/Autoatlas
Auffahrkeile/Stützböcke
Wasserwaage
D-Schild
Kundendienst gemacht?
Ersatzteilset von der Werkstatt?
Pannenausrüstung komplett?
Reservekanister voll?
1-2 Liter Reserveöl
Reserverad Luftdruck o.k.?
Abschleppstange, ausprobiert?
Passender Wagenheber ausprobiert?
Luftpumpe
Warndreieck, Warnweste
Arbeitshandschuhe
Werkzeugkoffer komplett?
Kundendienst-Stellenverzeichnis neu?

____________________

____________________

**Kleidung**
Unterwäsche
Socken/Strümpfe
Hemden/Blusen
Schuhe/Sandalen
Hausschuhe
T-Shirts/Shorts
Hosen/Jeans
Kleider/Röcke
Pullover/Jacken/Stola
Anoraks/Windjacken
Sonnenhüte/Kopftücher
Nachhemden/Schlafanzüge
Bikinis/Badehosen
Wanderstiefel
Sonnenbrille/Ersatzbrille

______________________________

______________________________

**Campingartikel**
Stühle/Tisch/Liegestühle
Liegematten/Hängematten
Markise/Sonnenschirme
Sonnensegel/Stangen/Häringe/Leinen
Grill/Grillzange/Holzkohle
WOMO-Pfannenknecht

______________________________

______________________________

**Unterhaltung**
Handy/Autoladekabel
KW-Radio
Schreibzeug/Adressbuch
Handarbeitszeug
Kinderspielzeug
Malutensilien
Bücher/Spiele
Kassettenrekorder/Kassetten
CD-Player/CDs
Taucherbrillen
Wasserball/Fußball/Wurfringe
Frisby/Indiaca usw.
Schlauchboot/Pumpe/Ruder
Luftmatratzen
Sandspielzeug
Schwimmflügel/Schwimmreif
Surfbrett/Zubehör
Fotoapparat/Filme
Videokamera/Kassetten
GPS-Gerät
Ersatzbatterien/Ladegerät für 12 V
Rucksäcke
Kartentasche
Fernglas/Kompass
Isomatten/Zelt/Kochtopfset
Feldflaschen/Taschenmesser/Angelzeug
SOS-Kettchen (vor allem für Kinder)
Mitbringsel für evtl. Einladungen

______________________________

______________________________

**Lebensmittel**
Getränke (Limo, Bier, Wein)
H-Milch/Dosenmilch/Coffeemate
Milchpulver/Limopulver/Zitronenteepulver
Wurst-, Fischdosen
Fertiggerichte/Beutelsuppen
Tee/Kaba/Kaffee
Müsli
Butter/Margarine
Brot/Dosenbrot
Reis/Nudeln/Gries
Kartoffelbrei/Mehl
Babykost
Puddingpulver
Schokolade/Bonbons/Kaugummi
Marmelade/Nutella
Bratfett/Öl/Essig
Mayonnaise/Senf
Zwiebeln
Gewürze
Ketchup/Maggi/Salz
Zucker/Süßstoff
Kartoffeln
Eier
Zwieback/Salzstangen

______________________________

______________________________

**Wäsche/Toilettenartikel**
Schlafsäcke, Bettwäsche, Kopfkissen
Laken (Spannlaken)
Hand-, Badetücher, Waschlappen
Geschirrtücher
Tempo/Taschentücher
Kämme/Bürsten
Haarfestiger/Lockenwickel/Haarspangen
12 V-, Akku- oder Nassrasierer
Nageletui/Hygieneartikel
Empfängnisverhütungsmittel
Windeln/Creme/Babycreme
Seife/Rei in der Tube
Sonnencreme, -öl
Fettstift (Labello)
Zahnbürsten/Zahnpasta
Autan gegen Mücken
Ohropax gegen Lärm

______________________________

______________________________

**Nicht vergessen!**
Post/Zeitung abbestellen
Offene Rechnungen bezahlen
Haustier abgeben
Blumen versorgen
Mülleimer leeren
Kühlschrank abstellen?
Antennen herausziehen
Wasch-, Spülmaschine, Bügeleisen aus?
Wasser, Gas, Heizung, Boiler abgestellt?
Rollläden schließen
Haustür verschließen
Nachbarn/Verwandte benachrichtigen: Reiseroute, Autokennzeichen mitteilen, Reserveschlüssel abgeben

______________________________

______________________________

# Stichwortverzeichnis

## Info-Blatt für das WOMO-Buch: Kroatien'11

(ausgefüllt erhalte ich 10% Info-Honorar auf Buchbestellungen direkt beim Verlag)

Lokalität: Seite: Datum:
(Stellplatz, Campingplatz, Wandertour, Gaststätte, usw.)
unverändert gesperrt/geschlossen folgende Änderungen:

Lokalität: Seite: Datum:
(Stellplatz, Campingplatz, Wandertour, Gaststätte, usw.)
unverändert gesperrt/geschlossen folgende Änderungen:

Lokalität: Seite: Datum:
(Stellplatz, Campingplatz, Wandertour, Gaststätte, usw.)
unverändert gesperrt/geschlossen folgende Änderungen:

Lokalität: Seite: Datum:
(Stellplatz, Campingplatz, Wandertour, Gaststätte, usw.)
unverändert gesperrt/geschlossen folgende Änderungen:

Lokalität: Seite: Datum:
(Stellplatz, Campingplatz, Wandertour, Gaststätte, usw.)
unverändert gesperrt/geschlossen folgende Änderungen:

Lokalität: Seite: Datum:
(Stellplatz, Campingplatz, Wandertour, Gaststätte, usw.)
unverändert gesperrt/geschlossen folgende Änderungen:

### Meine Adresse und Tel.-Nummer:

Nur komplett ausgefüllte, zeitnah eingesandte Infoblätter können berücksichtigt werden!

## Info-Blatt für das WOMO-Buch: Kroatien'11
(ausgefüllt erhalte ich 10% Info-Honorar auf Buchbestellungen direkt beim Verlag)

Lokalität: Seite: Datum:
(Stellplatz, Campingplatz, Wandertour, Gaststätte, usw.)
unverändert gesperrt/geschlossen folgende Änderungen:

Lokalität: Seite: Datum:
(Stellplatz, Campingplatz, Wandertour, Gaststätte, usw.)
unverändert gesperrt/geschlossen folgende Änderungen:

Lokalität: Seite: Datum:
(Stellplatz, Campingplatz, Wandertour, Gaststätte, usw.)
unverändert gesperrt/geschlossen folgende Änderungen:

Lokalität: Seite: Datum:
(Stellplatz, Campingplatz, Wandertour, Gaststätte, usw.)
unverändert gesperrt/geschlossen folgende Änderungen:

Lokalität: Seite: Datum:
(Stellplatz, Campingplatz, Wandertour, Gaststätte, usw.)
unverändert gesperrt/geschlossen folgende Änderungen:

Lokalität: Seite: Datum:
(Stellplatz, Campingplatz, Wandertour, Gaststätte, usw.)
unverändert gesperrt/geschlossen folgende Änderungen:

Meine sonstigen Tipps und Verbesserungswünsche:

## Wir bestellen zur sofortigen Lieferung: (Alle Preise in € [D], Preisänderungen vorbehalten)

- ❑ Wohnmobil Handbuch ............. 19,90 €
- ❑ Wohnmobil Kochbuch ............. 12,90 €
- ❑ Multimedia im Wohnmobil .......... 9,90 €
- ❑ Heitere WOMO-Geschichten ...... 6,90 €
- ❑ Gordische Lüge – WOMO-Krimi . 9,90 €
- ❑ WOMO-Aufkleber "WOMO-fan" .. 2,90 €
- ❑ WOMO-Pfannenknecht ............ 49,90 €
- ❑ WOMO-Knackerschreck ...... ab 44,90 €
  Fahrzeugmarke/Bj.: ______________

**WOMO-Reiseführer: Mit dem WOMO ins/durch/nach....**

- ❑ Albanien ............ 19,90 €
- ❑ Allgäu ............ 17,90 €
- ❑ Auvergne ............ 17,90 €
- ❑ Bayern (Nordost) ............ 19,90 €
- ❑ Belgien & Luxemburg ............ 18,90 €
- ❑ Bretagne ............ 18,90 €
- ❑ Burgund ............ 17,90 €
- ❑ Dänemark ............ 17,90 €
- ❑ Elsass ............ 18,90 €
- ❑ England ............ 18,90 €
- ❑ Finnland ............ 18,90 €
- ❑ Franz. Atlantikküste (Nord) ...... 17,90 €
- ❑ Franz. Atlantikküste (Süd) ........ 17,90 €
- ❑ Griechenland ............ 19,90 €
- ❑ Hunsrück/Mosel/Eifel ............ 19,90 €
- ❑ Irland ............ 18,90 €
- ❑ Korsika ............ 17,90 €
- ❑ Kroatien (Dalmatien) ............ 17,90 €
- ❑ Languedoc/Roussillon ............ 19,90 €
- ❑ Ligurien ............ 17,90 €
- ❑ Loire-Tal/Paris ............ 17,90 €
- ❑ Marokko ............ 18,90 €
- ❑ Neuseeland ............ 19,90 €
- ❑ Niederlande ............ 19,90 €
- ❑ Normandie ............ 17,90 €
- ❑ Norwegen (Nord) ............ 19,90 €
- ❑ Norwegen (Süd) ............ 19,90 €
- ❑ Österreich (Ost) ............ 19,90 €
- ❑ Österreich (West) ............ 18,90 €
- ❑ Ostfriesland ............ 19,90 €
- ❑ Peloponnes ............ 18,90 €
- ❑ Pfalz ............ 17,90 €
- ❑ Piemont/Aosta-Tal ............ 19,90 €
- ❑ Polen (Nord/Masuren) ............ 17,90 €
- ❑ Polen (Süd/Schlesien) ............ 17,90 €
- ❑ Portugal ............ 17,90 €
- ❑ Provence & Côte d'Azur (Ost) .... 18,90 €
- ❑ Provence & Côte d'Azur (West) . 17,90 €
- ❑ Pyrenäen ............ 17,90 €
- ❑ Sachsen ............ 19,90 €
- ❑ Sardinien ............ 19,90 €
- ❑ Schleswig-Holstein ............ 19,90 €
- ❑ Schottland ............ 18,90 €
- ❑ Schwabenländle ............ 17,90 €
- ❑ Schwarzwald ............ 17,90 €
- ❑ Schweden (Nord) ............ 18,90 €
- ❑ Schweden (Süd) ............ 19,90 €
- ❑ Schweiz (West) ............ 18,90 €
- ❑ Sizilien ............ 17,90 €
- ❑ Slowenien ............ 17,90 €
- ❑ Spanien (Nord/Atlantik) ............ 17,90 €
- ❑ Spanien (Ost/Katalonien) ......... 17,90 €
- ❑ Spanien (Süd/Andalusien) ....... 17,90 €
- ❑ Süditalien (Osthälfte) ............ 17,90 €
- ❑ Süditalien (Westhälfte) ............ 17,90 €
- ❑ Süd-Tirol ............ 18,90 €
- ❑ Thüringen ............ 19,90 €
- ❑ Toskana & Elba ............ 19,90 €
- ❑ Trentino/Gardasee ............ 17,90 €
- ❑ Tschechien ............ 18,90 €
- ❑ Tunesien ............ 17,90 €
- ❑ Türkei (West) ............ 18,90 €
- ❑ Umbrien & Marken mit Adria .... 17,90 €
- ❑ Ungarn ............ 17,90 €
- ❑ Venetien/Friaul ............ 19,90 €

................. und jährlich werden's mehr!

* WOMO * * WOMO * * WOMO * * WOMO *

Absender:

Datum Unterschrift

Kro'11

WOMO®-VERLAG

**Versandabteilung**

**Wiesenweg 4-6**

**98634 Mittelsdorf/Rhön**



* WOMO * * WOMO * * WOMO * * WOMO *